Dominik Schottner
DUNKELBLAU

Dominik Schottner

DUNKEL
BLAU.

Wie ich meinen Vater an
den Alkohol verlor

PIPER
München Berlin Zürich

Mehr über unsere Autoren und Bücher:
www.piper.de

ISBN 978-3-492-06062-2
© Piper Verlag GmbH, München/Berlin 2017
Satz: Kösel Media GmbH, Krugzell
Gesetzt aus der Chaparral Pro
Druck und Bindung: CPI books GmbH, Leck
Printed in Germany

The National, About Today

Today
You were far away
And I
Didn't ask you why
What could I say
I was far away
You just walked away
And I just watched you
What could I say

How close am I
To losing you

Tonight
You just close your eyes
And I just watch you
Slip away

How close am I
To losing you

Hey, are you awake
Yeah I'm right here
Well can I ask you
About today

How close am I
To losing you

How close am I
To losing

INHALT

MEIN VATER

Mein Vater war Volkswirt und 16 Jahre lang arbeitslos. Er hatte zwei Kinder aus je einer Ehe, trug gerne Jeans und Polohemden. Er rauchte Pfeife und Zigarillos, aß gerne Fränkischen Sauerbraten und Presssack, trank Weißbier und Edelvernatsch. Sein Verein war der 1. FC Nürnberg, sein Lieblingsland Neuseeland. In einem Glaskasten in seinem Flur sammelte er Spielzeuglastwagen, in einem Regal im Wohnzimmer Teddybären. Rolling Stones, Skifahren, seinen VW Sharan, seinen Enkel, das alles liebte er. Politisch stand er eher links als rechts von der Mitte, aber wenn einer bei der CSU war, sprach er trotzdem mit ihm.

In 33 Jahren habe ich meinen Vater nie ohne Bart gesehen oder ohne Eau de Toilette gerochen, nie seinen Händedruck als schwach empfunden oder sein Herz als kalt. Er konnte aufbrausen und charmieren, einschüchternd poltern und im nächsten Moment wieder sensibel sein. Er hatte einen Schlag bei Frauen, und einmal schlug er auch fast zu. Er konnte elendig gut angeben, aber kaum leisetreten.

Er konnte saufen wie ein Loch und fiel am Ende selbst in eines.

Mein Vater starb an einem Montag. Zwei Tage nach Nikolaus, 16 vor Heiligabend, 62 Jahre und 223 Tage nach seiner Geburt in seiner Heimat Rothenburg ob der Tauber. Laut Sterbeurkunde hörte sein Herz *gegen 18:24 Uhr* auf zu schlagen. Ein natürlicher Tod, der keine Obduktion nach sich zog, außer die Angehörigen hätten es gewünscht und bezahlt. Ein Alkoholtod kommt jeden Tag in Deutschland gut 200 Mal vor.

Ist das schlimm?

Für meine Familie, seine Freunde und mich schon, für den Rest des Landes – eher nicht. Aber man kann solche Tode vermeiden. Wie? Das weiß ich nicht. Es ist mir nicht gelungen. Meiner Familie ist es nicht gelungen. Darum geht es in diesem Buch.

DER TAG, AN DEM MEIN VATER STIRBT

Der Tag, an dem mein Vater stirbt, beginnt für mich wie jeder andere Tag. Gegen 8:50 Uhr bringe ich meinen Sohn Lukas in die Kita. Er auf dem Laufrad, ich zu Fuß. Tage vorher hat mich jemand um mein Fahrrad erleichtert. Seither gehe ich zu Fuß.

Zu Fuß zu gehen hat in Berlin-Neukölln, wo ich wohne, den Vorteil, dass ich Lukas, ohne vom Rad zu fallen und ohne zu schreien, aufhalten kann, wenn er zu schnell Richtung Straße rollt, wo ihm der Tod durch einen heranbrausenden Transporter oder einen klapprigen Passat mit einem müden Vater am Steuer sicher wäre.

Zu Fuß zu gehen hat aber auch den Nachteil, dass ich für viele Wege viermal so lange brauche wie mit dem Fahrrad. Immerhin, Fußgänger leben länger, glaube ich.

Um kurz vor neun sitzen wir in der Umkleide der Kita, schälen das Kind aus den Klamottenlagen und studieren den Essensplan.

Rosenkohleintopf, zum Nachtisch Bananen. Um fünf nach neun betreten wir den Gruppenraum, um zehn nach verabschiede ich mich von Lukas, um elf nach verlasse ich schnell die Kita, halte mir dabei die Ohren zu, und ab ungefähr zwölf nach spaziere ich zu einem Café am Ende meiner Straße.

Ich bin dort mit meinem Freund Christopher verabredet. Wir kennen uns seit dem Studium. Lange Zeit waren wir uns sehr nahe. Tranken Bier für zwei Euro das Glas im Prenzlauer Berg, aßen Schawarma für drei bei einem arabischen Imbiss an der Danziger Straße oder Grünes Curry für fünf auf der Prenzlauer Allee. Feierten mit jungen Ungarn in Budapest die Aufnahme ihres Landes in die EU, gewannen zweimal die Deutsche Journalistenschulmeisterschaft im Fußball und hingen so lange pleite in einer versifften Wohnung in New York rum, bis uns Christophers Mutter Geld überwies, mit dem wir die Bude schließlich bezahlen konnten. Unsere Väter um Geld anzupumpen kam uns damals nicht in den Sinn.

Als ich das Café erreiche, ist es schon halb zehn. Ein Berlin-Café: cool, ungemütlich, mit großer Panoramaglasfront, die von einer Eisen-Glas-Tür unterbrochen wird, die wiederum Probleme mit ihrem Schließmechanismus hat. In der Auslage drängeln sich üppig belegte Aufbackwaren mit Sprossen auf Käse und Cervelatwurst, darunter Remoulade. Daneben Muffins, Tartes, Croissants. Aus den Boxen rieselt Musik.

Ich bin der einzige Gast. Die Freiheit der Platzwahl nehme ich freudig zur Kenntnis und setze mich in die hinterste Ecke, in der Hoffnung, dass es dort am wenigsten zieht. Das stimmt auch, aber Kissen auf den braun lackierten Pressspanbänken wären trotzdem toll. Und eine Bedienung auch. Ich ziehe mein Handy aus der Tasche und warte auf Christopher, während ich eigentlich nur den Anruf meines Vaters herbeisehne.

Zum letzten Mal habe ich mit ihm vor gut einer Woche gesprochen, am Sonntag. *Er hatte angerufen, zuerst auf dem Festnetz.* Dann auf dem Handy. Dann wieder Festnetz. Normalerweise hätte er dann eine Nachricht auf dem Anrufbeantworter hinterlassen.

Mit Schwung am Anfang.

Ja, hallo, hier ist der Opa!

(Immer Opa, nie Papa.)

Dann mit dem immer gleichen, halb gespielten Vorwurf.

Euch erreicht man ja gar nicht mehr!

Der direkt in eine stolze Nachfrage übergeht.

Ich wollte nur mal hören, wie es meinem Enkel so geht!

Schließlich die Ermahnung, übervoll mit Resignation und Hoffnung.

Vielleicht könnt ihr ja irgendwann mal zurückrufen, dass ich ihn sprechen kann!

Und dann die Verabschiedung, die er immer draufsprach, seine Signatur.

Danke. Ciao!

Nach dieser Nachricht hätte er dann eine E-Mail geschrieben, fünf Zeilen, fast identischer Wortlaut, meist ohne Betreff. Alles innerhalb weniger Minuten, obwohl es ihm an Zeit nicht mangelte.

Vielleicht könnt ihr ja irgendwann mal zurückrufen, dass ich ihn sprechen kann!

Weil es an diesem Sonntag keinen guten Grund gibt, nicht abzuheben, hebe ich ab.

Endlich erreicht man dich mal!

Seit Ende Oktober sah mein Vater sehr schlecht. Umrisse, hell, dunkel konnte er noch erkennen. Aber Zeitung lesen, im Internet surfen, Fernseh schauen, sich den Bart stutzen, seine Pfeife ordentlich stopfen, das ging alles nicht mehr, ganz plötzlich und ohne Vorankündigung. Sein Hausarzt, das hat zumindest mein

Vater mir gesagt, vermutete einen kleinen Schlaganfall und lotste den Patienten zum Abklären noch mal zum Augenarzt und Neurologen. Die schickten ihn weiter nach Würzburg an die Uniklinik. Auf der Überweisung steht mit rotem Filzstift geschrieben: »NOTFALL. Rechts/links unklare Sehminderung, vor allem: übergeordnetes Sehzentrum. ODER psychische Krise.«

Den Zettel finde ich nach dem Tod meines Vaters in seinen Unterlagen. Er selbst hat mir zu Lebzeiten nichts davon erzählt. Er stockte beim Reden, das schon, suchte nach Wörtern, schnaufte schwer und legte Denkpausen ein, wo man normalerweise keine vermuten würde, so, als wären nicht nur seine Augen betroffen, sondern auch sein Sprachzentrum und andere Teile seines Gehirns. Alles passierte langsamer als sonst, viel zäher. Doch er sagte immer nur: »Es wird jeden Tag ein bisschen besser.«

Seine E-Mails checkte in diesen Wochen ein Freund für ihn, druckte die wichtigen aus und las sie ihm vor. Die wichtigsten Telefonnummern notierte mein Vater seltsamerweise selbst, handschriftlich, je eine auf einem A4-Blatt: die meiner Schwester, meine, die seines Onkels, die seines besten Freundes, die vom Hausarzt. Gekrakel zum Überleben. Als ich am Tag nach dem Tod meines Vaters seine Wohnung betrete, liegen die Papiere auf dem Wohnzimmertisch, der roten Stoffcouch und dem Korkboden dazwischen. Daneben so viele Flaschen, dass man damit ein Supermarktregal füllen könnte. Wodka, Bier, Rotwein, Grappa. Manche der Pullen sehen aus wie ein Notnagel. Vielleicht Geschenke? Klare mit komischen Namen. Geöffnet, weil nichts anderes mehr da ist. Am Ende tragen wir fünf große Umzugskisten voll mit leeren Flaschen aus der Wohnung.

Derselbe Freund, der für meinen Vater die Mails checkte und ausdruckte, fuhr ihn Mitte November mit dem Auto in die Klinik nach Würzburg. Mein Vater sollte dort ein paar Tage stationär untersucht werden, drei, vier vielleicht, dann hätte er wieder nach Hause gekonnt. Mit einer Diagnose und einer Therapieempfehlung in der Tasche, vielleicht auch ein wenig Zuversicht. Denn das war, was ihm in diesen Tagen am meisten fehlte: die Aussicht, dass sein Leben wieder lebenswert sein kann. Mit einem Job, einer schönen Wohnung, vielleicht auch mit einer lieben Frau, die ihn die Scheidung, die ihn gerade fertigmacht, vergessen lässt. Mit Enkelkindern, denen er vorlesen und sie beim Schaukeln anschubsen kann.

Kurz nachdem er in Würzburg eingecheckt hatte, stach meinen Vater aber wohl der Hafer. Drei, vier Tage im Krankenhaus würden drei, vier Tage ohne Alkohol sein. Unmöglich. Er entließ sich gegen den Rat der Ärzte selbst und wurde von seinem Freund nach Rothenburg ob der Tauber zurückgefahren.

Was sollte ich denn da in der Klinik? Ich glaub eh, es ist schon wieder ein bissl besser geworden.

———

Gegen 9:40 Uhr betritt Christopher das Café. Er war mal ein sehr guter Freund, jetzt kennen wir uns nur noch gut. Vor ein paar Wochen hätten wir uns in einer Bar fast geprügelt, weil ich es dort für einen guten Ort und eine gute Gelegenheit hielt, um Christopher für einen seiner Texte zu kritisieren. Worüber er nicht wirklich erfreut war, und so gab ein Wort das andere, und uns trennten nur Zentimeter von einem peinlichen Barfight.

Darüber wollen wir heute reden. Und vielleicht sogar damit anfangen, wieder Freunde wie früher zu werden.

Aber meine Gedanken gehorchen mir nicht. Sie drehen sich weg von Christophers Worten und machen es mir schwer, mich auf das Gespräch zu konzentrieren. Trotzdem schieben wir ein, zwei Stunden Wörter zwischen uns hin und her. Nur eben nicht über das, was mich eigentlich gerade beschäftigt: Dass sich mein Vater in den Minuten, die wir hier in diesem Café verbringen und versuchen, eine Freundschaft zu kitten, in seiner Wohnung einigelt und niemanden an sich heranlässt, nicht mich, nicht meine

Schwester, nicht seinen besten Freund, nicht die Nachbarn, niemanden. Dass er dort alleine ist und Schmerzen hat. Dass er vielleicht am Boden liegt und nicht aufstehen kann. Dass er Hilfe braucht. Dass er Hilfe angeboten bekommt und sie nicht annimmt. Dass er eingeschnappt ist, warum auch immer. Dass er übertreibt. Dass er vielleicht bald stirbt?

Ich muss es Christopher sagen. Mein Vater, sage ich also irgendwann, um mich aus der Umklammerung meiner Gedanken zu lösen, mein Vater hat sich seit gut einer Woche nicht bei mir gemeldet. Was sehr komisch sei, denn sonst ballere er mich ja mit Anrufen und Nachrichten und E-Mails zu. Aber jetzt: nichts. Am Freitag hat mich sein bester Freund Volker angerufen, ganz aufgeregt war er, weil mein Vater nicht zu seinem Stammtisch erschienen ist, ohne abzusagen. Ich dachte erst, na und, einmal nicht zum Stammtisch, vielleicht ist er einfach nur krank? Aber weil er sich bei mir ja auch seit Tagen nicht gemeldet oder auf meine Anrufe reagiert hatte, war ich plötzlich auch sehr aufgeregt. Und weil mir nichts anderes einfiel, habe ich wieder angerufen und wieder und eine E-Mail geschrieben und eine SMS, und dann habe ich wieder angerufen, und nie habe ich eine Antwort bekommen. »Ich hab's gar nicht gezählt«, sage ich zu Christopher, »aber weißt du eigentlich, wie scheiße das ist, einem erwachsenen Mann hinterherzutelefonieren, den man sonst für genau das belächelt?«

Ich erzähle, wie die Ohnmacht mit jedem Telefonat wächst. Und dass mein Vater seinem Freund Volker, der nur fünf Minuten entfernt wohnt, die Tür nicht aufgemacht hat, und wie seltsam ich das gefunden habe. Dass ich daher später die Nachbarn angerufen habe, die ich überhaupt nicht kannte, die aber sehr nett waren, und sie gebeten habe, ob sie mal gucken könnten, ob bei ihm Licht brennen würde. Da es an war und sie gesagt haben, dass sie auch Pfeifenrauch riechen könnten, habe ich mir gedacht, okay, zu Hause ist er wohl, vielleicht hat er ja nur irgendeinen Furz quersitzen, er wird sich dann schon melden. Die Nachbarin hat ihm dann sogar noch zwei Butterbrezen vor die Tür gestellt, weil sie sich auch schon Sorgen gemacht hat, und erzählt, dass die nach einer Weile weg waren. Aber wieder ohne Nachricht oder Dank oder irgendetwas.

Das mit dem Nichtmelden ging weiter bis Samstagnachmittag. Es war ja auch noch Nikolaus, und Volker und ich haben am Ende beschlossen, die Polizei zu rufen, damit sie die Wohnung aufmacht. Einen Schlüssel hatte komischerweise keiner von uns. Ich weiß gar nicht, ob überhaupt jemand einen Ersatzschlüssel für die Wohnung hatte. Wir jedenfalls nicht. Die Polizei darf, wie ich erfahren habe, selber keine Türen aufbrechen, außer natürlich es geht um Terroristen oder so, also musste auch noch ein Schlüsseldienst kommen und aufschließen. Dann ging es schnell, und die Polizei ist rein in die Wohnung. Alles ruhig, nur einer schnarcht: mein Vater. Den haben sie dann aufgeweckt und gefragt, ob es ihm gut gehe und ob er Hilfe brauche. Und er hat geantwortet, dass alles gut sei, sich bedankt und gesagt, dass sie wieder gehen sollten und er keine Hilfe brauche. Ja, und dann sind die wieder gegangen, ohne dass irgendwas passiert wäre. »Aber ich meine, wenn die merken, dass mit dem was nicht stimmt, dann müssten die doch den Krankenwagen rufen, oder?«

Christopher schweigt.

———

Zwischen dem Wohnort meines Vaters und meinem lagen in den ersten zehn Jahren meines Lebens null Meter. Wir lebten im selben Haushalt. Nach der Trennung meiner Eltern wuchs die Distanz: erst auf knapp einen Kilometer zur neuen Wohnung meines Vaters. Nach der Scheidung auf fünf, weil meine Mutter und ich in den Nachbarort gezogen sind. Dann auf 400, weil mein Vater einen Job in Frankfurt angenommen hat. Mit 16 ging ich für ein Jahr auf eine Highschool in den USA: 8000 Kilometer. Danach lag für ein paar Jahre eine Dreiviertelstunde S-Bahnfahrt zwischen uns, was zwar deutlich weniger war als die gut 550 Kilometer, auf die wir uns zuletzt eingependelt haben, aber das Problem war immer dasselbe: Besonders nah waren wir uns nur selten.

Seit ein paar Jahren wird behauptet, dass Technik die Distanzen schrumpfen oder sie sogar auflösen lassen könne. Ich kann das nicht bestätigen. Natürlich, aus teuren Ferngesprächen in die USA wurden kostenlose Skype-Gespräche, aus Urlaubspostkarten E-Mails mit Fotos im Anhang und aus Faxen … nichts, die fielen einfach ganz weg. Alles ist angeblich günstiger, schneller und weniger umständlich geworden. Mein Vater und ich schafften es trotzdem, uns fast aus den Augen zu verlieren. Unsere Kommunikation wurde zum leeren Ritual. Überraschungen waren ausgeschlossen. Die Geburtstagsmails, die ich eine Zeit lang von ihm bekommen habe, schickte mein Vater immer schon am Tag vorher los. Als ich ihn einmal sehr bestimmt auf den richtigen Tag hinwies, reagierte er wie so oft: mit Empörung und verletztem Stolz. Erklären konnte er mir das Ganze aber trotzdem nicht, und ich wurde erst recht sauer: Der Vater, der sich den Geburtstag seines Sohnes nicht merken kann. Das war das, was bei mir hängen blieb.

Dass er sich jetzt tagelang nicht meldete, wirkte am Anfang auf mich ein wenig wie ein zu spät zugestellter Gruß aus diesen Zeiten. Unerklärlich und blöd und unnötig. Und vor allem: Unpassend, weil wir, dachte ich, doch schon so viel weiter gewesen sind. Wenige Wochen zuvor hatte er sich mir noch anvertraut.

»Ich würde so gerne eine Kur machen.«

»Eine Kur?«

»Ja, ich bin körperlich nicht gut drauf. Ins Allgäu würde ich gerne. In die Berge.«

»Ich fahre dich, Papa! Sag wohin, und ich fahre dich!«

»Ja.«

»Ja?«

»Ich frag mal.«

Ich weiß es bis heute nicht: Hat er jemals gefragt? Wenn ja, wen? Den Hausarzt? Der sagte mir, dass er etwas wie bei meinem Vater noch nie gesehen habe, einen so schnellen Abstieg, eine so rasche Verschlechterung. *Fulminant*, nennt er das.

———

Der Hausarzt ist ein alter Schulfreund meines Vaters. Als der wegen seiner Sehprobleme zum ersten Mal in die Praxis ging, gab er einen seltsamen Grund für seinen Besuch an: Er würde den Ball beim Tischtennis nicht mehr sehen. Es ist nicht ganz klar, welchen Ball er meinte: Einen im Fernsehen? Oder spielte er selber irgendwo? Es war vor allem auch das erste Mal, dass ich das Wort Tischtennis im Zusammenhang mit meinem Vater hörte. Und auch seine Freunde, besonders Volker, wissen nicht, welchen Tischtennisball er nicht mehr gesehen haben könnte.

Judo, das war immer der Sport meines Vaters gewesen. Brauner Gürtel, mittelfränkischer Vizemeister. In der Zeitung stand damals, dass er mit etwas mehr Härte und weiterem eifrigen Training noch manchen Erfolg würde verbuchen dürfen. Und jetzt also Tischtennis? Der Arzt kann es sich auch nicht erklären, und in einem späteren Gespräch erlauben wir uns, über diese Story meines Vaters gemeinsam ein wenig zu schmunzeln.

Letztlich ist es auch egal, ob mein Vater den Ball in echt nicht gesehen hat oder im Fernsehen oder ob er ihn sich einfach nur eingebildet hat: Er sah einfach fast nichts mehr. Und um herauszufinden warum, warf der Hausarzt schnell die Untersuchungsmaschinerie an. Ein CT, um das Gehirn zu überprüfen. Ein Ultraschall der Leber. Eine Blutuntersuchung. Der Abgleich mit den augenärztlichen Befunden. Das ganze Programm.

Aber mein Vater sagte, nöö, nix, kein eindeutiges Ergebnis. Ich hätte erwartet, dass ihn das schockiert oder verwirrt oder vielleicht sogar zur Räson ruft. Aber das entsprach ihm nicht. Es hätte ihm Einsicht abverlangt und auch Mut, Schwäche zu zeigen.

Stattdessen entschied sich mein Vater dafür, gleichzeitig ehrlich erschrocken und trotzig zu sein. Erschrocken auf so einer Huch-Ebene: Huch, was ist das denn jetzt für ein Streich, den mir mein Körper spielt? Und trotzig, weil so ein Streich ja irgendwann zu Ende sein muss und es bislang ja auch schon 62 Jahre gut gegangen ist. Warum sollte sich das jetzt ändern, und schließlich sind die Ärzte gut, sogar hier in Rothenburg. Und die in Würzburg an der Uniklinik erst, die würden schon rausfinden, was Sache ist, und dann würde alles wieder gut werden!

Danke. Ciao!

———

Ich wollte ihm so gern glauben. Wollte, dass er recht behält und bald schon wieder selbst durch sein geliebtes Internet surfen konnte. Dass alles umkehrbar sei. Aber wie realistisch war das bei den Symptomen? Ich googelte und stellte wie immer schnell fest, was ich immer feststelle, wenn ich Symptome google: Man ist immer sterbenskrank, und eigentlich ist es ein Wunder, dass man noch lebt. Also rief ich beim Arzt an, aber der durfte mir nichts sagen, schließlich war mein Vater immer noch Herr seiner Sinne.

Heute weiß ich, was er mir damals nicht sagen durfte: Die Ergebnisse der Untersuchungen waren vernichtend. Die Blutwerte meines Vaters deuteten stark Richtung Leberzirrhose, dem Klassiker unter den Folgen der Alkoholsucht. Gicht war ohnehin schon länger bekannt gewesen und wurde auch jetzt wieder bestätigt, ebenso der Bluthochdruck. Und im CT zeigte sich auch noch eine kortikale Hirnatrophie, ein Schwund der Hirnsubstanz, meist der grauen, was einhergeht mit einer Minderung der intellektuellen Leistungen, der Merkfähigkeit. Es sei das, was man landläufig als Verkalkung bezeichne, erklärte mir der Doktor.

Nur: Mein Vater war nicht verkalkt, weil das Leben das nun mal so mit sich bringt ab einem bestimmten Alter. Er war verkalkt, weil er trank. Und vielleicht lag es auch genau an dieser Verkalkung, dass er, obwohl er in einigen wenigen starken Momenten artikuliert hat, dass sein Körper ein Wrack sei, einfach weitersoff, als wäre nichts gewesen. Als wäre es das Leben nicht wert, mit einem beherzten Tritt auf die Bremse alles anzuhalten und was zu ändern. Aber das konnte mein Vater nicht. Er liebte sein Leben schon länger nicht mehr, fürchte ich. Vielleicht hasste er es nicht mal. Vielleicht war es ihm einfach egal geworden. Krankhaft egal.

———

Christopher und ich müssen wieder los, unser Treffen ist zu Ende. Aber es fühlt sich gut an, einem alten Freund von meinem Vater erzählt zu haben, sich ihm geöffnet zu haben. Er weiß jetzt ein bisschen Bescheid, was bei mir los ist. Zum Abschied umarmen wir uns und gehen getrennte Wege, Christopher nach rechts in die Redaktion, ich nach links in mein Büro.

Der Himmel trägt Berlin-Grau, fünf, sechs Grad hat es vielleicht, kein Regen. Ich ziehe mein Telefon aus der Tasche und wähle die Nummer meines Vaters. Es klingelt lange, schließlich geht der Anrufbeantworter dran, und ich rattere mein Sprüchlein runter. Dann lege ich auf und laufe ein wenig schneller.

Auf der Straße ist noch etwas Feuchtigkeit vom Regen der vergangenen Nacht übrig. Die Autos pflügen durch die kleinen Bäche in den Spurrinnen, *Schffffftschfffft*, einige ein wenig schneller als andere. Ich frage mich, wieso *ich* mich nicht einfach ins Auto setze und zu meinem Vater fahre. Was hält mich ab? Die Arbeit? Ja, ist doch wichtig, versichere ich mir, Geld verdienen, Anschluss nicht verlieren, wichtige Geschichten schreiben. Außerdem ist er erwachsen und hat der Polizei am Samstag gesagt, es gehe ihm gut. Also nicht fahren?

Schffffftschfffft.
Schffffftschfffft.
Schffffftschfffft.

20 Minuten später sitze ich an meinem Schreibtisch und stelle fest, dass ich eigentlich gar nicht weiß, was ich hier heute machen soll. Ich habe kein Skript abzugeben, kein Thema, das ich Redaktionen anbieten kann oder sollte. Ich könnte eines suchen und ein Angebot schreiben. Aber will ich das? Jetzt? Wäre es nicht besser zu fahren? Ich verschiebe das Beantworten auf später und mache mir einen Espresso.

Die Sache mit den Augen meines Vaters, so nenne ich das, was gerade passiert, wenn ich mit meiner Freundin darüber spreche. Die Sache mit den Augen ist ein wenig so, als würde sich ein Computer aufhängen. Erst bemerkt man es gar nicht, weil Teile des Systems noch laufen. Weil man noch Rückmeldung bekommt, wenn man die Tasten drückt. Weil er noch rattert und rechnet und irgendein Lämpchen noch blinkt. Das ist doch ein gutes Zeichen, oder? Aber dann kollabiert auch das Programm, das man gerade benutzt. Und nur wenn man Glück hat, erscheint eine Fehlermeldung, wenn nicht, ist es vorbei. Dann erstarrt der Bildschirm, und jeder Tastendruck geht ins Leere. So lange, bis das Rattern des Rechners schließlich zu einem zusammenhängenden Surren wird, durchbrochen von gelegentlichem Schluckauf, der einen noch mal Hoffnung schöpfen lässt, aber eigentlich weiß man schon: Die einzige Lösung ist, dem Ding den Strom abzudrehen und neu zu starten. Aber wie macht man das bei einem Menschen?

Ohne eine Antwort auf diese Frage zu finden geht mein Tag im Büro fast ereignislos zu Ende. Um kurz nach fünf gehe ich nach Hause. Für den Abend haben sich ein paar Freunde angekündigt, wir wollen über ein Projekt mit und für Flüchtlinge sprechen, dazu ein bisschen was essen und trinken. Also springe ich unterwegs noch schnell in den Supermarkt, kaufe ein paar Kartoffeln und Ingwer für eine Suppe. Als ich an der Kasse stehe, klingelt mein Telefon. Es ist Volker, der beste Freund meines Vaters.

»Ich habe ihn heute wieder nicht erreicht. Und eben war ich dort und habe geklingelt, aber wieder nichts. Keine Antwort.«

»Was sollen wir tun«, frage ich ihn, »Polizei?« Ja, anders geht es wohl nicht. Ich wähle die Nummer der Rothenburger Polizeidienststelle. Wie oft habe ich das eigentlich in meinem Leben schon gemacht: die Polizei angerufen? Was? Wo? Wer? Wie? Wann? Sind das die fünf W-Fragen?

Ein Beamter hebt ab, und ich rede los, ziehe eine Verbindung zum Samstag, dem ersten Einsatz. Da hätten wir doch schon einmal telefoniert, ja, und jetzt sei es wieder so, dass er nicht aufmacht: »Wir machen uns wirklich große Sorgen! Ich weiß, es ist erst zwei Tage her, aber vielleicht könnten Sie noch mal zu ihm fahren?«

Der Beamte atmet tief ein. Dann laut und langsam aus.

»Also, ich sag Ihnen jetzt mal was.« Er spricht sehr breites Fränkisch.

»Wir können ja nicht jedes Mal ausrücken, wenn hier einer anruft, nur weil jemand vielleicht besoffen in seiner Wohnung liegt«, sagt er. Das sei hier ja immer noch – noch! – ein freies Land. Und sie hätten auch eigentlich wirklich anderes zu tun. »Aber wir fahren da jetzt mal hin und melden uns dann bei Ihnen. Wird schon alles gut sein. Auf Wiederhören!«

Hat der Polizist das eben wirklich gesagt? Obwohl er die Vorgeschichte mit dem Einsatz zwei Tage vorher kennt? Kurz erwäge ich, ihn noch mal anzurufen, um ihm meine Meinung zu sagen. Aber was bringt das schon? Außerdem brauche ich gerade alle meine Sinne, um sicher nach Hause zu kommen, hier auf einer der anstrengendsten Straßen in Berlin, der Sonnenallee.

Um kurz vor sechs betrete ich meine Wohnung. Mein Sohn rennt mir entgegen und begrüßt mich stürmisch. Meine Freundin rennt nicht, ist weniger stürmisch und guckt betreten. Den ganzen Tag über haben wir immer wieder telefoniert und SMS geschickt. Sie weiß, dass die Polizei jetzt gerade entweder auf dem

Weg oder schon bei meinem Vater ist. Und sie weiß, wie es ist, wenn jemand trotz Leberzirrhose weitersäuft, bis das Herz vor dem ganzen Gift im Körper kapituliert: Genau das hat ihr Vater gut ein Jahr vorher, im Sommer 2013, gemacht. Auch er mit Anfang 60, auch er war lange arbeitslos, auch er hatte eine Ehe an die Wand gefahren.

Ich lege die Einkäufe auf die Arbeitsplatte in der Küche. Kartoffeln, Ingwer und noch Orangensaft habe ich mitgenommen, das gibt der Kartoffelsuppe eine ganz interessante Note. Würde meinem Vater das schmecken, so ohne *Worscht*? Die Zeit drängt. Um acht wollen meine Freunde da sein, und die Suppe soll noch ein bisschen ziehen.

Eine Dreiviertelstunde später dampft im Topf eine orangebraune Pampe mit roten Chili-Sprenkeln. Meine Freundin rümpft die Nase.

»Aber riecht lecker.«

Als ich gerade noch einmal abschmecke, klingelt das Telefon. Es ist eine Rothenburger Nummer, die Polizei. Ich lege den Löffel zur Seite und hebe ab. Der Beamte von vorhin ist dran, ich habe seinen Namen vergessen, aber erkenne die Stimme und das Fränkisch wieder. Er atmet ein bisschen schwer und druckst herum. Mit einem Mal fühle ich mich wie in einem Film, in dem ich nie sein wollte. Wie einer von diesen *Tatort*-Angehörigen, dem die Kommissare ganz bedröppelt eine schlechte Nachricht überbringen müssen. Wie reagieren die da gleich noch mal immer? Jetzt schon losheulen? Oder wird es gar nicht so schlimm?

Ich stütze mich mit einer Hand auf die Arbeitsplatte, mit der anderen umklammere ich das Telefon. Die Suppe blubbert, der Dunstabzug rattert. Die Stimme des Polizisten ist weit weg. Und ein bisschen kleinlaut.

»Herr Schottner, es tut mir sehr leid, Ihnen das mitteilen zu müssen. Aber es ist das eingetreten, was wir nicht gehofft hatten: Ihr Vater ist leider verstorben.«

BALKON

Was mache ich jetzt mit dieser Information: Mein Vater ist tot? Ist er es denn wirklich? Oder kommt da noch was, eine Auflösung wie bei *Verstehen Sie Spaß*? Unwahrscheinlich, schließlich war das ein echter Polizist am Telefon. Der macht doch keine Scherze. Richtig, oder?

Andererseits, war das nicht auch einer von denen, die zwei Tage vorher die Wohnung meines Vaters tatenlos verlassen haben, weil es ihm angeblich ausreichend gut ging? Wie kann ich jetzt sicher sein? Will ich es wirklich sein? Ich schalte den Herd aus und ziehe den Topf von der Platte. Die Suppe braucht heute keiner mehr. Ich sage meinen Freunden über WhatsApp ab, bitte sie um Nachsicht und lege das Handy weg.

Ohne Plan, was als Nächstes kommen soll, ob ich heulen oder schreien oder einfach schweigen soll, gehe ich ins Wohnzimmer und setze mich auf die Couch. Durch die breite Fensterfront kann ich den Abendhimmel über Berlin sehen. Er ist ein wenig verhangen, die Lichter des Fernsehturms blinken, Mond und Sterne sind nicht zu sehen.

In dem einen Jahr, das wir jetzt in der Wohnung leben, hat mein Vater uns noch nie hier besucht und sich ein Bild gemacht, geschweige denn, wie andere Väter das tun, bei irgendetwas geholfen. Schränke, Bilder, Lampen, eigentlich steht alles oder hängt an seinem Platz, manches ein wenig schief. Aber alles ohne die Hilfe meines Vaters.

Mir wird in diesem Moment klar, warum das so ist. Wieso er sich nie in sein Auto oder die Bahn gesetzt hat und für ein paar Tage zu uns gekommen ist.

Weil er es körperlich nicht geschafft hat.

Weil er seine Routine hätte durchbrechen müssen.

Weil er sich einen Vorrat an Alkohol mitbringen und heimlich hätte trinken müssen.

Weil er das Trinken für ein paar Tage vielleicht sogar hätte aussetzen müssen, weil er weiß, dass wir nur selten etwas trinken, und er also noch nicht mal in Gesellschaft einen Klitzekleinen hätte heben können.

Aber das war für meinen Vater wohl alles zu viel: zu viel Müssen, zu viel Einschränkung, zu viel Scham für das bisschen Kraft, die er noch übrig hatte. Und was noch viel schlimmer war: Er wusste das alles und hat es deswegen nicht einmal mehr versucht, obwohl ich ihn immer wieder eingeladen habe.

Das ist jetzt nicht mehr möglich. Mein Papa ist tot. Er wird nicht mehr auf einen Besuch vorbeikommen. Die österreichische Autorin Saskia Jungnikl hat für dieses Gefühl die richtigen Worte gefunden. In ihrem Buch über ihren Vater, der sich im Garten ihres Elternhauses erschossen hat, schreibt sie: *Es tut nicht nur weh, was fehlt, es tut auch weh, dass alles zerstört ist, was hätte sein können.*

Nach einer Weile auf dem Sofa halte ich das Rumsitzen und Rumdenken nicht mehr aus. Ich stehe auf und gehe auf den Balkon. Es ist kalt, also werfe ich die Arme theatralisch um meinen Körper und rubbele an meinen Oberarmen, statt einen Pulli überzuziehen. Es ist alles ziemlich sinnlos, das Rubbeln, das Rumstehen, das Sinnieren.

Aber was an mir ist in dem Moment überhaupt echt? Wer erwartet was von mir? Bin ich traurig genug? Heule ich ausreichend? Müsste ich nicht eigentlich total zusammenbrechen oder zumindest irgendeine Reaktion zeigen?

Meine Gedanken rasen, während ich auf die Straße runterschaue. Ein Pärchen spaziert am Café auf der anderen Straßenseite vorbei. Sie sind beide ziemlich dünn und tragen lange dunkle Mäntel, das trägt man so zu der Zeit in Neukölln. Ich meine, spanische Wortfetzen zu hören. Wäre ich Raucher, wäre jetzt der Moment, mir eine Kippe anzustecken. Ich konnte zeitlebens bei meinen Eltern beobachten, wie das geht: Kippenschachtel auf, Kippe rausklopfen, Kippe in den Mundwinkel stecken, Mund grotesk verziehen, damit die Kippe einen Zentimeter nach oben gehebelt wird, Feuerzeug ansetzen, einatmen, Feuerzeug weglegen, zweiten Zug nehmen.

Aber ich kann nicht rauchen. Einmal, mit 16, habe ich den Inhalt eines Joints vor lauter Anstrengung rausgehustet, das fanden meine Mitraucher nicht so lustig. Danach habe ich großspurig geschworen, nie mit dem Rauchen anzufangen.

Statt zur Kippe greife ich also zum Telefon und rufe meine Mutter an. 13 Jahre war sie mit meinem Vater verheiratet und ist nicht gerade im Frieden von ihm geschieden worden. Trotzdem habe ich sie das Wochenende über immer wieder auf dem Laufenden gehalten, und sie hat auch mit dem besten Freund meines Vaters telefoniert, der sie knapp 40 Jahre vorher mit meinem Vater verkuppelt hat.

Als meine Mutter ans Telefon geht und ich ansetze, etwas zu

sagen, weiß sie sofort Bescheid. Statt zu reden weine ich. Ein, zwei Minuten, lange genug, dass ich es irgendwann selber bemerke, laufen mir die Tränen die Wange runter. Mein Körper bebt. Abwechselnd ringe ich nach Luft und stoße sie ruckartig durch meine Nase wieder raus. Meine Mutter sagt nichts, aber ich kann spüren, dass sie es hasst, jetzt so weit weg zu sein, 600 Kilometer. Dass sie mich jetzt gerne in den Arm nehmen würde, statt Worte finden zu müssen, die am Ende immer ein bisschen hohl sind, weil es für diese Situationen einfach keine passenden Worte gibt, sondern nur eine richtige Bewegung, und das ist die Umarmung.

Aber wozu auch Worte? Ich habe nur Fragen. Der Polizist hat mir ja nicht viel erzählt. Nur dass mein Vater wahrscheinlich beim Versuch, aus dem Bett aufzustehen, nach hinten umgekippt sein muss. So lag er wohl da, der Oberkörper auf der rechten Hälfte des Doppelbetts, die Beine halb aus dem Bett gestreckt, vielleicht war ein Fuß schon auf dem Boden. Wo wollte er hin? Die Tür aufmachen? Auf die Toilette? Wodka nachgießen?

Der Hausarzt schätzt, dass mein Vater in den letzten beiden Tagen seines Lebens nicht mehr in der Lage gewesen ist, sich selbst zu versorgen. Was das genau heißt, lässt er offen. Aber es ist klar, dass er in einem so schlechten Zustand gewesen sein muss, dass die Polizei schon bei ihrem ersten Besuch durchaus einen Grund gehabt hätte, einen Arzt anzufordern, der ihn untersucht. Aber das ist nicht passiert, und die Polizisten sind wieder gefahren.

KIRNBERG

Am Abend des Todes meines Vaters gehe ich um Mitternacht noch
einmal auf den Balkon und schaue in die Berliner Nacht hinaus.
Drehe ich meinen Kopf nach rechts, sehe ich die Kugel des Fernsehturms blinken. Drehe ich ihn nach links, leuchtet mir der
obere Rand der Leuchtschrift eines großen Kaufhauses am Her-
mannplatz entgegen. In beide Richtungen wohnen Tausende
Menschen vor sich hin, Tür an Tür, tagein, tagaus. Wie viele davon wohl so leben und sterben wie mein Vater?

Ich stehe fünf bis zehn Minuten einfach nur da und denke über
diese Frage nach. Ohne Zigarette, ohne Bier und erst recht ohne
Schnaps, obwohl das vielleicht jetzt der Moment wäre, der das sogar erfordern oder wenigstens entschuldigen würde. Einen auf
den Schreck trinken. Runterkommen. Dabei bin ich doch schon
unten. So weit unten wie nie zuvor in meinem Leben. Ein Auto
fliegt über das Kopfsteinpflaster unserer Straße. Geht es noch tie-

fer? Werde ich irgendwann auch so leben und sterben wie mein Vater? Mich betäuben, wenn die Langeweile mich aufzufressen droht? Die Dosis und das Gift ständig erhöhen, weil es sonst nicht mehr wirkt? Oder ist das alles vermeidbar? Und wenn ja, wie?

Ein paar Monate nach diesem Abend fange ich an, Bücher über Alkoholismus zu lesen. Ich habe das in den zurückliegenden Jahren nicht gemacht, habe mich nicht über die Krankheit meines Vaters informiert. Ich habe es weggeschoben, weil ich gedacht, zumindest aber gehofft habe, sie würde auch ohne mein Zutun weggehen wie ein Infekt, der mit Medikamenten sieben Tage dauert und ohne eine Woche. Aber schon als ich das erste Mal das Angebot an Büchern zu dem Thema sichte, schiebt sich der Gedanke vom Balkon wieder in den Vordergrund: Es geht jetzt auch um mich. Denn Alkoholismus scheint, wenn ich den vielen Titeln glaube, vor allem eine Familienkrankheit zu sein. Eine Krankheit in Familien, wegen Familien, gegen Familien und über Familien hinweg. Eine Krankheit, die in Familien entsteht und mit dem Tod der Süchtigen nicht endet, sondern sie überlebt. Die von einer solchen Wucht, aber auch Schlichtheit ist, dass kein Buchtitel der Welt sie wirklich erfassen kann.

Familienproblem Alkohol
Alkohol in Ehe und Familie
Das Maß ist voll – Für Angehörige von Alkoholabhängigen
Meine Mutter säuft doch nicht!

Welches der Bücher ich lese und ob ich teile, was drinsteht, ist nicht wirklich entscheidend. Wichtig ist für mich, dass ich überhaupt Bücher zu dem Thema lese. Sie funktionieren für mich wie ein Resonanzraum, in den ich meine Fragen hineinschleudern und gelegentlich erste Antworten bekommen kann. Es ist ein Anfang, mehr nicht. Denn eines können mir die Bücher nicht abnehmen: die Auseinandersetzung mit meiner Familie.

Deswegen wird, so ahne ich damals bereits, meine Recherche auch diesen Weg nehmen. Sie führt von meiner Mutter, der ersten

Frau meines Vaters, die trotz der Scheidung meine engste Verbindung zu meinem Vater ist, über alte Kollegen, Freunde und Nachbarn zu Brigitte, seiner zweiten Frau, und ihrer Tochter Katharina bis hin zu Hermann und Irmi, meinem Großonkel und dessen Frau. Die Suche nach Antworten wird dort aber nicht enden, sondern weiter in die Zeit vor der Geburt meines Vaters zurückgehen, den Zweiten Weltkrieg und die Jahre davor. Ich versuche, so nah es mir möglich ist, an die Wurzeln meiner Familie zu gelangen, um auszuloten, wie die Krankheit von meinem Vater Besitz ergreifen konnte.

Das kostet Kraft und Zeit und ist sehr mühsam, weil statt Antworten plötzlich neue Fragen aufgeworfen werden und die Suche scheinbar nie zu einem Ende kommt. Dann halte ich für einen Moment inne, wische mir die Tränen mit der rechten Hand weg und frage mich: Warum hat der Papa das getan?

———

Die Familie meines Vaters ist ein Produkt des Zweiten Weltkriegs. Meine Oma Edith wurde 1920 in Klein-Sabin in Pommern geboren, im heutigen Polen, mein Opa Konrad, genannt Conny, 1913 in Nürnberg, mehr als 700 Kilometer entfernt. Nichts verband die beiden, bis Hitler den Zweiten Weltkrieg vom Zaun brach.

Mein Opa hatte Tuchhändler gelernt. Franken hatte eine nicht unbedeutende Textilindustrie, an Arbeit mangelte es ihm nicht. Aber kurz nach der Machtübernahme musste er die Tücher hinwerfen, zwangsweise. Wie alle jungen Männer zwischen 18 und 25 wurde er erst zum Reichsarbeitsdienst eingezogen, kurz nach Kriegsbeginn dann zur Wehrmacht. Er wurde Panzerfahrer. Seine Einheit kämpfte in einem der grausamsten Kriege der Geschichte, dem Deutsch-Sowjetischen Krieg. Was mein Opa dort machte, wo er eingesetzt war, ob er es hasste oder liebte, ob er jemanden umgebracht hat, wen er vermisste oder ob er je Zweifel am Sinn des Ganzen hatte, das erzählte er, mir jedenfalls, nie. Und auch mit seiner Frau und seinem Sohn hielt er es so: Er schwieg sich beharrlich aus über diese Zeit.

Vielleicht weil es für ihn gut lief? Weil er nichts zu befürchten hatte? Auf den meisten Fotos von damals, die ich im Nachlass meines Vaters finde, lacht mein Großvater. Feiert er halb in Uniform, halb in Unterhemd im Kreise seiner Kameraden auf einer Stube. Balanciert stehend im Anzug auf einem Fahrrad. Sitzt entspannt im Morgenrock in einem Korbstuhl und schaut dandyhaft in die Kamera, Bildunterschrift »Conny auf Urlaub«. Um ihn herum sterben Millionen.

Es hilft nicht, es zu verdrehen: Conny war ein lebenslustiger, mitunter unbekümmerter junger Mann, ein Schönling noch dazu, und der wird er immer bleiben. Ungefähr 1,75 Meter groß, schlank und muskulös, mit Zuckerwasser im tiefdunklen, später natürlich grauen Haar und Kamm in der Gesäßtasche, das Hemd ordentlich aufgebügelt, die Schuhe poliert. Ein guter Fang, oppositioneller Umtriebe unverdächtig. Einer, der noch Jahrzehnte nach dem Krieg abfällig und siegesgewiss über »die Juden« herzieht. Ein durchschnittlich begeisterter Anhänger der Nazis, der für seine Einsätze in Russland das Eiserne Kreuz und die sogenannte Ostmedaille bekommt. Einer, der aber auch das Glück hatte, von der Front abgezogen und in ein Lazarett geschickt zu werden. Sonst wäre ihm der Tod in der Schlacht von Stalingrad sicher gewesen.

Das Lazarett, das meinem Großvater das Leben rettete, stand in der Nähe von Klein-Sabin, der Heimat meiner Oma. Die war dort als Freiwillige des Roten Kreuzes eingeteilt, um den verwundeten Soldaten ein wenig Gesellschaft zu leisten. Worin diese Unterstützung bestand, weiß ich nicht. Es klingt komisch, ein bisschen anrüchig, aber ich nehme an, die Nazis hatten da ein Auge drauf. Recht viel mehr ist über die Rolle, die Frauen wie meine Oma in diesem Lazarett einnahmen, leider nicht zu erfahren, und so nistet sich in meinem Kopf das Bild eines großen Hauses in der Pommerschen Ebene ein, in dem verwundete Soldaten von eilfertigen, strammen deutschen Mädels nach allen Regeln der Zunft wieder fronttauglich gepflegt werden.

Mein Opa war dabei wohl ein eher leichterer Fall, denn er hatte keine Schussverletzung oder irgendwas Lebensbedrohliches. Nur eine versteifte linke Hand, die Nebenwirkung einer Typhusimpfung an der Front. Genug, um nicht wieder an die Front zu müssen, aber zu wenig, um mit dem Leben zu ringen. Stattdessen verwendete mein Großvater wohl viel Zeit darauf, mit dem weiblichen Personal zu schäkern. Bei einer der Damen landete er: Edith. Die beiden verliebten sich und heirateten noch während des Kriegs. Am 21.10.1944 fuhren sie in einer Kutsche vom Haus der Brauteltern in Klein-Sabin zum Standesamt nach Virchow – und »Zurück!«, wie meine Oma in ihrer fürchterlichen Krakelschrift neben den Fotos notiert hat.

Sie heirateten ganz in Weiß. Oder ist es cremefarben? Das lässt sich auf dem Foto nicht genau erkennen. Eindeutig ist nur: Mein Opa trug seine alte Uniform, die eines Stabsgefreiten, obwohl er der Wehrmacht schon nicht mehr angehörte. Auch einige der Gäste trugen Uniform. In ihren Gesichtern mischte sich Stolz mit Sorge. Die russischen Truppen waren nur noch gut 1000 Kilometer entfernt.

———

Die Zahl der Menschen, die den Zweiten Weltkrieg miterlebt, meinen Vater und seine Eltern gekannt haben und heute noch leben, ist überschaubar. Sie liegt bei: eins.

Dieser Eine ist mein Großonkel Hermann, der zehn Jahre jüngere Bruder meiner Oma und Patenonkel meines Vaters. Wenn mir jemand etwas über die Kindheit meines Vaters und die Beziehung zu seinen Eltern sagen kann, dann er.

Also besuche ich Hermann in seiner Wahlheimat, einem kleinen Nest bei Stuttgart. Hier lebt mein Großonkel seit mehr als 50 Jahren mit seiner Frau Irmi.

Zuletzt habe ich die beiden vor mehr als einem Jahr in Rothenburg bei der Bestattung meines Vaters gesehen. Seither haben wir ein paar Mal telefoniert. Wegen Fotos meiner Oma, für die sich mein Großonkel interessierte, wegen etwas Geld, Kleinkram eben. Besonders eng ist der Kontakt nicht. Trotzdem bestehen Irmi und Hermann darauf, mich abzuholen und mit mir essen zu gehen. Es gibt Maultauschen in Portweinsauce an Kartoffelsalat. Ein Gedicht.

Danach fahren wir zu ihnen nach Hause. Ein stattliches Haus am Hang. Oben wohnt die Tochter von Irmi und Hermann mit ihrer Familie, unten die Eltern. Hermann lässt sich auf die Ledercouch im Wohnzimmer fallen und legt die Hände auf seinen Bauch. Seine kleinen Augen sind auf Mittagsschlafgröße geschrumpft. Das wäre jetzt normalerweise seine Zeit, um zu ruhen. Kann ich ihn jetzt wirklich all das fragen, was ich gerne wüsste?

Haben meine Großeltern getrunken?

Hast du getrunken?

Und deine Eltern?

War meine Oma eine gute Mutter für meinen Vater?

Und mein Opa ein guter Vater?

War er ein Nazi?

Was für ein Kind war mein Vater?

Wieso seid ihr eigentlich nach Rothenburg gezogen?

Trinkst du?

Ich habe mich bei Hermann und seiner Familie jahrelang nicht blicken lassen, obwohl ich wusste, dass mein Vater es gerne gesehen hätte. Spielt das jetzt eine Rolle? Wird Hermann sich ausgenutzt fühlen, wenn er mir von seinem Leben erzählt? Oder wertgeschätzt, weil endlich mal jemand nach dem fragt, an was er sich vielleicht am besten erinnern kann, weil es besonders weit von der Gegenwart entfernt ist?

Was ich von Hermann und allen anderen, mit denen ich über

meinen Vater spreche, will, ist ihre Erinnerung an ihn und nicht, dass sie in Selbstzweifeln versinken, weil sie womöglich etwas übersehen haben könnten. Ich frage nur nach, um zu hören, wie sie meinen Vater gesehen haben.

Hier in Schwaben gehe ich dieser Aufgabe von einem speckigen Ledersofa aus nach. Ich schaue auf den großen Bauch meines Großonkels und fühle mich wie ein Kommissar, der Indizien und Beweise sammelt. Es gibt bessere Rollen. Gott sei Dank aber auch noch Großtante Irmi. Sie war früher mal Politesse, was sie heute noch mit Stolz erfüllt. Aus der Küche ruft sie: »Dominik, magscht du Kaffee?«

Es ist fast vier, und das ist laut Irmi sieben Tage pro Woche die Zeit für das Kaffee-und-Kuchen-Ritual der Familie. Der ganzen Familie. Im Minutentakt geht die Tür auf und zu, und nacheinander kommen zwei der drei Kinder von Hermann in die Stube rein, dann eine Enkelin und schließlich noch der Schwiegersohn, um mir Hallo zu sagen. Mit so viel Aufwartung hatte ich nicht gerechnet. Meine Großcousinen und -cousins mit meinem Besuch aber auch nicht so recht, und so liegt eine für ein Kaffeetrinken untypische Spannung in der Luft. Bis Irmi den Druck rausnimmt: »Also, des mit dem Harald ... ich kann es ja immer noch nicht glauben. Der wollte ja bei uns letztes Jahr Weihnachten feiern. Das hat er gesagt, als er das letzte Mal hier war. Wisst ihr des noch?«

Die Runde nickt. Alle kennen die Geschichte, die aber eigentlich keine ist. Wenige Wochen vor seinem Tod hat mein Vater unsere Verwandten besucht, wegen des Geburtstags eines Cousins. Und dabei, erinnert sich Irmi, soll er gesagt haben, dass er an Heiligabend wiederkommen wolle.

»Ja, also schlecht hat er schon ausgesehen. Dünn, bissle ungesund. Aber Alkohol ... nein, der hat doch gar nichts getrunken hier bei uns.«

Ich kenne die Geschichte. Zwei, drei Mal habe ich sie schon in den Telefonaten mit Irmi und Hermann gehört. Trotzdem nicke ich und frage nach. Vielleicht ändert sich ja ein Detail. Vielleicht erinnert sich jemand aus der Kaffeerunde noch an etwas anderes, was mir weiterhelfen könnte. Aber leider endet die Geschichte, wie sie bis jetzt immer geendet hat, mit Erstaunen über den plötzlichen Tod, ehrlichem Bedauern und letztlich dem Abräumen des Geschirrs. Ende des Kuchenrituals, Verabschiedung von meinen Großcousins, zurück in den Krieg.

———

Wenn mein Großonkel, der ein recht stattlicher Mann mit einem erstaunlichen Bauchumfang ist, über den Krieg redet, ist da kein Wehklagen in seiner Stimme, kein Bedauern. Die Stimme bebt nicht, verurteilt nicht, relativiert aber auch nicht. Sie erzählt einfach nur, gemächlich und leise, egal, wie laut die Geschichte dröhnt. Seine Hände legt Hermann dabei auf dem Bauch ab. Die Finger verknotet er ineinander. Ab und zu fährt er sich mit der rechten Hand über das Gesicht, als wolle er sich den Staub der Vergangenheit wegwischen.

»Dein Opa hat sich in Pommern wohlgefühlt!«, sagt Hermann, als ich ihn frage, wie dieser dort zurechtkam. Möglicherweise wäre er sogar gerne geblieben. Aber das ging nicht. Kurz nach ihrer Hochzeit im Herbst 1944 flohen meine Großeltern mit Günther und seinen Eltern aus Pommern vor den Russen. »Auf einem Laster der Wehrmacht, der nach Berlin fuhr«, erinnert sich Günther. Statt nach Nürnberg, die Heimat meines Opas, zogen sie aber weiter bis nach Kirnberg, ein Kaff in den Hügeln rund um Rothenburg. 200 Einwohner, eine Kirche, zwei Straßen, eine Wirtschaft, eine Schule.

Warum genau dorthin?, frage ich Hermann. Er schnauft und legt sich zurück. Er überlegt. Rothenburg war für mich Zeit meines Lebens eins mit meinen Großeltern und meinem Vater. Aber wieso sie dorthin gegangen waren, wo kein einziger Verwandter und nicht einmal Freunde lebten, das hatte ich bis jetzt nie hinterfragt.

Hermann hat zu Ende nachgedacht: »Dein Opa hatte da in der Gegend irgendwie mal zu tun und dann dieses Haus entdeckt.« Was dieses Irgendwie war, kriegen Hermann und ich nicht mehr rekonstruiert. Das Haus hingegen kenne ich sehr gut. Es ist das Elternhaus meines Vaters, gegenüber der Wirtschaft, wo meine Großeltern jeden Sonntag Mittagessen gingen, an der Straße, die von Ansbach nach Rothenburg führt.

Als meine Großeltern das Haus nach dem Krieg kauften, war es nicht mehr als eine kleine, eingeschossige Hütte aus der Zeit vor dem Krieg. Viel zu klein für fünf Erwachsene. Der Bürgermeister von Kirnberg erlaubte ihnen, es auszubauen, unter der Bedingung, dass sie alles selber zahlten. Sie machten sich ans Werk: Links eine Erweiterung für meine Großeltern, rechts eine für Hermann und seine Eltern. Im Mittelteil eröffnete mein Opa einen Kramerladen, davor stellte er ein großes Schild, so groß, dass es die Autofahrer, die vorbeifuhren, gut lesen konnten.

Kolonialwaren, Textilien, Rauchwaren, Schmieröle, Fette.

Eine wilde Mischung. Dazu kamen, je nach Beschaffungslage, Lebensmittel wie Brot, Eier und Milch.

»Da haben alle Bauern aus der Umgebung eingekauft«, behauptet Hermann.

Feststeht auf jeden Fall, dass es karge Zeiten waren – und man erfinderisch sein musste, um durchzukommen. Mein Großvater verlegte sich auf eine Art Export-Import-Geschäft zwischen den Besatzungszonen. Zufällig hätte er eines Tages von einem Mann erfahren, der in Rothenburg lebte und Verbindungen zum Seifenhersteller Henkel in Düsseldorf hatte. Seife aber, sagt Hermann, war damals Mangelware bei ihnen. Also mietete mein Großvater bei einem Fuhrunternehmen einen Fahrer samt Lastwagen, lud ihn voll mit dem, was es in der Gegend reichlich gab, Kartoffeln, packte Hermann ein und tuckerte mit 50 Stundenkilometern ins Rheinland.

»Bei Würzburg haben wir immer haltgemacht. Immer bei derselben Familie. Die kannten uns dann nach ein paar Fahrten schon.«

In Düsseldorf tauschte Conny die Kartoffeln gegen die Seife und karrte diese zurück nach Kirnberg. Dort verkaufte er einen Teil im Laden, und den anderen tauschte er gegen Fleisch oder auch Gänse, die er für den Eigenbedarf im Garten hielt. Bis zu dem Tag, erzählt Hermann, an dem seine Mutter Wäsche mit der Seife wusch, das Wasser aber nicht vergeuden wollte. Also gab sie es den Gänsen zum Trinken. »Am nächsten Tag waren alle tot.«

———

Am 29. April 1952 kam mein Vater auf die Welt. Seine Eltern waren für damalige Verhältnisse schon einigermaßen alt: seine Mutter 32, sein Vater 39. Der Weg zur Schwangerschaft war kein leichter. Die Geburtsanzeige kündet denn auch stolz von der Ankunft des *Stammhalters*. Dem, der den Fortbestand des Familiennamens sichern soll. Schlichte schwarze Fraktur auf weißem Grund. Es wird die einzige Geburtsanzeige bleiben, die sie je schreiben:

In großer Freude Edith und Konrad Schottner.

Die Fotos aus den ersten Lebensjahren meines Vaters zeigen, dass der Wirtschaftsaufschwung auch in der fränkischen Provinz wirkt: Das Kind ist blond, adrett frisiert und wohlgenährt, der Strampler, später die Kniebundhose dehnt sich zukunftsgewiss, die Eltern lächeln stets mit verhaltenem, aber erkennbarem Stolz in die Kamera, und im Rückspiegel des ersten Autos, eines Käfers, wird der Krieg allmählich kleiner. Es schmuggeln sich jetzt auch wieder häufiger Bier-, Wein- und Cognacgläser vor die Linsen, dazu verknoten sich die Abgelichteten kunstvoll ineinander und strecken dem Fotografen ihre Zungen entgegen. Es ist fast wie heute auf Instagram oder bei Facebook, nur dass der Alkohol nicht, wie heute oft, als Trophäe und Statussymbol präsentiert wird. Er ist einfach da, ganz beiläufig und selbstverständlich.

Mich faszinieren diese Fotos. Stunden-, manchmal tagelang verliere ich mich in ihnen, ziehe immer wieder die große Kiste oder eines der Alben aus dem Regal und beginne zu kramen und zu blättern, lege Stapel an, chronologisch oder nach Inhalten, und entdecke fast jedes Mal ein Detail, das mir bis dahin entgangen war.

Das Fotopapier ist dicker und rauer als bei Abzügen heute, die manchmal quietschen, wenn man mit der Hand drüberstreicht, und ein ähnlich unangenehmes Gefühl hinterlassen wie frisches Geschirr aus der Spülmaschine. An den alten Fotos aber bleiben meine Hände fast ein wenig hängen, so viel Widerstand bietet ihre Oberfläche.

Auch die Formate sind anders: Aufgewachsen bin ich mit 9×13, später kamen 10×15 dazu. Aber jetzt halte ich Fotos mit den ungewöhnlichen Maßen $5,2 \times 5,9$ in der Hand oder mein Lieblingsformat $9 \times 6,2$. Allein deswegen kann ich die Bilder nicht so schnell aus der Hand legen.

Das Wichtigste an den Fotos aber ist ihr Rand: drei Millimeter an allen vier Seiten. Er verkleinert die Bilder noch ein bisschen mehr, lässt sie bescheidener wirken, ein bisschen so, wie sich die Generation der Großeltern selbst gerne sieht. Andererseits geben diese drei Millimeter Rand den Menschen auf den Fotos auch ein wenig Würde zurück, rücken das Leben gerader, nachdem der Krieg alles durcheinandergewirbelt hatte. Aus einem Maurermeister vor seinem unfertigen Haus wird so ein Dokument des Wiederaufbaus und aus dem dicken blonden Kleinkind, das mein Vater war, ein Zeugnis des Babybooms.

Und die Fotos sprechen zu mir. Es ist, als könnte ich hören, wie die Menschen darauf einen lauten, langen Seufzer der Erleichterung ausstoßen. Darüber, dass das Ende der Nachkriegszeit absehbar ist, dass es nun wieder aufwärtsgeht. Erleichterung vielleicht auch darüber, dass Feiern nun wieder möglich ist ohne Denunzianten, ohne Sirenengeheul, dafür mit allem, was eigentlich dazugehört: Frivolität, ein bisschen Kontrollverlust, Bier, Wein und Schnaps.

Ich giere richtig nach diesen Ausflügen in die Geschichte meiner Familie, seit mir, ich war acht oder neun, meine Großmutter vor dem Einschlafen erstmals von ihrer Flucht aus Pommern erzählt hat. Aber können die Fotos wirklich eine Antwort oder einen Hinweis auf die Frage geben, wieso mein Vater später zur Flasche griff? Lassen sie eine frühkindliche Prägung erkennen? Oder ist irgendwo ein Indiz dafür versteckt, dass meine Großeltern sich selber gerne mal ein Schlückchen zu viel gegönnt haben?

Denke ich an meine Oma und meinen Opa, ist eine der prägendsten Erinnerungen die an rechteckige Waffeln und schokolierte Waffeleier aus dem Naschfach. Nicht die an Schnäpse oder Weine aus der Hausbar, die direkt darüber lag.

Die Hausbar war, wie das Naschfach, stets gut gefüllt. Aber sie genoss den Status des Außergewöhnlichen, Nichtalltäglichen. Das hing auch mit ihrer Position im Raum zusammen. Sie war eingelassen in die sehr bundesrepublikanische Eichenschrankwand im Wohnzimmer, etwa auf Brusthöhe, nicht direkt sichtbar, aber eben doch im Zentrum des Raums. Wie einen Sekretär konnte man sie mit einem goldenen Schlüssel in Richtung des eigenen Körpers herunterklappen, wobei die ebenfalls goldenen Scharniere dabei ganz zart quietschten, nie aber lauter als der Fernseher, der zwei Meter links danebenstand. Durch das Runterklappen der Tür wurde der Schrank zur Anrichte, auf der sich bequem ein Willi oder ein Marillenschnaps einschenken ließ. Dann hochklappen, abschließen, und die Hausbar war wieder fort.

Diesen Akt zelebrierte mein Großvater immer sehr gravitätisch, sehr raumgreifend und bedeutungsheischend, um keinen Zweifel aufkommen zu lassen: Hierbei handelte es sich um etwas Außergewöhnliches. Eine Zeremonie, die nur besonderen Anlässen vorbehalten war, Besuch von Gästen wie meinen Eltern und mir. Oder nein, häufiger, wenn die Müllmänner kamen, um die Tonnen zu leeren.

Im Großen und Ganzen – und vor allem auch, weil meine Oma wie alle in der Familie lieber Gast als Köchin war – blieb das Leeren der Hausbar also fast ausschließlich den Müllmännern vorbehalten. Ich habe bis heute nicht verstanden, wieso ausgerechnet sie sich einen reinladen, noch dazu am relativ frühen Morgen. Aber es soll ja auch Elektriker geben, die erst angetrieben von einem Pils die Lampen zum Leuchten bringen. Meine Großeltern haben Alkohol weder verteufelt noch geliebt. Sie hatten einen gesellschaftlich akzeptierten, vielleicht sogar souveränen Umgang damit. Und wenn sich ihnen eine Gelegenheit bot, ihn diskret loszuwerden, nutzten sie sie. Besoffen haben ich oder andere, mit denen ich gesprochen habe, sie nie erlebt.

FIEBERBRUNN

Über dem Esstisch hängt eine schlichte, längliche Lampe, eine Leiste aus Alu mit hellen LEDs. Ich mag sie nicht, sie blendet mich. Ich rücke zur Seite, greife nach meinem Glas und nehme einen schnellen Schluck Bier. Es ist zufällig die Sorte, die mein Vater sehr gerne getrunken hat. Landwehr-Bräu, Altfränkisch Dunkel, süßlich, ein bisschen wie Malzbier, leicht klebrig am Gaumen, trotzdem süffig und schnell leer, wie meistens bei ihm und mir. Daran hat auch sein Tod nichts geändert.

Ich bin zu Besuch bei Volker, dem, so werde ich das immer erinnern, besten Freund meines Vaters. Er ist ein Jahr jünger als mein Vater und trägt einen leicht angegrauten Vollbart. Sein Körper ist vom Radfahren und Schwimmen gut trainiert, aber wenn er sich bewegt, bekommt man eine Ahnung von den Jahren, die er schon in Betrieb ist.

Volker ist Kunsterzieher am Gymnasium in Rothenburg. Für

mich aber war er immer nur Volker, der Künstler, der diese eine wunderschöne Frauenbüste geformt hat, die man auf den Boden stellen kann, diesen Torso mit den mandelgroßen Brustwarzen. Wo sie genau stand und aus welchem Material sie war, weiß ich gar nicht genau. Ich erinnere mich einfach nur daran, dass sie da war. In ihrer kopflosen, reinen Schönheit.

Volker, der Künstler, von dem so viele Bilder bei uns zu Hause im Wohnzimmer, im Treppenhaus und im Esszimmer hingen. Radierungen von Rothenburger Wahrzeichen, Toren und Türmen, was so eine mittelalterliche Stadt eben hergibt. Und Surrealistisches wie dieses eine mit dem gläsernen Kubus inmitten einer Wüste, aus dem eine Leiter herausragt, vor einem blauen Himmel. Nach Volkers Aussage der gemalte Versuch, »die Beziehung deiner Eltern zu retten«. Als Trauzeuge fühlte er sich ihnen besonders verpflichtet. Das hat dann zwar nicht geklappt, aber das Bild hing trotzdem bis zum Tod meines Vaters in seinem Wohnzimmer. Jetzt besitzt es meine Mutter.

———

Volker und mein Vater kennen sich, seit sie 15 und 16 Jahre alt sind. Volkers Eltern besaßen damals einen Schuhladen in der Rothenburger Innenstadt. Meine Oma war Stammkundin, und weil das mit dem Fernsehen noch nicht so entwickelt war und sie sowieso gerne klatschte – ihre Lieblingszeitschrift war das *Goldene Blatt* –, verbrachte sie dort zwischen den Schuhen so manchen Nachmittag mit Ratschen. Einmal erzählte sie, dass sich mein Vater während des österlichen Skiurlaubs in Fieberbrunn immer sehr langweilen würde, weil er alleine auf die Piste musste. Meine Großeltern zogen zu der Zeit den Skibob vor, ein absurd hässliches Sportgerät, ein geschrumpftes Fahrrad auf Kufen, auf dem man sitzt und gar unsportlich dabei aussieht. Ich kann meinen Vater verstehen, dass er damit nicht gesehen werden wollte.

Offenbar führte meine Oma die Klage im Schuhladen energisch

genug, denn Volkers Eltern kam der Gedanke, dass sie nicht nur eine famose Kundin, sondern auch eine gute Betreuerin für ihren Sohn sein könnte. Und weil meine Oma nur zu ausgewählten Personen richtig garstig war, fuhren meine Großeltern, mein Vater und Volker in den kommenden Osterferien gemeinsam in den Skiurlaub nach Fieberbrunn in Tirol. Ein kleines Dorf, eigentlich unbedeutend. Aber dort lebte Tante Anni, die Schwester meines Opas, mit ihrem Mann Hubert, einem Friseur. Anni betrieb im Ortszentrum von Fieberbrunn eine Frühstückspension mit Etagentoiletten und Etagenduschen, brettharten Matratzen in alten Holzbetten und Tischmülleimern im Frühstückszimmer. Die Stammgäste schätzten diese Einfachheit. Sie reisten dafür sogar extra aus Buxtehude an, aus Stuttgart, aus Westfalen. Holländer waren natürlich auch dabei, jedes Jahr wieder, bis weit in die 80er-Jahre hinein. In Fieberbrunn lernte ich das Skifahren.

Das Skigebiet war von der Pension nur fünf Minuten mit dem Skibus entfernt. Die Haltestelle lag nah am Haus, sehr praktisch, so konnte man nach einem langen Skitag noch die Spätnachmittagssonne genießen, ehe sie dann hinter dem Wildseeloder unterging, dem höchsten der Fieberbrunner Gipfel.

»Am Abend«, erzählt mir Volker, »sind wir damals in den Ort gegangen, aber nur um festzustellen, dass dort fast nichts los ist. Ja, und dann ist uns abends eigentlich auch nichts anderes übrig geblieben als zu karteln oder zu lesen oder einfach zeitig ins Bett zu gehen. Wir wollten am nächsten Tag ja wieder früh auf der Piste sein.« Party machen, Mädchen oder Alkohol erwähnt Volker nicht. Vielleicht war es einfach noch nicht die Zeit, vielleicht ging es wirklich nur ums Skifahren. Vielleicht ist es, sagt Volker, aber auch einfach nur schon so lange her, fast 50 Jahre.

»Da erinnere ich mich einfach nicht mehr an jedes Detail, weißt du?«

Natürlich, natürlich. Ich nicke. Dann Stille. Eine Katze streicht um meine Füße, im Nebenzimmer hört man Volkers Frau werkeln, auch sie ist Lehrerin, wahrscheinlich korrigiert sie Schularbeiten, Papier raschelt. Wir zwei im Esszimmer schweigen, ohne zu trinken. Kurzes Gedankengewitter.

Fieberbrunn. Skifahren. Tante Anni. Bröselfleck (Schnitzel). Eiserne Hand. Lärchfilzhochalm. Mama. Papa. Oma. Opa. Tischmülleimer. Etagenbad.

Volker hat in den Jahren vor unserem Gespräch schon zu viele Freunde zu Grabe getragen. Alle im Alter meines Vaters. Und jetzt komme ich daher und bringe Volker durch meine Fragerei dazu, fast um Entschuldigung dafür zu bitten, dass er nicht mehr weiß, ob er oder ob er vielleicht doch nicht vor rund 50 Jahren mit meinem Vater an Ostern Bier getrunken hat. Was ändert es überhaupt, wenn er es wüsste? Vermutlich nichts.

Ich schäme mich für meine Frage. Doch bevor ich um Entschuldigung dafür bitten kann, sind meine Gedanken schon wieder weitergezogen. Aus meinem Mund fällt halbautomatisch ein »Verstehe«, ich nicke noch einmal bestätigend in Volkers Richtung und muss sogleich wieder an die frisch präparierten Pisten auf der Reckmoos Süd denken, diesem wunderbaren Sonnenhang in Fieberbrunn, den mein Vater liebte, und an dessen Rand es eine kleine, gemütliche Hütte gibt, mit einer günstigen Brettljause und einem weiten Blick bis hinüber zum Tauerngebirge.

»Wie unaufmerksam kann man eigentlich sein?«, schießt es mir noch durch den Kopf, und die Scham kommt mir hoch wie Galle die Speiseröhre beim Kotzen.

Es ist ja nicht nur dieser Abend und nicht nur Volker. Es sind viel mehr Menschen, die ich mit einer unglaublichen Hybris mit meinen Fragen belaste: meine Freundin, meine Mutter, die zweite Frau meines Vaters, meine Schwester, Hermann, Irmi, ihre Kinder, ehemalige Arbeitskollegen meines Vaters, die Nachbarn, den Hausarzt.

Wann ging das los?
Wie war er, wenn er voll war?

Bier oder Wein?

Was ist mit Schnaps?

Kleine Gläser?

Große Humpen?

Flasche?

Über den Tag verteilt?

Oder hastig am Abend, wie ich jetzt?

Ist es okay, wenn ich ein Bier trinke?

Ist es das wirklich?

Es überrascht mich sehr, aber ich bekomme tatsächlich, über mehrere Monate verteilt, Antworten auf diese Fragen. Nicht ein einziges Mal widerwillig, sondern manchmal sogar, obwohl ich gar nicht gefragt habe, dann aber umso ausführlicher.

Es dauert eine Weile, bis ich kapiere, dass sich mir bei der Arbeit an diesem Buch ganz ähnliche Fragen stellen wie bei meiner Arbeit als Journalist: Wer hat hier welches Interesse, mir etwas zu erzählen? Wie belastbar sind diese Erinnerungen? Wo beginnt die Fiktion? Und wie sehr belastet die Fragerei eigentlich diejenigen, die Antworten geben? Zwingt es sie nicht vielleicht sogar, sich an etwas zu erinnern, zur Not an *irgendetwas*, das mich zufriedenstellt? Möglich ist das natürlich.

Ich weiß nur: Mich selbst belastet die Fragerei vom ersten Moment an. Es fühlt sich an, als hätte ich gleichzeitig eine Freundin hintergangen, unerledigten Abwasch in der WG-Küche vorsätzlich liegen lassen, das Konto überzogen, und jetzt bitte ich auch noch um milde Gaben bei meiner Familie. Irgendwann muss das ein Ende haben. Irgendwann muss da ein Deckel drauf. Aber kann ich überhaupt jemals genug wissen?

———

Volker und ich ziehen vom Esstisch ins Wohnzimmer um. Er stellt ein neues Bier vor mir auf den Tisch, ein Pils, um die Kopfschmerzen am nächsten Morgen zu vermeiden. Von meinem Platz auf dem Sofa gucke ich direkt auf den Schwimmteich im Garten, in dem Volker im Sommer trainiert. Es ist so ähnlich wie auf einem Fitnessrad: Man schwimmt auf der Stelle, nicht gegen einen künstlichen Strom an, sondern gehalten von einer Art Kran, an den man sich mithilfe eines Gürtels einklinkt. Im Internet kostet so ein Teil um die 500 Euro, Volker hat es sich einfach selber gebaut, so, wie er viel mit seinen Händen schafft im und an seinem Haus.

Im Sommer 2014 zum Beispiel hat Volker ein paar seiner Freunde zu einem Arbeitseinsatz eingeladen. Auch mein Vater, der seit etwas mehr als einem halben Jahr wieder in Rothenburg lebt, war dabei. »Aber«, sagt Volker, »mir ist aufgefallen, dass er sehr müde aussah. Und stark geschwitzt hat er.« Die Aufgabe an diesem Nachmittag lautete: Teich bauen. Volker sagt: »Ich habe dem Harald dann extra schon was Leichteres gegeben!« Statt Aushub mit der Schubkarre wegzufahren sollte mein Vater den Boden des Teichs mit einem Stampfer verdichten. Nach einer knappen Stunde gab er auf. Sein Poloshirt war durchgeschwitzt, die Haare lagen klatschnass am Nacken an, er atmete schwer. Was mit ihm los sei, wollte Volker wissen. Aber mein Vater wand sich, erzählte irgendetwas von Erkältung, verabschiedete sich schnell und bestellte für den 800 Meter langen Heimweg ein Taxi.

Später stellte Volker fest, dass er am Teich noch einmal nacharbeiten musste. Der Boden war an manchen Stellen nicht ausreichend verdichtet. Genau dort, wo mein Vater gestanden hatte. Volker deutet sanfte Bewegungen an, wie beim Butterstampfen: »Harald hatte nicht genügend Kraft.«

Ich habe das Bedürfnis, meinen Vater vor Volker in Schutz zu nehmen. Oder mich wenigstens für ihn zu entschuldigen. Aber es kommt mir nur wieder der alte Schmarrn in den Sinn, der mich in solchen Situationen immer belästigt. »Ein besonders begabter Gärtner war er halt noch nie«, liegt mir auf der Zunge. Doch zum Glück sage ich gar nichts. Stattdessen hebe ich, wie schon viele

Male an diesem Abend, kurz meine Schultern an und ziehe die Augenbrauen leicht hoch. Mehr fällt mir nicht ein.

Seit Jahren geht das schon so. Wenn ich versuche herauszufinden, wieso mein Vater irgendetwas tut oder besser: warum er die meiste Zeit irgendetwas nicht tut, komme ich nur bis zu diesem Punkt, nicht weiter. Sogar jetzt, obwohl er tot ist, steht er hier in Volkers Wohnzimmer und schaut uns aus tieftraurigen Augen an, die sagen: »Ich kann doch auch nichts dafür!« Als wäre sein Leben, wie es sich zugetragen hat, einfach so passiert, als wären ihm die Hände gebunden gewesen, der Weg vorgegeben, die Sache alternativlos – eigentlich passt hier jedes Bild, solange es ihm nur sprachlich die Verantwortung abnimmt und woanders hinschiebt. Das hätte ihm so gepasst.

Dabei war das einzig Alternativlose mein Vater selbst. Gerade jetzt, gerade weil er tot ist. Es gibt niemanden, der seinen Platz einnehmen kann oder soll oder wird. Ein Vater bleibt ein Vater, außer natürlich er war immer nur der Erzeuger, dann wird er vielleicht nie Vater.

Aber genau weil ich ihm diesen Platz reserviert habe, hätte ich zumindest gerne ein paar Hinweise, um einige der Fragen klären zu können, die er mir nie beantworten konnte oder wollte. Wieso er mich in Leipzig, wo ich fast sieben Jahre studiert habe, oder in Köln, wohin ich von Leipzig des Jobs wegen gezogen bin, nur jeweils für eine Stunde besucht hat. Weshalb er in Berlin, wo ich jetzt zum zweiten Mal lebe, nie vorbeigeschaut hat, noch nicht mal auf der Durchreise in irgendeinen Urlaub. Weshalb wir, als ich ungefähr zehn oder elf war, aufgehört haben, gemeinsam ins Münchner Olympiastadion zum Fußballschauen zu gehen. Weshalb meine Mutter aus unserem letzten gemeinsamen Urlaub in der Toskana ohne uns früher nach Hause gefahren ist. Was der Grund dafür war, dass unser Verhältnis ziemlich genau ab dem Zeitpunkt wieder besser wurde, da es in seiner zweiten Ehe anfing, schlecht zu laufen. Wieso er glaubte, Alkohol sei ein guter Ratgeber.

»Ich habe so viele Fragen«, sage ich zu Volker. »Wenn wir uns unterhalten haben, ging es meistens um das Alltägliche, Arbeit, bisschen Politik, Familie natürlich. Aber eigentlich nie um uns, weißt du?«

Volker hört geduldig zu, fast regungslos. Er ist selber Vater, hat eine Tochter und einen Sohn. Die Sprachlosigkeit, die manchmal zwischen Eltern und Kindern herrscht, dürfte ihm bekannt sein, auch wenn es so wirkt, als wüsste er über das Leben seiner Kinder sehr gut Bescheid, auf jeden Fall besser, als mein Vater über mein Leben informiert war.

»Dein Vater hat, glaube ich, sehr darunter gelitten, dass der Kontakt zu dir so lange so schlecht war.«

»Aber hast du eine Ahnung, wieso er dann nicht versucht hat, das zu ändern? War er früher auch so ... unzuverlässig?«

Die Frage ist schlecht gestellt, aber das ist hier ja auch kein Radiointerview. Volker stürzt sich auf den zweiten Teil und schüttelt den Kopf. »Nein«, sagt er, »im Gegenteil! Er war sehr zuverlässig!«

Volker kramt eine Anekdote hervor. Seit dem ersten Urlaub in Fieberbrunn waren ein paar Jahre vergangen, die Freundschaft der beiden war inzwischen ziemlich eng. Sie trafen sich im Alpenverein, im Partykeller von Volkers Elternhaus oder in der Kiesgrube außerhalb der Stadt. Dort wurde gerne und viel getrunken, ein Graus für die Mädchen, sagt Volker, aber so war es eben. 1972 machten sie zusammen Abitur, weil mein Vater, der eigentlich im Jahrgang über Volker war, wegen einer langwierigen Tuberkulose-Erkrankung eine Ehrenrunde drehen musste. Dann trennten sich ihre Wege: Volker zog nach Mainz, um Kunst zu studieren. Mein Vater schrieb sich in Würzburg für Volkswirtschaft ein. An den Wochenenden kamen sie nach Hause ins alte Leben zurück. Kiesgrube, Alpenverein, Partykeller, Wäsche waschen lassen von den Müttern, futtern. Oder sie fuhren in die Alpen zum Wandern. Zusammen mit Schnurri, einem alten Schulfreund, wollen Volker und mein Vater im Juli '74 den 3312 Meter hohen Piz Buin besteigen, den höchsten Berg in Vorarlberg. Einer der beliebtesten Gipfel in der Region. Alleine ist man dort selten.

Aber das schreckt sie nicht ab, auch nicht das ungewöhnlich nasskalte Wetter in dem Sommer. Sie nehmen den alten Normalweg, den auch die Erstbesteiger schon gegangen sind. Von der Bielerhöhe durchs Ochsental zur Wiesbadener Hütte, Vermuntgletscher, Wiesbadener Grätle, Buinlücke, dann etwas Klettern durch den sogenannten Kamin, noch ein wenig durchs Geröll, nach dreieinhalb Stunden dann endlich: das Gipfelbier. Sogar die Sonne zeigt sich, eine Gnade hier oben. Mein Vater krempelt die Hemdsärmel hoch und reckt sein kahler werdendes Haupt gen Süden.

»Prost, Männer!«

Nach einer kurzen Pause beginnen sie mit dem Abstieg. Nicht auf derselben Route wie beim Aufstieg, sondern sie gehen jetzt über den Ochsentaler Gletscher. Mein Vater führt die Seilschaft an, Schnurri, der Unerfahrenste von allen, geht in der Mitte, Volker als Lumpensammler ganz hinten. Schnell kommen sie vom Gipfel durch die Kletterpassagen auf die Ebene des Gletschers, dann geht es gemütlich durch die Ebene. Der Schnee knirscht unter den schweren Stiefeln, im Rucksack klimpern die Gipfelbierflaschen. Wieder geht es gut voran, bis die Seilschaft den Gletscherbruch erreicht, die Stelle, wo sich das Eis über den Fels hinüberwalzt und dabei viele Spalten aufreißt. Das ist höchstens etwas für Eiskletterer. Aber das sind die drei Franken nicht. Sie nehmen einen weniger gefährlichen Weg vorbei am Bruch, der zur Gletscherzunge führt. Und da passiert es: Schnurris rechter Fuß rutscht weg, er verliert das Gleichgewicht, landet auf dem Hintern und fängt an, in Richtung einer Gletscherspalte zu rutschen. Trotz der Steigeisen, die er und die beiden anderen sich vom Wirt ihrer Unterkunft geliehen hatten. Immer schneller rutscht Schnurri auf dem aufgefirnten Schnee dahin, sein Rucksack zieht eine Furche in den Hang. Volker ruft meinem Vater zu: »Halt an!«

Da spürt der einen heftigen Zug an der Hüfte. Doch Schnurri rutscht und rutscht und rutscht auf die Spalte zu. 50 Meter, 45, 40, Vorbereitung aufs finale Ade, wie der Franke sagt.

»Halt an!« Volkers Stimme ist voller Panik.

Und dann, wirklich: Er hält an. Mein Vater hält Schnurri an. Stemmt sich mit seinen 90 Kilo dem Zug entgegen, knallt die Hacken in den Schnee und ruft: »Volker! Du auch!«

Und Volker macht, und Schnurri hält immer noch. Ade verschoben. Sie können die Tour fortsetzen.

Volker schaut auf zu mir, holt kurz Luft und sagt: »Doch, also man konnte sich schon auf ihn verlassen.«

ROTHENBURG

Rothenburg ob der Tauber ist eine gute Stadt für Senioren. Sie ist sehr klein, die Wege sind kurz, es gibt ein Krankenhaus, ein paar Supermärkte, Gasthäuser und Pflegedienste. Einmal im Jahr schaut die Jugend in Form eines Musikfestivals vor den Toren der Stadt vorbei und bringt für drei Tage etwas Leben in die Bude. Und natürlich: die Touristen. Sie bringen die Welt in die kleine Stadt in Mittelfranken. Alles in allem erscheint mir Rothenburg wie gemacht für den Lebensabend. Eine Kleinstadt mit sozialer Kontrolle.

Meine Oma zum Beispiel las die Zeitung nicht von vorne nach hinten oder von hinten nach vorne. Stattdessen begann sie stets bei den Todesanzeigen und arbeitete sich von dort zum großen Rest vor. Sie pflegte dieser wichtigen Aufgabe im Wohnzimmer nachzukommen, in ihrem grauen, plüschigen Sessel mit Liegefunktion, auf dem braun marmorierten Tisch neben sich ein Sprudel im Senfglas mit Henkel. Passend zu der dicken Brille auf ihrer Nase in Graublau stand dort auch eine von mir getöpferte, den kindlichen Anfänger bloßstellende Schale, in der die Fernbedienung für den Fernseher und eine Sammlung abgelegter Brillen sowie ein Zeitungsausriss mit dem Fernsehprogramm des Tages lagen. Das war das Setting, in dem sich meine Oma täglich verortete, in dem sie ein Koordinatensystem erschuf, das es ihr erlaubte, eine Position im Leben der Stadt einzunehmen, dazuzugehören und mitreden zu können. Ein Satz wie viele ging so: »Ach Gott, jetzt ist die Frau von dem Schäfersfritz auch schon gestorben. Die war aber auch eine Hexe!«

Niemand in Rothenburg, so schien es mir, konnte von meiner Oma unbemerkt sterben. Groß gerührt oder vielleicht sogar tieftraurig sah sie aber nie aus, wenn sie die Todesanzeigen las, auch nicht, wenn es Bekannte oder Freundinnen traf. Es kam mir eher wie eine Art Spiel vor: Wie lange kann ich dem Tod noch ein Schnippchen schlagen? Wie lange wird es dauern, bis mein Name dort steht? Welche Anzeigengröße werden sie mir vergönnen? Und wer wird die dann lesen?

Jetzt, wo meine Oma nicht mehr lebt, kann ich es ja sagen: Die Anzeige war angemessen groß. Und ein paar Leute haben sie auch gelesen. Bei der Beerdigung im Sommer 2012 war die Kapelle ordentlich gefüllt, vielleicht 40 Leute. Aber eine Stadtberühmtheit war meine Oma trotzdem nie geworden. Sie blieb immer Beobachterin. Vor allem des wunderlichen Lebens ihres einzigen Kindes.

Dieses Kind pflegte ein ähnliches Ritual wie seine Mutter: Nachdem sie die *Fränkischen Nachrichten* ausgelesen hatte, verstaute sie sie neben ihren Klatschblättern in einem Zeitungshalter im Wohnzimmer. Etwa die Ausgaben von zwei Wochen fanden in dem Halter Platz, ohne die über die Jahre immer umfangreicher werdende beigelegte Reklame. Die schmiss sie weg. Mitunter gelang es meiner Oma auch, eine dritte Woche Zeitungen in das

Ding aus grauem Leinen zu pressen, was praktisch war, denn drei Wochen war üblicherweise auch der Rhythmus, in dem mein Vater seine Familie, meine Mutter und mich, zu seinen Eltern überführte.

Für meinen Vater, so sah es vom Rücksitz des Autos betrachtet aus, waren diese Fahrten nach Rothenburg nie nur Pflicht, sondern Homecoming. Voller Stolz ritt er jedes Mal in die Heimat ein. *Like a king.* Seine Besuche pflegte er stets mit der ausführlichen Lektüre des aufgelaufenen Zeitungsstapels zu beginnen, um für das Stadtgespräch gewappnet zu sein. Meine Oma reichte ihm dazu ab und zu ein Bier im Senfglas-Krügerl, denn wegen des freitäglichen Staus zwischen München und Nürnberg kamen wir oft erst am späten Nachmittag an. Meine Mutter holte derweil im Gästezimmer etwas Schlaf von der Woche nach. Vielleicht interessierte sie das Stadtgespräch auch nicht sonderlich, ich habe nie gefragt, es nur geahnt.

Mit kräftiger Hand pflügte mein Vater in der ersten Stunde nach unserer Ankunft durch den Zeitungsstapel. Wie seine Mutter regte er sich dabei körperlich kaum. Nur gelegentlich ließ er uns mittels eines Ausrufs der Verwunderung an seiner inneren Emigration teilhaben – »Ah wa, des gibt's doch goar ned! Schau mal, Mudda!« –, befeuchtete dann wieder den rechten Zeigefinger und blätterte weiter, wobei seine Augen stets links oben mit dem Sondieren begannen, dann am Seitenkopf entlang nach rechts glitten, hinab in den Keller der rechten Seite stiegen und dem Uhrzeigersinn folgend mit dem Keller der linken Seite aufhörten. Schließlich legte er den Stapel des besiegten Papiers auf die Treppe zum Keller seines Elternhauses, auf dass meine Oma sie entsorgen möge. Danach spülte er das Norgerl Bier hinunter, stopfte sich eine Pfeife und trat auf den Balkon, wo er schmatzend seinen Tabak, W. O. Larsen Selected Blend No. 50, wegdampfte. Jetzt war seine Verortung wiederhergestellt und der Geschichtenspeicher für den freitäglichen Stammtisch gefüllt.

LAGER

Pfingsten ist so ein Fest, bei dem ich trotz eines exzellenten Kom-
munionsunterrichts lange Zeit nicht wusste, was damit wirklich
gefeiert oder betrauert wird. Pfingsten war für mich das, was die
Rothenburger an diesen Tagen tun: Sie hüllen sich je nach Stand
in gräuliche Säcke oder prachtvolle Uniformen, gammeln in mit-
telalterlichen Feldlagern herum und saufen. Und das alles, weil
1631 der Altbürgermeister Nusch die Stadt vor der Zerstörung
durch den kaiserlichen Feldherrn Tilly rettete – indem er einen
3,25-Liter-Humpen Wein exte. Eine schöne Geschichte, ist aber
nicht die Pfingstgeschichte.

Laut der hat sich nämlich vor ewigen Zeiten an jenem Tag der
Heilige Geist über den Gläubigen ausgegossen, nachdem Jesus
für sie gestorben sein soll. Ich habe Zweifel an dieser Darstellung.
Vielleicht bevorzuge ich deswegen die Rothenburger Pfingstgeschichte.

Für die braucht die Stadt keine riesigen Bierzelte wie München während des Oktoberfests. Nein, die Stadt ist sich selbst genug, vor allem ist sie selbst genug Kulisse. Sie ist der eigentliche Hauptdarsteller im Festspiel »Meistertrunk«. Und die ganzen Menschen in ihren Säcken und Uniformen sind nur Statisten.

Auch mein Vater und Volker haben früher beim Festspiel mitgemacht. Natürlich haben sie das. Fast die ganze Stadt, so schien es mir immer, war daran beteiligt. Volker erzählt, wie es dazu kam. Wir sitzen immer noch auf der Couch im Wohnzimmer, aus seinem Atelier röchelt die Pumpe des Riesenaquariums herüber. Unsere Zungen werden langsam schwer, obwohl wir das Biertrinken eingestellt haben. Volker sagt, sie seien ins Festspiel so reingerutscht. So sei das eben gewesen in den 60er-, 70er-Jahren. Festspiel oder Zaungast.

Volker und mein Vater entschieden sich gegen das Außenseiterdasein und gingen zur Jungen Schar, eine der Gruppen, die den »Meistertrunk« aufführt. Schüler, Auszubildende, junge Erwachsene – die Junge Schar war damals wie heute für alle da, die nicht älter als Mitte 30 sind. So ähnlich wie Burschenschaften in Oberbayern oder Schützenvereine im Sauerland. Man ist irgendeiner Tradition irgendwie verbunden, vor allem durch Bier. Auf ihrer Website schreibt die Schar heute: »Die Anforderungen sind nicht hoch, haben aber durchaus Vorgaben, was Persönlichkeit und Durchhaltevermögen betrifft. Es macht Spaß und Freude, dabei zu sein. Der Zusammenhalt ist das Wichtigste. Außerhalb der Pfingsttage werden regelmäßige Proben angesetzt. Selbige dienen naturgemäß auch der Gruppengeselligkeit.«

Naturgemäß ist klar, was »die Schar« auf ihrer Internetseite mit Geselligkeit meint: gemeinsam *was* trinken. Das kann, naturgemäß, auch mal mehr sein, vor allem an Pfingsten. Und, das wissen wir alle, naturgemäß macht es genau dann ja auch am meisten Spaß und Freude, dabei zu sein. Trinken ist schließlich konstitutiv für Geselligkeit.

Die Schar hat sich also anscheinend seit der Zeit, als mein Vater ihr beitrat, nicht gravierend verändert. Muss sie ja auch nicht. Ihr Betriebssystem läuft immerhin seit 1881 rund, dem Jahr, als der »Meistertrunk« zum ersten Mal aufgeführt wurde. Feldlager, historische Kostüme, entgleiste Gesichter, sogenannte Lebensfreude – alles noch so aktuell wie damals. Der Unterschied ist nur, dass die Feierei nun auf YouTube und Facebook für jedermann zu sehen ist, während mein Vater die Erinnerung frisch hielt, indem er fortwährend von der Schar erzählte.

Als mein Vater und Volker aus Rothenburg weggingen, wurde ihre Lust auf die Junge Schar stetig kleiner. »Es war ziemlich zeitintensiv, für die Proben ständig nach Rothenburg zu fahren«, sagt Volker. Trotzdem blieb er dem »Meistertrunk« noch eine Weile treu, er wurde später sogar noch Schwedenhauptmann, hoch zu Pferd in einer schicken blau-gelben Uniform. Mein Vater hingegen zog sich komplett zurück und verlegte sich stattdessen darauf, stellvertretend stolz zu sein.

Immer wenn meine Eltern und ich nach Rothenburg kamen, war für meinen Vater einer der wichtigsten Programmpunkte, »in die Stadt« zu gehen: Leute treffen, einen kleinen Schwatz halten, am Stadtgespräch teilnehmen, auf das er sich ja zuvor lesend vorbereitet hatte. Das potenzierte sich an Pfingsten freilich noch, wenn die Ehemaligen wie mein Vater wieder in der Stadt waren.

An ein sehr kleines, aber bemerkenswertes Ereignis bei einem unserer Festspielbesuche erinnere ich mich noch gut. Ich war acht, wir standen mit meinen Großeltern an einer der Straßen, die zum Marktplatz von Rothenburg führen, und sahen den Gruppen zu, wie sie dorthin marschierten. In der Luft lag der Geruch von Pferdemist, und von rechts paffte mich mein Vater mit seiner Pfeife zu. Meine Hand lag auf einer roten Kordel, die die Zuschauer von der Straße abhalten sollte, auf meiner Schulter die Hand meiner Oma. Der Spielmannszug mit seinen Trommlern und Fanfarenbläsern rückte näher. Er war mein Favorit, wahrscheinlich, weil niemand in meiner Familie ein Instrument spielte und mir diese Art von Musik erreichbar schien. Vielleicht war ich aber auch einfach marschgeil wie alle Deutschen. Allein mein Vater schien die Musik nicht zu hören. Er hob immer wieder die Hand zum Gruß in die Richtung der Musiker. Wahrscheinlich alte Schulfreunde. Erst als eine größere Gruppe zu Pferd erschien, drückte er mit der Hüfte gegen die Kordel, beugte sich vor mich und nahm mir die Hälfte meiner Sicht. In der Mitte der Reiter saß hoch zu Ross: Volker, der Schwedenhauptmann. Er winkte in die Menge, nickte nach links und rechts, hob den Arm. Der Zug hielt an, dann kam von irgendwoher wieder ein Zeichen, und der Zug ging weiter. Als Volker und seine Schweden genau auf unserer Höhe waren, hielt er sein Pferd wieder kurz an, lüpfte den Hut und deutete eine Verbeugung in unsere Richtung an. Mein Vater blickte sich kurz um und erwiderte den Gruß lächelnd und voller Stolz. *Er* kannte den Hauptmann. *Er* war befreundet mit einer der Hauptfiguren des Festspiels. *Er* war jemand. Dabei stand er nur daneben und versuchte, im Glanz einer Rolle zu strahlen, die schon nächstes Jahr jemand anderes übernehmen könnte.

STRASSE

Es gibt diese Väter, die ihre Söhne zur Seite nehmen, ein Bier für sich und eines für den Sohn aufmachen und dann anfangen zu erzählen. Von sich und ihrer Jugend, von Frauengeschichten, früher redeten sie vielleicht auch vom Krieg, oder es geht eben um »die Mama«. Das ist dann meistens ein eher unerfreuliches Gespräch, denn wenn es um nichts Besonderes ginge, müsste man dazu ja kein Bier aufmachen. Das Bier zwischen Vater und Sohn markiert einen Beginn: des Erwachsenwerdens, der Zeit nach einem Schulabschluss, der Zeit als Vater oder Opa, oder aber es läutet einen gemütlichen Abend ein.

Es ist wichtig, dass der Vater das Bier aussucht. Würde der Sohn das übernehmen, würde die väterliche Richtlinienkompetenz Schaden nehmen.

Ich habe solche Vater-Sohn-Verbindungen in meinem Freundeskreis tatsächlich miterlebt. Es gibt sie. Sie sind nicht erfunden, wenngleich sie natürlich filmreif wirken. Das Anstoßen, wenn die beiden Trinker den unbenutzten, meist linken Arm in die Hüfte stemmen, dann das immer etwas zu laut vorgetragene Erfrischungs-Ah, gefolgt vom derben Aufsetzen der Flasche auf dem Tisch oder Tresen – das kommt alles hervorragend im Film. Aber eben nur, weil es im echten Leben noch besser ist. Glaube ich.

Ich kann darüber leider keine Geschichten erzählen. Mein Vater hat mich nur einmal in meinem Leben wirklich zur Seite genommen, und das war an meinem siebten Geburtstag. »Komm mal mit in die Küche«, hatte er gesagt mit einer Festigkeit in der Stimme, die ich bis zu dem Tag noch nie gehört hatte. Der Grund war lächerlich: Ich hatte es gewagt, vor meinen Geburtstagsgästen die selbst gebackene Pizza meiner Mutter zu kritisieren. In der Küche gab es dafür die einzige Watschn meines Lebens, danach schmeckte die Pizza naturgemäß fantastico.

Ich hätte es schöner gefunden, mein Vater hätte für das Zur-Seite-Nehmen einen besseren Grund gefunden. Und vor allem, er hätte es noch etwas aufgeschoben, zum Beispiel bis zu meinem 16., 18. oder 30. Geburtstag. Aber im Erziehungskonzept meines Vaters klaffte an der Stelle eine große Lücke. Dass es auch für ihn selber erfüllend sein könnte, mir eine Hilfe beim Erwachsenwerden zu sein, hat er leider erst wenige Monate vor seinem Tod erkannt. Ich vermute, es war so, weil auch mein Opa eher eine Lücke im Leben seines Sohnes war.

Anfang der 60er zog die Familie meines Vaters von Kirnberg nach Rothenburg, *in die Stadt.* Ihren kleinen Laden gaben sie auf, und mein Opa heuerte als Handelsvertreter bei Nigrin an, einer Firma für Schuhcreme und Autopflegemittel. In der aufstrebenden Bundesrepublik keine unwichtigen Utensilien, die er den Erzählungen nach mit demselben heiligen Ernst unter die Leute brachte, mit dem er auch seine Korrespondenz pflegte. Immer auf penibel hal-

bierten Seiten, um nur ja keinen der teuren Firmenbriefbögen zu
verschwenden:

An die Bundesversicherungsanstalt f. Angestellte
1000 Berlin 88
Es ergab der Zufall, daß ich mit einem der Beamten des Verwal-
tungsgerichts über die Rentenberechnung der Soldatenzeit lt.
eines Presseberichts diskutierte. Ich kam auf meine Ablehnung
dieser Zeit zu sprechen. (…) Warum sollte mir dieses Recht als
Deutscher nicht zustehen, wenn Volksgruppen (Siebenbürger etc.),
die nie einen Pfenning zur Altersversorgung geleistet haben und
Rente nach unserem Gesetz bekommen und von unserem
eingezahlten Geld bekommen. Ich bitte um Klärung dieser Angelegenheit, damit man den Glauben an unser Recht nicht ganz
verliert.
Für die Freundlichkeit besten Dank.

Hochachtungsvoll.

Bestimmt und unbelehrbar, aber um Freundlichkeit stets bemüht –
so habe ich meinen Opa immer wahrgenommen. Seine Fähigkeit,
Fremde in ein lockeres Gespräch über nichts zu verwickeln,
brachte ihm ein Vertriebsgebiet vom Main bis an den Bodensee
und vom Rhein bis an die Isar ein: Süddeutschland. Er war also
selten zu Hause. Manchmal, so erzählte es mir mein Großonkel
Hermann, blieb mein Opa dem heimischen Esstisch sogar mehrere Tage fern und quartierte sich bei ihm, dem Bruder seiner
Frau, ein, der Kosten wegen. Vom Schwaben lernen hieß auch damals schon Sparen lernen.

Für meinen Vater war die Reiserei seines Vaters nichts, womit
er bei seinen Freunden hätte Eindruck schinden können. Bei einem
Piloten wäre das sicher anders gewesen, aber geflogen ist mein
Opa in seinem ganzen Leben nicht. Und so gab es aus Sicht mei-

nes Vaters wohl nie einen Anlass, mit mir über seinen Vater und sein Verhältnis zu ihm zu sprechen. Und ich habe es versäumt, ihn danach zu fragen. Aber möglicherweise ist das sogar das stärkere Zeichen: Der Vater, der weder geliebt noch gehasst, sondern einfach nur vergessen wird, weil er ohnehin nie da war.

Gänzlich ohne Einfluss war mein Opa aber offenbar nicht. Günther erinnert sich, dass der abwesende Vater zu übertriebener Härte neigte, wann immer er doch mal anwesend war. Emotionale Härte, nicht körperliche. Ein Beispiel dafür bleibt mir der Onkel schuldig, aber als ich ihn frage, ob der Opa denn trank, antwortet er knapp: »Er musste doch immer fahren!« Also hat er meinen Vater vielleicht auch nie zur Seite genommen, um mit ihm ein Bier zu trinken, das einen neuen Lebensabschnitt einläutet.

Dazu passt auch auf traurige Weise, woran sich Volker erinnert. Er, als bester Freund meines Vaters, hatte natürlich häufiger mit meinen Großeltern Kontakt. Er war mit beim Skifahren in Fieberbrunn und Gast in der Pension der Schwester meines Opas. »Ich hatte aber immer das Gefühl, nicht wirklich bei ihnen willkommen zu sein«, sagt Volker. Er kann wunderbar lachen, sehr frisch und offen, aber als er meine Großeltern beschreibt und dass sie ihr Haus auch nicht besonders häufig für die Freunde ihres Sohnes geöffnet haben, schaut er bedrückt fragend zu mir herüber. Kurz will ich meine Großeltern verteidigen, aber das versiegt wieder. Ich schäme mich in dem Moment für sie, weil ich mir gut vorstellen kann, dass sie so waren. Fast ein wenig feindselig, desinteressiert und ignorant. Mir gegenüber waren sie es nie, im Gegenteil, und auch nicht bei ihren Freunden. Aber schon bei meiner Mutter und erst recht bei der zweiten Frau meines Vaters war da immer diese ablehnende Haltung. Conny und Edith zogen diese Mauer um sich selbst herum hoch, durch die, wenn überhaupt, Persönliches nur in Form von Wehklagen über den eigenen körperlichen Verfall nach außen drang. Aber sie zogen auch eine Mauer hoch, um ihren einzigen Sohn zu schützen.

Vielleicht war es aber auch ganz anders, und meine Großeltern waren nicht verhärmt vom Krieg, sondern sie handelten in weiser Absicht, weil sie merkten, dass ihr Sohn einen guten Zug am Glas entwickelte. Vielleicht wollten sie die Widrigkeiten des Lebens von ihm fernhalten, so gut es ging? Oder wenigstens den Alkohol vom Haus? Aber wieso dann die Hausbar im Wohnzimmer? Weil man das eben damals in der jungen Bundesrepublik hatte? Oder waren sie doch heimliche Trinker?

————

Manchmal bitte ich meinen Vater und meine Großeltern um Verzeihung für diese Fragen. Dafür, dass ich in ihren Leben posthum herumstochere und versuche, einzelne Punkte wie beim Malen nach Zahlen miteinander zu verbinden, obwohl ich genau weiß, dass die meisten dieser Punkte zum Verbinden nicht gedacht waren.

————

Volker bestätigt mir in unserem Gespräch, woran sich auch schon mein Großonkel Hermann erinnert hatte: Mein Opa trank nichts, weil er von Berufs wegen ständig Auto fahren musste. Eine Feststellung, mit der man heute niemanden mehr überraschen würde. Aber es geht schließlich um die 50er- und 60er-Jahre, um das Wirtschaftswunder, um Bier und Schaumwein in Hülle und Fülle, als doch jeder trank und fuhr, naturgemäß auch mit dem Auto.

Zumindest die Statistik zum Alkoholkonsum gibt dieses Klischee nur zum Teil her. 1950 waren die Folgen des Kriegs immer noch deutlich zu spüren, und der Pro-Kopf-Verbrauch reinen Alkohols lag in Deutschland nur bei knapp über drei Litern, das entspricht ungefähr 37 Liter Bier, fünf Liter Wein und zweieinhalb Liter Spirituosen pro Jahr. Vor dem Krieg wurde noch fast doppelt so viel getrunken.

Aber dann kam das Wirtschaftswunder! Bis 1960 stieg der Alkoholverbrauch stark an. 95 Liter Bier, 11 Liter Wein und 5 Liter

Spirituosen macht zusammen: 7,3 Liter reinen Alkohol. Auf den Saufgipfel kletterte die Bundesrepublik schließlich in den 80ern: 141 Liter Bier, 15 Liter Wein, knapp 7 Liter Spirituosen, zusammen 12,5 Liter Ethanol. Nie war das Land dichter.

Die DDR war in dieser Hinsicht übrigens absolut konkurrenzfähig. Sie soff die BRD sogar dezent unter den Tisch: 1988 wurden zwischen Rostock und Dresden pro Kopf 143 Liter Bier konsumiert, Mitte der Fünfziger waren es noch 68,5 gewesen. Ein ähnliches Bild zeigt sich beim harten Alkohol: 1955 flossen davon 4,4 Liter pro DDR-Kehle hinunter, bis 1988 vervierfachte es sich fast auf 16,1 Liter.

Ein Klischee über die Trinklust der DDR-Bürger lautet: Sie soffen sich ihr graues Leben bunt und schön, womöglich sogar auf Geheiß der Stasi. Laut dem Ethnologen Thomas Kochan ist dies ein Klischee ohne gesicherte Substanz. Die Wahrheit sei viel banaler:»An Alkohol mangelte es der Mangelgesellschaft nie«, schreibt Kochan in seinem Buch *Blauer Würger. So trank die DDR.*

Die Schnapsregale waren demnach die am besten bestückten Abteilungen der HO- und Konsum-Läden. Die Produktion von Hochprozentigem versiegte wundersamerweise nicht, anders als die anderer Güter. Und gab es doch einmal einen Mangel, lag es an fehlenden Verpackungen oder exotischen Zutaten wie Kakao, was zur Folge hatte, dass gepantscht und getauscht wurde, bis der Arzt kam. Alkohol in der DDR war gleichzeitig Währung im alltäglichen Tauschgeschäft, Geschenk und Rauschmittel, mit dem es sich günstig und schnell vor der Realität fliehen ließ. Gar nicht so viel anders als jenseits der Antifaschistischen Mauer.

Die Berichterstattung über Komasaufexzesse und Alkopop-Festivals mag das Gegenteil suggerieren, aber: Seit den 80ern ist der Alkoholverbrauch in Deutschland nicht weiter gestiegen, sondern stetig gesunken. Zwar nicht annähernd auf das Niveau der 50er-Jahre, aber es gab zum Glück ja auch keinen Weltkrieg, der den Konsum gen null gedrückt hätte.

106,9 (Bier), 20,7 (Wein), 3,9 (Schaumwein) und 5,4 (Spirituosen), das ist die durchschnittliche Trinkmenge in Litern, die jeder Einwohner in Deutschland im Jahr 2014 zu sich genommen hat. Oder anders: eine Badewanne voll. Oder noch anders: Jeder in Deutschland trinkt jeden dreieinhalbten Tag einen Liter Bier, einmal in drei Wochen einen Liter Wein und alle sechs Wochen eine Flasche Wodka – ach so, und natürlich noch aufs Jahr verteilt fünf Flaschen und ein Glas Sekt. Das sollte aber ja wohl an den Geburtstagen, Weihnachten und Silvester zu schaffen sein. Fehlt noch was? Ja, ein Hinweis: Damit wir auf diese imposanten Zahlen kommen, brauchen wir eine Art Generationenvertrag wie bei der Rente. Alle müssen sich beteiligen, auch die Säuglinge. Schwächelt einer, müssen die anderen einspringen. Aber das tun die Menschen in Deutschland sehr gerne.

Die Zahlen beeindrucken mich sehr. Ich nehme sie zum ersten Mal bewusst wahr, als ich nach dem Tod meines Vaters für einen Radiobeitrag über ihn recherchiere. Es fällt mir schwer, die Statistik in ein Verhältnis zu mir selber zu setzen. So, wie ich auch Schwierigkeiten habe zu verstehen, wie Deutsche im Schnitt mehr als 300 Gramm Geflügel pro Woche zu sich nehmen können, wo ich noch nicht einmal in einem halben Jahr so viel esse. Aber so ist das mit Durchschnittswerten: Jeder kann sich damit rausreden, dass andere den Schnitt heben und man selber nicht Teil des Problems ist.

Der Job der Drogenbeauftragten der Bundesregierung ist es, gegen diese Gleichgültigkeit Politik zu machen. Ihre Mittel dafür sind begrenzt, vor allem finanziell. Einmal pro Jahr öffnet sich für sie aber kurzzeitig ein klitzekleines Gelegenheitsfenster: die Veröffentlichung des alljährlichen Drogen- und Suchtberichts der Bundesregierung. Wie viel saufen die Deutschen? Welche Drogen nehmen sie? Und wird alles immer schlimmer? Die mediale Resonanz auf den Bericht fällt seit Jahren immer gleich routiniert-abgeklärt aus. Schon nach wenigen Tagen, mitunter sogar Stunden ist das Thema verdrängt, das Gelegenheitsfenster so schnell wieder zu, dass einen nur noch der Luftstoß schrecken könnte. Woran liegt das? Mit Sicherheit an den Beauftragten und ihren limitierten Möglichkeiten, Politik zu machen. Aber zu einem großen Teil auch an meinen Journalistenkollegen, unter denen überdurchschnittlich viele Menschen Bier und Wein als natürliches Schmiermittel ihrer Kreativität sehen oder als Polster, in das sie nach der harten, unterbezahlten Recherche hineinplumpsen. Süchtig sind immer die anderen.

Dabei lohnt es sich, diese routinierte Wegschreiberei kurz etwas genauer in den Blick zu nehmen, handelt es sich dabei doch um publizistisch sehr wirkmächtige Überbleibsel einer Einstellung zum Alkohol, die längst überwunden scheint. Im Dezember 1961 berichtete *Der Spiegel* über einen Gesetzentwurf, den der damalige Bundesjustizminister Wolfgang Stammberger von seinem Vorgänger Fritz Schäffer übernommen hatte: »Die Väter dieses Entwurfs wollen jedem Kraftfahrer mit Gefängnis drohen, der sich nach dem Genuß von nur einem Liter Vollbier oder zwei Vierteln Wein oder drei Whiskys ans Steuer eines Autos setzt.«

Allein am Duktus und der Rechtschreibung sieht man schon: Es war eine andere Zeit. Eine, in der die Promillegrenze seit einem Urteil des Bundesgerichtshofs im Jahr 1953 faktisch bei 1,5 lag. Erst wer mit mehr Alkohol im Blut einen Unfall verursachte, wurde bestraft. Fahren ohne Unfall mit 1,5 Promille, das ging. Minister Stammberger aber wollte das ändern, und zwar ziemlich radikal: Die neue Fahruntüchtigkeitsgrenze sollte dem Gesetzentwurf zufolge bei 0,8 Promille liegen. *Der Spiegel* war empört: »Von einer Begrenzung auf 0,8 Promille oder auch nur auf jene 1,5 Promille [...] war in Schäffers Änderungsgesetz noch nicht die Rede.«

Aber die Hamburger Journalisten hatten Glück. Von ihrem, aus heutiger Sicht bizarren Plädoyer für Trunkenheit am Steuer dauerte es noch einmal fünf Jahre, ehe der Wert 1966 auf immer noch unglaubliche 1,3 Promille herabgesetzt wurde. Was hatte zur Absenkung geführt? Tote. Gut 4000 Menschen starben in den späten 60er- und frühen 70er-Jahren auf Deutschlands Straßen durch Unfälle, bei denen Alkohol eine Rolle spielte. Jedes Jahr. Das machte Eindruck bei den Politikern, und das Gesetz wurde nochmals geändert. Ab 1973 galt: Wer mit 0,8 Promille oder mehr erwischt wird, begeht mindestens eine Ordnungswidrigkeit, ab 1,3 automatisch eine Straftat, unabhängig davon, ob es einen Unfall gab oder nicht. Heute liegen die Werte deutlich niedriger, bei Fahranfängern muss in der Probezeit sogar die Null stehen. Die strengeren Gesetze und die technische Entwicklung haben Folgen: Glücklicherweise starben 2015 nur noch 256 Menschen bei einem sogenannten Alkoholunfall in Deutschland. 1975 waren es noch 3641 gewesen.

Mit diesen Zahlen im Kopf wundert es mich umso mehr, dass mein Großvater gar nichts getrunken haben soll, wenn er fahren musste. Nicht nur hätte er es gedurft. Es wäre auch vollkommen normal gewesen. Aber so ein Typ war er nicht. Wahrscheinlich wollte er wirklich einfach nicht trinken.

GARGELLEN

Ich betrachte meine Knie. Die Kniescheiben stehen ein wenig nach außen, die Oberschenkelmuskel lappen zur Innenseite. Wenn ich gut trainiert bin, quellen sie auch ein wenig nach vorne, wie bei Rennradfahrern. Aber seit ich Vater bin, ist es damit vorbei. Ich würde aber nicht sagen, dass meine Knie fett sind. Eher wuchtig. Und von einer gewissen Grobheit, die durch Training annähernd in eine schlichte Eleganz übergehen kann, so, wie es ja auch schlichte, aber elegante Edelstahltöpfe oder gusseiserne Nudelpressen gibt.

Beruhigend ist, dass es meinem Vater ähnlich ging. Seine Knie konnte man nur gerade so mit einer Hand umgreifen, so wuchtig waren sie. Weil er in seinen letzten Lebensjahren ziemlich dünn geworden war, wirkten sie dabei auf kuriose Weise schlaksig, und ich konnte erahnen, was mich vielleicht einmal erwarten würde.

Die Ähnlichkeit unserer Knie ging sogar so weit, dass wir uns beide etwa zur selben Zeit beim Sport das vordere Kreuzband im rechten Knie rissen. Er war Mitte 40, ich 18. Ich konnte schnell wieder Ski fahren, laufen und Fußball spielen, er leider nicht so gut, da war es mit der Ähnlichkeit dann zum Glück vorbei. Optisch waren seine Knie trotzdem immer auch meine Knie. Schaute ich meine an, war klar, wer mein Vater war. Und wenn ich seine sah, war es, als guckte ich in den Spiegel. Mein Blick blieb oft an ihnen hängen, weil mein Vater mit seinen groben Händen so gerne über sie strich, kurz nachdem er sich in seinem Sessel niedergelassen hatte. Dabei pustete er die Backen ein wenig auf, irgendwas schien ihn in dem Moment zu erleichtern. Oder aber er klopfte auf dem knochigen Berg herum und erzählte von den Fortschritten, die er seit der Kreuzbandoperation schon gemacht hatte, und wie viel Kilo er jetzt an der Beinpresse schaffte, 90 nämlich, und ich antwortete, dass es bei mir schon 120 seien, in drei Sets à zehn Wiederholungen, woraufhin wir ob unserer kleinen Angeberei schmunzeln mussten. Die Knie als Krücke, um ein Gespräch zu eröffnen. Und die mit am besten versteckte Ähnlichkeit, die ich mit meinem Vater teilte. Bis zu einem Tag im Januar 2015.

An diesem Tag sitze ich in meinem Arbeitszimmer in meiner Wohnung in Berlin. Knapp ein Monat ist nun vergangen seit dem Anruf des Polizisten. Weihnachten, Silvester, Neujahr, alles ist an mir vorbeigezogen, halb mitbekommen, halb übersprungen. Um mich herum liegt das, was ich auf die Schnelle in meinem Auto aus der Wohnung meines Vaters nach Berlin schaffen konnte.

Ein halbes Dutzend Umzugskisten mit Fotos und Dokumenten, alten Büchern und Kram, einer grauen Jeans und einer uralten Lederhose meines Uropas. Seit dem Morgen mache ich auf dem Gästebett Inventur und versuche irgendwie, eine Ordnung in den Berg hineinzubringen. Meine Hände sind vom alten Papier schon ganz spröde und trocken. Vielleicht wären Handschuhe gut? Ach, albern.

Ich wühle weiter, ziehe Foto um Foto, Papier um Papier aus den Kisten, betrachte sie und lege sie auf verschiedene Haufen auf den Boden und das Bett.

Alte Rechnungen sind dabei, vom Bestatter meiner Urgroßeltern und ihrer Eltern, Rentenbescheinigungen meines Opas, ein paar Briefe aus der Feldpost, die er während des Kriegs an meine Oma geschrieben hatte, *heiße Küsse auf dein süßes Goscherl*, die Grundschulzeugnisse meines Vaters, Berechnungen der Sparkasse über den Hauskredit, den meine Großeltern aufgenommen hatten. Am Boden einer der Kisten finde ich einen grünen Hefter. Als ich ihn raushebe, rutscht ein eng beschriebenes, vergilbtes Blatt heraus, Schreibmaschinenschrift, der obere Rand ist nach hinten geknickt.

Allgemein bleibt noch zu sagen,
daß gewisses Unbehagen
gelegentlich zustande kam
bei 14 Mann auf engem Raum.
In der Hoffnung daß sich dies vergessen läßt
Machen wir heute ein kleines Fest.

Was ist das?

Dem Küchendienst, der nie versagte,
auch wenn er eigne Würzung wagte
gebührt schon heute großer Dank,
zumal vom Essen wurde, glaub' ich, keiner krank!

Ich biege den oberen Rand zurück: »SKIURLAUB 74« steht da geschrieben. 74? Volker hatte mir von einem Skiurlaub in Österreich in dem Jahr erzählt, in Gargellen in Vorarlberg. Ist das hier eine Art Zusammenfassung in Gedichtform?

Trotzdem – im großen Ganzen kann man sagen,
über jeden bleibt noch was zu sagen.
Hoffentlich nimmt's keiner krumm,
denn das wäre wirklich dumm.

Die Autorin oder der Autor hat 11 der 14 Teilnehmer eine Strophe gewidmet. Was kann sie oder er besonders gut, welcher Charakterzug sticht hervor, welche Eigenschaften waren für den Urlaub nützlich und solche Dinge. Die meisten Zeilen sind harmlos. Karin zum Beispiel kann laut dem Autor besonders gut Holz hacken. Margit hält ihr Zimmer gerne in Ordnung und raucht Pfeife. Herrmann schreibt seiner Freundin brav Kärtchen und trägt dazu einen weißen Turbanhut. Und mein Vater? Der trinkt sich laut dem Gedicht in den Vordergrund.

Und einer, der treibt Ausgleichssport
Des Abends nur an einem Ort.
Dies Training wird als schwer empfunden
Weil es mit 'nem Gerät verbunden
Welches meist in Kisten steht,
wo er nur ungern dran vorübergeht.
Die Striche auf der zugehörigen Liste
Sind zahlreich wie seine Schwünge auf der Piste.
Trotzdem ist er ein Meister in jeder Disziplin
Ob mit der Flasche oder auf Skin.

Ich lese die Zeilen zweimal, dreimal, gucke noch mal auf die Überschrift und lege das Blatt auf einen Stapel. Es steht da wirklich.
 Ausgleichssport. Kisten. Geht nur ungern dran vorüber.
 Ich greife noch mal nach dem Blatt, um mich zu vergewissern, dass es da wirklich um meinen Vater geht. Aber der handschriftlich eingefügte Name über dem Absatz ist eindeutig, es ist sogar

seine Schrift, alles in Großbuchstaben: HARALD. Eine Träne kündigt sich an, doch ich atme sie langsam und tief weg.

Ich gucke in Richtung des Fensters, ohne irgendetwas wahrzunehmen, die Kisten auf dem Boden als stille Zeugen.

Über keinen anderen seiner Freunde schreibt der Autor des Gedichts etwas Vergleichbares, nirgendwo spielt Alkohol eine Rolle. Nur bei meinem Vater. Soll das ein Hinweis auf ein Suchtproblem meines Vaters sein? Hat es da angefangen, 1974, 40 Jahre vor seinem Tod, mit gerade mal 22 Jahren? Oder durchlebt er zu der Zeit vielleicht gerade eine bemerkenswerte, aber kurze Phase mit Stress im Studium oder Liebeskummer, den er mit viel Bier runterzuspülen versucht? Frauen waren im Leben meines Vaters immer präsent, möglich wäre es also. Oder sorgt sich da ein Freund oder eine Freundin meines Vaters ernsthaft und will ihn subtil darauf hinweisen, weniger zu trinken? Eine Ermahnung, die meinem Vater nicht verborgen bleiben kann, weil ja alle, die in den Urlaub mitgefahren sind, das Gedicht kennen? Alles möglich, alles denkbar.

Ich lasse mich rückwärts aufs Bett fallen, auf dem ich seit Stunden sitze, und starre auf drei nutzlos gewordene Bohrlöcher an der Decke. Die Fotos und Blätter kratzen und piksen an meinem Rücken, die provisorischen Haufen geraten durcheinander. Egal.

Kaum je zuvor in meinem Leben habe ich einen Moment wie diesen erlebt. Es ist, als verdichte sich die Vergangenheit in diesen zehn ungelenk formulierten Zeilen. Ein Moment, der es einerseits vermag, eine Lebensgeschichte in ein komplett neues Licht zu stellen, und andererseits eben auch nur Moment bleiben kann, nicht mehr als eine interessante Anekdote. Der Moment ist wie eine neue Entdeckung von Archäologen, die Historiker dazu bringen könnte, die *Geschichte neu zu schreiben*. Könnte. Muss ich das jetzt mit der Geschichte meines Vaters tun? Sie umschreiben? Welche Geschichte überhaupt?

Ich verfluche, dass ich mich für jedes Fitzelchen Papier aus seinem Nachlass interessiere, sie nicht wegschmeißen kann und jetzt vor diesen Fragen stehe, die sich außer mir nur eine Handvoll Menschen stellen, wenn überhaupt. »Immerhin!«, schreit meine bessere Gehirnhälfte und zwingt mir einen Tagtraum auf.

In ihm betritt mein Vater mit schwerem Schritt die karge Berghütte in Gargellen. Er trägt einen Bierkasten vor sich her. Der Boden knarzt bei jedem seiner Schritte, in der Luft mischt sich der Geruch von Mottenkugeln, Kaminrauch und Zirbenholz. Volker, der hinter meinem Vater geht, schaltet das Licht an. Eine Funzel hängt über dem Esstisch, darauf eine rot-weiße Tischdecke und ein Aschenbecher mit dem Logo einer österreichischen Brauerei. Um den Tisch herum stehen eine Eckbank und sechs Stühle, am Kamin ein Blecheimer, Schaufel und Besen, ein Schürhaken hängt an einem Ständer.

Gut vier Stunden Fahrt in vollgepackten, heißen Autos liegen hinter den Freunden. An der Grenze mussten sie eine halbe Stunde warten. Die Ersten riefen nach Bier. Dann, am Pass, Schneeketten aufziehen, Gefluche, ein zweiter und dritter Ruf nach Bier. Und jetzt wirklich: Bier. Mein Vater bölkt: »*Hat wer an Öffner?*« Volker reicht ihm ein Feuerzeug.

Schhhht.

Volker, Margit, Karin und alle anderen angeln sich auch Flaschen aus dem Kasten.

Schhhht. Schhhht. Schhhht. Schhhht. Schhhht. Schhhht. Schhhht. Schhhht. Schhhht. Schhhht. Schhhht. Schhhht. Schhhht.

Sie stoßen an.

»*Prooost!*«, *ruft mein Vater.*

Er trinkt schnell, nicht hektisch, aber fast so, als könnte er das Bier ohne zu schlucken durchlaufen lassen. Seine Hand weicht dabei nicht von der Flasche, als wäre sie ein Schatz. Nach fünf Minuten ist sie leer, er holt sich eine neue, und ich tauche wieder auf in die Gegenwart.

Der kurze Tagtraum kommt nicht von ungefähr. In dem Skiurlaub-Gedicht hätte nämlich genauso gut ich vorkommen können – anstelle meines Vaters. Alles, was dort über ihn geschrieben stand, traf mit Anfang 20 auch auf mich zu. Skifahren, viele Schwünge, viele Striche auf der Bierliste. Ein Problem sah ich damals wie heute nicht darin. Aber trotzdem, es ist die zweite markante Ähnlichkeit zwischen Vater und Sohn, die, anders als die wuchtigen Knie, mein Leben ab diesem Tag verändern wird: Mein Vater und ich ähnelten uns in unserem Trinkverhalten, vor allem aber auch im Trinktempo. Das Gute für uns beide ist: Es wird nicht übersehen, dass wir durch die Abende rasen. Es wird bemerkt, und Sorgen werden geäußert.

Während die Freunde meines Vaters ihre Verwunderung über ihn und seine Fähigkeit, Flaschen binnen weniger Minuten zu exen, niederschrieben, witzelten meine über mich. Zu Beginn meiner alkoholischen Karriere, mit 15, 16, zum Teil aber auch noch mit Anfang 20 hat mich das angespornt: Wenn ich schon den Boden der Flasche sehen konnte, waren sie gerade beim zweiten oder dritten Schluck und nahmen lächelnd zur Kenntnis, dass da einer weiter war als sie. Gut möglich, dass es in der Pubertät und kurz danach auch eine Form von Anerkennung gab. *Mir* war ohnehin jede Reaktion gleich lieb: Ich verstand sie als Aufforderung, mir so schnell wie möglich eine neue Halbe aufzumachen. Die Frage war dann weniger ob, sondern eher wann ich kotzte.

Heute kommentieren sie meine Trinksprints kaum mehr, es gibt ja auch fast keine mehr. Wenn doch, spotten sie und lächeln milde, jedoch nicht mehr anerkennend wie früher. Es wäre ein Fehler, das verantwortungslos zu nennen. Denn es ist das Gegenteil davon. Insbesondere das milde Lächeln gehört zu den wirkungsvollsten Gesichtsausdrücken, die der Mensch zur Verfügung hat, denn hinter dem milden Lächeln steckt immer eine Haltung. Es kann vernichten und verletzen, gütig loben, sanft streicheln oder spöttisch demaskieren. Es kann alles sein, aber es ist nie gleichgültig. Wer milde lächelt, akzeptiert Verhalten nicht einfach so, sondern widerspricht ihm auf eine, vielleicht sogar die eleganteste Art. Ein mildes Lächeln spiegelt das Verhalten des Angelächelten und wirft ihn auf sich selbst zurück, ohne dass er dabei sein Gesicht verliert. Wer milde lächelt, liebt mehr, als er hasst. Und wer liebt, kann nicht dabei zusehen, wie sich der Geliebte zerstört, im Kleinen wie im Großen.

———

Mein Freund Max ist ein Meister des milden Lächelns. Mit Sicherheit würde er sich dagegen wehren, aber er war es, der mich zum ersten Mal dazu gebracht hat, meinen Alkoholkonsum zu überdenken.

Max und ich kennen uns, seit wir zwei Jahre alt sind. Unsere Mütter lernten sich beim Mutter-Kind-Turnen kennen, einer Veranstaltung, die mit Turnen nicht besonders viel, mit Zeitvertreib aber umso mehr zu tun hatte, schließlich war man mit zwei damals noch nicht reif für den Kindergarten. Später durften wir doch noch einen Kindergarten besuchen, sogar denselben katholischen, obwohl nur ich katholisch, Max aber evangelisch getauft war. Später köpfte Max unsere Fußballmannschaft zur E-Jugend-Meisterschaft, ohne Zweifel die Krönung unserer frühen Sportkarriere. »Max, mein dienstältester Freund«, nenne ich ihn manchmal, und weil das wenig gefühlvoll und nach Anstecknadeln klingt, ergänze ich meistens noch stolz: »Und einer meiner besten!«

Wenn nichts Unvorhergesehenes passiert, wird das wohl auch so bleiben. Ich wünsche es mir. Max ist nämlich in einer Sache ausnehmend gut, und das ist, Umsicht walten zu lassen. Wie ein großer Bruder sorgt er milde lächelnd dafür, dass sich in einer Gruppe keiner verloren fühlt, zum Beispiel beim Ausgehen. Die neue Freundin, der kleine Bruder, der Vater – es ist egal, wer für wie lange und aus welchen Gründen dazustößt, Max sucht das Gespräch mit ihnen und integriert sie in kleinen, großen Gesprächen, wohl wissend, wie schwer das manch anderen fällt. Er macht es einfach. Und wenn sich die Gruppe nach Stunden Gute Nacht sagt, stellt er sicher, dass alle einen sicheren Weg nach Hause finden, besonders die, die ihr Geld in Alkohol investiert haben. Selbst wenn er auch zu diesen gehört, kramt Max von irgendwoher noch ein Stück Restvernunft hervor und stellt seine berühmte Max-Frage: »Schaffst du es nach Hause? Oder soll ich dich noch zur S-Bahn bringen?«

So war es auch im Jahr 2003. Ich stand mit meinen Freunden vor einem Club im Kunstpark am Münchner Ostbahnhof, dem ehemaligen Betriebsgelände von Pfanni. Bis Mitte der 90er wurden hier Knödel hergestellt und von meinem Vater im Büroturm daneben vermarktet. Danach war dort jahrelang in Dutzenden Clubs und Bars Feiervolk wie wir unterwegs. Drei Uhr, die letzte S-Bahn in unser Vorstadtkaff war gerade weg. Und Max fragte meine damalige Freundin Christina, wie *sie* gedachte, in *ihre* Wohnung zu kommen. Christina schaute irritiert. Sie wohnte in der Nähe, konnte nach Hause laufen, auch alleine. Und das wollte sie auch. Aber Max beharrte: »Sicher, dass du alleine gehen willst?« Christina schaute Max freundlich-genervt an, dann mich. Ich hob die Schultern. Was wollte er hören? Wie meinte er das überhaupt? Wollte er sie vor meinen Augen abschleppen? »Ja«, begann ich vorsichtig tastend, »ja, komm, das schafft sie schon alleine. Oder?« Ich drehte meinen Kopf zu ihr rüber und streckte meinen Arm ein wenig zu chauvimäßig in ihre Richtung, um sie an mich heranzuziehen, ihr Mut zuzudrücken. Ekelhaft. Aber Max setzte noch mal an: »Ja, pass auf, wir nehmen ein Taxi, da setzen wir dich unterwegs ab!« Christina schüttelte den Kopf: »Keine Umstände, bitte!« Dann noch ein Kuss, und weg war sie. Wir nahmen das Taxi, ich schlief ein, bis ich vom Taxifahrer vor meinem Haus geweckt wurde.

Max konnte mit diesen Aktionen wahnsinnig nerven. Keiner von meinen Freunden hat je wirklich verstanden, woher dieser altmodisch anmutende Zug kommt, wieso er sich so zum Aufpasser aufschwingen musste. Es tat aber ja niemandem weh, und so ließen wir ihn machen und lächelten dazu milde. Und wahrscheinlich wären mir diese Episoden nicht wieder in den Sinn gekommen, wenn mein Vater nicht gestorben wäre. »Was hat ihm gefehlt, dass er nicht aufgehört hat?«, frage ich mich beinahe jeden Tag. Freunde waren es lange nicht. Oder doch? Möglicherweise, lautet einer meiner Antwortversuche, nachdem ich Dutzende Partyfotos des Freundeskreises meines Vaters angesehen habe, fehlte ihm so einer wie Max. Einer, der ihn mit einer gezielten Nerverei dazu bringen hätte können, mehr Verantwortung für sich selbst zu übernehmen, um sich und andere sicher nach Hause zu bringen. Einfach nur, um nicht wie ein Volltrottel dazustehen, der seine Freundin alleine nach Hause laufen lässt, weil er selbst zu voll ist, um sie zu begleiten. Einfach nur, um nicht immer als Erster stramm zu sein.

Das war nämlich, was Max bei mir mit seinem milden Lächeln bewirkt hat: Nach der Verabschiedung vor dem Club gab es nie wieder einen Grund für ihn, meine Freundin zu fragen, ob er sie nach Hause begleiten solle. Ich hatte gelernt und war da.

ÖFFENTLICHKEIT

Es ist der erste heiße Tag im Jahr. Ich betrete einen Buchladen mit Radhelm auf dem Kopf, links und rechts in den Geheimratsecken sammelt sich der Schweiß, am Rücken perlt es auch schon.

Es ist einer von den Läden, an die man mit schlechtem Gewissen denkt, nachdem man bei Amazon ein Buch in den Warenkorb gelegt hat. Gut sortiert, fachkundige Beratung und, wie es immer heißt, eigentlich auch genauso schnell wie Amazon. Die Buchhändlerin steht im Nebenzimmer und füllt ein Regal auf. Sie trägt ein blau-weiß gepunktetes T-Shirt, mittellange braune Haare und Jeans. Viel sympathischer auf jeden Fall als der Warenkorb. Als sie mich bemerkt, ruft sie mit französischem Akzent: »Wie kann ich helfen?«

»Ich würde gerne ein paar Bücher bestellen.« Erwartungsfrohes Buchhändlerinnengesicht. »Zum Thema Alkohol.« Plötzlich verwandelt sich die Buchhändlerin doch in einen Warenkorb und zeigt keine Regung. Ich wünsche mich an meinen Rechner zurück, in die Anonymität des Internets, ohne Augen, die einen fragend ansehen, wenn man einen Stapel Bücher zum Thema Alkoholismus bestellt. Doch da verwandelt sich die Händlerin plötzlich zurück und ist jetzt wieder Mensch:

»Kennen Sie *Nüchtern* von Daniel Schreiber?«

»Ja, steht auf meiner Liste.«

»Das haben wir hier.«

Sie geht zu einem Regal, zieht das in angenehmen Rottönen gehaltene Buch heraus und hält es mir hin.

Der Klappentext überzeugt mich: »Okay, dann nehme ich das gleich mit.«

Ich hatte von *Nüchtern* schon ein paar Mal gehört und gelesen, fast immer wurde es mir ans Herz gelegt mit Worten wie »Endlich sagt das mal einer!«. Und auch die Buchhändlerin ist begeistert: »Das ist eine wirklich gute Wahl! Der schreibt so ... der hat so eine tolle Sprache, da wird man fast neidisch, also da möchte man am liebsten gleich selbst aufhören.«

»Womit?«

»Mit dem Trinken.«

»Ja?«

»Na ja, fast.«

Ich ringe mir ein gequältes Lächeln ab. Ironisch über Alkohol zu sprechen fällt mir seit einiger Zeit schwer. Neutral geht es aber irgendwie auch nicht. Alles, was ich dazu höre, wird erst durch einen Filter geschleust. Mit der Folge, dass niemand mehr vor meiner bekloppten Vorverurteilung sicher ist.

So auch diese Buchhändlerin nicht, die ich gerade zum ersten Mal in meinem Leben gesehen habe. Hat sie mir eben durch die Blume gestanden, dass sie ein Alkoholproblem hat, ein ganz kleines? Oder war das eher so eine ironische Distanzierung? Hat sie das so gemeint? *Egal, wie gut das geschrieben ist, ich lasse mir meinen Rotwein doch nicht madig schreiben. So?*

Oder war es am Ende der übliche Buchhändler-Small-Talk, nur eben auf dünnem Eis? Denn auf das begibt man sich, wenn man ein Alkoholbuch kauft. Die Frage ist: Warum kauft der das jetzt? Bei einem Buch über, sagen wir, den Zweiten Weltkrieg ist die Lage meistens leichter: Historisches Interesse ist unverdächtig. Aber jemand, der ein Buch von einem trockenen Alkoholiker kauft? Der macht sich verdächtig, der hat vielleicht sogar »ein Problem«. Dem Algorithmus von Amazon ist so etwas egal. Der will nur verkaufen. Und handelt deswegen laut Daniel Schreiber erst recht stumpf: Bestellungen mit Büchern über Alkoholismus, schreibt er, hätten häufig Gutscheine für Weinshops beigelegen.

Schreiber ist Journalist. Ein ehemals alkoholkranker, heute trockener Journalist. Wie er das geworden ist, das ist seine Geschichte, und die schreibt er großartig bewegend auf. Er erzählt von den euphorischen Momenten und Stunden, die er dank des Alkohols hatte, den durchfeierten Nächten und ausgelassenen Abenden mit Freunden. Er übergeht aber auch die vielen dunklen nicht, in denen ihm zum Kotzen schlecht war, in denen er sich schämte, sich verfluchte, in denen er seine Krankheit kleinredete, leugnete oder schlicht darüber hinwegsoff. Er beschreibt, wie er zu den Anonymen Alkoholikern fand, wie sie ihm dabei geholfen haben, mit der Krankheit umzugehen, immer »just for today«. Und Schreiber referiert, wie Alkoholsucht biochemisch abläuft (fast wie ein Perpetuum mobile), ob es ein Säufergen gibt (eher nicht) und wie sich der Alkohol zu anderen Drogen verhält (er sticht alles andere aus). Schließlich erzählt er davon, wie er die »rosa Wolke« erklimmt, »diese massive narzisstische Hochwetterlage« in den ersten Wochen und Monaten, nachdem er, der Alkoholkranke, mit dem Alkohol gebrochen hat.

Schreiber notiert das alles ohne Pathos, ohne irgendjemanden anzuklagen oder sich selbst zu bemitleiden. Das macht es den Lesern leicht, daran anzuknüpfen und die Geschichte zu sich selbst in Beziehung zu setzen – um am Ende ganz vielleicht sogar selbst nüchtern zu werden. Im Sommer 2014, als Schreibers Buch rauskam, lebte mein Vater noch. Ich hätte es ihm schenken können. Es hätte perfekt gepasst.

So aber stehe ich zwei Jahre später vor der Buchhändlerin und höre ihr dabei zu, wie sie ihren Rotweinkonsum verteidigt. Ich würde ihr gerne sagen, dass sie das vielleicht nicht tun sollte. Ihr erzählen, wieso ich all diese Bücher kaufen und lesen will. Wieso ich glaube, dass sie Schreibers Buch nicht nur für mich, sondern auch für ihr eigenes Leben toll finden sollte. Wieso es keine Schwäche ist, auch mal Nein zu einem Glas zu sagen. Allein: Mir fehlt der Mut. Obwohl ich ab und zu immer noch mein Kissen vollheule, kann ich ihr nicht sagen, was mir in dem Moment durch den Kopf geht. Ein Bild meines Vaters auf seinem Sterbebett.

GARDASEE

Ich kenne meinen Vater nicht als Mann. Da ist zum Beispiel die Geschichte mit dem Schwarz-Weiß-Foto, das ihn mit einer Frau und einem kleinen blonden Jungen zeigt. Ein Fundstück aus dem Nachlass, das mich lange beschäftigt. Mein Vater trägt die typische 70er-Hipster-Tracht: helle, enge Schlaghosen, grob kariertes Hemd, einen kurzen Trenchcoat, dazu lange Haare, einen Henriquatre-Bart und eine eckige, große Brille. Die Frau erinnert an die Schauspielerin Claudia Michelsen mit ihrem schmalen, leicht kantigen Gesicht, einer markanten Nase und wallendem dunklem Haar. Ihr weißer Faltenrock kontrastiert den groben Kurzarmwollpulli, und den großen Kragen der weißen Hemdbluse, die sie darunter trägt, ziert eine Katzenbrosche.

Das Foto zeigt beide aus der Halbtotalen. Sie stehen im Zentrum des Bildes, um sie herum Männer in Anzügen, die an ihnen vorbei, zum Teil in Richtung des Fotografen schauen. Es wirkt fast wie die Aufnahme eines Detektivs oder eines Paparazzo. Am linken unteren Bildrand ist ganz klein der blonde Schopf des Jungen zu sehen. Zusammen mit meinem Vater und der Frau wirkt die Szene, als ginge da eine junge Familie spazieren, vielleicht in einer Fußgängerzone. Auf der Rückseite des Abzugs ist kein Name oder Datum vermerkt, und auch auf anderen Fotos, die die Frau und das Kind zeigen und einmal auch den Jungen auf den Schultern meines Vaters, sind keine weiteren Informationen zu finden.

Ich fange an, herumzufragen. Meine Mutter, meinen Großonkel, die zweite Frau meines Vaters, keiner kennt die Dame auf dem Foto. Der einzige verwertbare Hinweis kommt von Volker: Er glaubt, den Fotografen zu kennen, einen ehemaligen Mitschüler, von dem er glaubt, dass er heute in Nordrhein-Westfalen lebt: Andreas. Dieser habe damals immer schon seine Kamera dabeigehabt. Ich verlagere meine Suche ins Netz und werde über einen kleinen Umweg fündig: Ein Mann mit dem gesuchten Namen arbeitet als Frauenarzt in der Nähe von Essen, der Umweg ist sein Sohn, ein Fotografiestudent. Könnte passen. Ich schicke dem Sohn eine Mail. Wohl wissend, wie seltsam meine Anfrage klingt, erwähne ich die Alkoholkrankheit meines Vaters erst einmal nicht, ich will ihn nicht verschrecken. Ich möchte nur wissen, wer die Dame auf den Fotos ist. Wenige Tage später bekomme ich eine Antwort. Nicht vom Sohn, sondern vom Vater, dem Arzt: Ja, er sei wohl der Gesuchte, ich solle die Fotos doch einmal schicken. Viele Grüße.

Ich bin ein wenig angespannt. Das Detektivgefühl steigt wieder in mir hoch. Bin ich da vielleicht auf eine spannende Geschichte gestoßen, die außer mir und dem Fotografen bislang keiner kannte? Oder löst sich alles in Luft auf, wenn Andreas die Fotos gesehen hat? Um dem Ganzen noch etwas mehr Bedeutung zu geben, leugne ich in meiner zweiten Mail die Krankheit meines Vaters nicht, sondern erwähne sie gezielt. Vielleicht hilft das ja beim Erinnern.

Aber das tut es nicht. Andreas antwortet wenige Tage später

freundlich, aber in einem Ton, der mir klarmacht: Hier soll es nicht weitergehen. Zur Frau auf den Fotos könne er leider nichts sagen, zu dem Kind auch nicht. An meinen Vater könne er sich natürlich erinnern, auf seine Alkoholkrankheit geht er aber nicht ein. Trotzdem wünsche er aber viel Glück weiterhin bei der Suche!

Warum blockt Andreas ab, frage ich mich. Wegen der Fotos? Der Frau? Oder wegen des Alkohols? Weiß er mehr, oder hat er einfach nur keine Zeit? So oder so passt mir seine Antwort nicht, sie ärgert mich ein bisschen mehr, als ich mir eingestehen will. Aber ich bin auch zu stolz, ihn noch einmal zu kontaktieren. Also lasse ich es.

Andreas war kein Freund meines Vaters wie Volker, zu dem er über alle Ehen und alle Jobs hinweg Kontakt gehalten hat. Sein Name war mir genauso neu wie seine Fotos. Aber Andreas scheint mindestens einmal gemeinsam mit meinem Vater und anderen Freunden im Urlaub gewesen zu sein, am Gardasee. Dort hat er ein anderes, sehr gutes Foto von meinem Vater geschossen, das ich wieder und wieder aus der Kiste rausziehe und lange betrachte. Weil es so einen hohen Symbolcharakter hat: Es zeigt meinen Vater schwimmend im Wasser. Sein langes, nasses Haar klebt quer über seinem Gesicht, seine Augen sind geschlossen, an den Mund schwappt seine eigene Bugwelle. Außer seinem Kopf und seinem rechten Vorderarm ist nichts von seinem Körper zu sehen. Fast sieht es aus, als würde er ertrinken. Aber er schwimmt. Er hat sensible Fracht geladen. In seiner rechten Hand hält er zwei Flaschen, eine helle, eine dunkle. Die eine Limo, die andere Bier.

Über den Mann hinter diesem Foto hätte ich mit meinem Vater gerne einmal gesprochen. Ich hänge der ziemlich altmodischen Vorstellung an, dass Väter ihren Söhnen in Liebesdingen eine Einführung geben sollten. Weniger aus inhaltlichen Gründen, sondern wegen der Begleitumstände. Denn wenn Männer *wirklich* über Frauen reden, ist auch der Alkohol meistens nicht weit. Er scheint der Schlüssel zu sein zu der Schublade, in der wir unsere

Gefühle verstauen. Er setzt die Botenstoffe frei, die unseren Körper entspannen und glücklich machen: Serotonin, Dopamin, Endorphin. Trinken wir Alkohol, setzen wir eine chemische Reaktion in Gang. Der Alkohol wandert über die Schleimhäute, die Speiseröhre und den Dünndarm ins Blut, eine Minute später erreicht Alkohol die Leber und noch mal 60 Sekunden später als Abbauprodukt das Gehirn. Dann werden die Schleusen geöffnet, Botenstoffe ausgesandt, und statt Aktivität gibt es jetzt Entspannung, und zwar umso mehr, je mehr Alkohol man oben reinschüttet. Es kann also kein Zufall sein, dass Väter zum Bier greifen, wenn sie mit ihren Söhnen zum ersten Mal das Thema Frauen besprechen wollen. Ohne ginge es in den meisten Fällen gar nicht.

Umso verwunderlicher, wieso diese väterliche Erstberatung bei mir ausfiel. Warum ließ mein Vater diesen Moment verstreichen, in dem er mich zum ersten Rausch hätte führen können? Fand er es nicht notwendig? Oder war er sich seiner eigenen Krankheit schon bewusst und ahnte, wie das enden könnte?

Väter, die ihre Söhne mit dem Alkohol vertraut machen, verbringen nicht nur ein wenig *quality time* mit ihrem Nachwuchs. Sie verwirken dadurch selbst jedes Recht auf Selbstzerstörung. Zumindest wenn sie vor ihrem Sohn nicht als prinzipienloser Waschlappen dastehen wollen. Gleichzeitig aber haben sie auch die seltene Chance, sich als King Cool zu etablieren. Als Vorbild, als Freund, als *partner in crime* der Söhne, als jemand, von dem man gerne erzählt, der einem nicht peinlich ist, selbst wenn er zum 30. Mal erzählt, wie er »deine Mutter« von sich überzeugt hat. Das alles wäre in diesem Initiationsritus drin.

Wenn ich mir nun aber die Väter meiner Freunde und Bekannten so ansehe, stelle ich fest: Besonders viele haben diese Chance nicht ergriffen. Einer ganz sicher, mit Abstrichen ein zweiter. Mein Vater gar nicht. Er hat sich nie mit mir hingesetzt und, Klischee hin oder her, gesagt: »Junge, wir müssen reden!« Weder über Frauen noch über Alkohol.

SAALBACH-HINTERGLEMM

Deine Mutter. Mein Vater sagte immer *deine Mutter* zu mir, wenn er seine Exfrau meinte. Er sprach die zwei Worte so aus, als hätte er gerade auf einem ungenießbaren Salatblatt herumgekaut, das er jetzt wieder ausspucken musste. Eine Mischung aus gespieltem Ekel und echter Abneigung. Wenn ich mich recht entsinne, habe ich von meinem Vater kein einziges liebenswertes Wort über *deine Mutter* in Erinnerung.

Die beiden lernten sich auf einer Skifreizeit kennen, 1975 in Saalbach-Hinterglemm. Mein Vater war dort mit seiner Rothenburger Clique, der Gruppe, in der auch das Gedicht über sein Trinkvermögen entstanden ist. Meine Mutter studierte zu der Zeit in München Grundschullehramt. Eine ihrer Kommilitoninnen kam aus Rothenburg, Sabine. Als sie erfuhr, dass in der Reisegruppe kurzfristig ein Platz frei geworden war, fragte sie meine Mutter, ob sie mitkommen wollte. Sie wollte.

Die Größe des Freundeskreises imponierte meiner Mutter sofort. In München, ihrer Heimatstadt, hatte sie bis dahin nur wenige, ausgewählte Freunde, und diese feierfreudigen Franken gefielen ihr. Vor allem dieser junge Mann, Harald, der immer ein bisschen lauter tönte als seine Freunde, ein wenig von Muttern verwöhnt daherkam, dabei aber auch charmant und intelligent war. Er trug lindgrüne Schlaghosen und konnte sich vor Lachen wegschmeißen. »Ein Mann, der die Herzen der Frauen gewinnt«, erinnert sich meine Mutter fast ein wenig wehmütig. Sie verliebten sich und wurden ein Paar.

Außer den vielen Freunden meines Vaters stach meiner Mutter aber noch etwas anderes sofort ins Auge: die Menge an Alkohol, die in dem Freundeskreis konsumiert wurde. »Das Trinken war an der Tagesordnung«, erinnert sie sich. Wobei »an der Tagesordnung« nicht meint, dass im Alltag besonders viel getrunken worden wäre, das konnte meine Mutter gar nicht wissen, schließlich kam sie anfangs nur alle paar Wochen, und das meistens an den Wochenenden, nach Rothenburg. Für sie war die »Tagesordnung« das, was sie sah, wenn sich die Freunde trafen, in Skiurlauben oder am Wochenende in der Kneipe. Eine einseitige Beobachtung, aber deswegen nicht falsch: Die Treffen der Freunde »waren immer ein Anlass zum Feiern und zum Trinken«!

Diese Erkenntnis war für meine Mutter vielleicht kein Schock, so, wie man schockiert ist, wenn man feststellt, dass ein Freund plötzlich ein depperter Nazi ist. Aber eine sehr intensive, neue Erfahrung war es schon, weil sie, wie sie sagt, »ja aus einem anderen Zusammenhang« kam. Sie, die auf eine von Nonnen geführte katholische Mädchenschule in München gegangen war und hernach an der Pädagogischen Hochschule Grundschullehramt studierte, traf auf die feierfreudige, fränkische Landjugend. Sie traf auf eine Form der Freizeitgestaltung, die sie bis dahin schlicht nicht kennengelernt hatte, die nicht existiert hatte in ihrem Leben. Ihr Elternhaus war des Exzesses unverdächtig und der Ordnung zugetan. Der Vater, Doktor der Physik, überprüfte im Europäischen Patentamt Patentanträge auf ihre Einmaligkeit hin und pflegte am Wochenende den kleinen Garten. Die Mutter hatte beim RIAS, dem Radio im Amerikanischen Sektor in Berlin, gearbeitet und war selbst Kind eines schwer alkoholkranken Apothekers. Geredet wurde darüber nie, aber die Folgen für das Familienleben waren klar, sagt meine Mutter: »Alkohol gab es nicht. Höchstens mal ein Sektchen zu Silvester. Das war sehr kleingeschrieben.«

Als ich mit meiner Mutter für meinen Radiobeitrag über diese Zeit des Kennenlernens spreche, ist mein Vater gerade ein halbes Jahr tot. Es ist nicht unser erstes Gespräch darüber, aber das erste, ohne meinen Vater am Leben zu wissen. Das ändert alles. Vor allem der Ton, den meine Mutter anschlägt, hat sich gewandelt. Er ist nicht, wie während und nach der Scheidung, hart und abwehrend und darauf ausgerichtet, mich zu schützen. Er ist weicher: Die Stimme meiner Mutter klingt konziliant, respektvoll, fair. Die Verletzungen, die sich meine Eltern über die Jahre zugefügt haben, sind zwar noch zu spüren, aber ich bilde mir ein, eine Ahnung der Liebe der ersten Tage, Wochen, Monate, vielleicht sogar Jahre aus ihren Worten zu hören, die meine Eltern einmal erfüllt haben muss. Über allem, was sie sagt, schwebt eine Sanftheit, die mich ehrlich überrascht. Nicht, weil meine Mutter dazu sonst nicht fähig ist, überhaupt nicht. Aber diese Situation, in die ich sie jetzt gebracht habe, ist keine alltägliche für sie. Umso mehr rechne ich es ihr an, wie offen sie mit mir spricht. Sie sitzt zu Hause mit dem Telefon am Ohr und dem Smartphone als Diktiergerät in der Hand, damit ich eine bessere Tonqualität für den Beitrag bekomme, während ich, von einem Techniker meines Senders beobachtet, in einem fensterlosen, grauen Studio in Köln in ein Mikro reinspreche, als ob ich ein Interview mit einem Professor über Plastikmüll in den Weltmeeren führen würde. Nur, dass am anderen Ende der Leitung meine Mutter ist und es um ihr

Leben geht. »Mama«, sage ich noch einmal zu ihr, »du musst das nicht machen, das weißt du?« Aber sie will weitermachen und alles erzählen, was sie noch weiß, nichts verheimlichen aus Angst oder Scham, dass es die Familie, Freunde oder Kollegen hören könnten. Sie scheint sich vorgenommen zu haben, selbstkritisch und versöhnlich zugleich zu sein.

Als Journalist finde ich das großartig und bewundere sie für ihren Mut, das öffentlich zu tun. Als Sohn hoffe ich, dass sie sich das gut überlegt hat. Ich fürchte den Rückstoß.

Doch die Sorge ist unbegründet. Meine Mutter weiß sehr genau, was sie sagen will. Und wenn sie doch einmal wackelt, wickelt sie ihre Sätze in eine Hülle aus Vorsicht und Zögerlichkeit. Sie könne sich nicht mehr hundertprozentig erinnern, ich solle sie bitte nicht auf eine genaue Zahl der Biere festnageln. Im Allgemeinen sei schon viel getrunken worden, aber genau, nein, genau wisse sie das nicht mehr.

Nur die Stiefel hat sie sehr genau noch im Kopf. Ein inzwischen aus der Mode gekommenes, in Stiefelform gegossenes Bierglas, das mehr als einen halben Liter fasst, oft zwei oder drei. Für einen alleine viel zu viel, für Trinkspiele in der Gruppe perfekt. »Die sind rumgegangen, und dann hat man den Überblick verloren«, sagt meine Mutter, »aber die in dem Freundeskreis waren halt auch standfest. Die haben alle sehr gut was vertragen, auch die Frauen hatten ihr Quantum.«

Drei Jahre nachdem sich meine Eltern beim Skifahren kennengelernt hatten, beschlossen sie, zu heiraten. Meine Mutter sagt dazu: »Das wurde für gut befunden«, lässt aber offen, von wem. Als ich einwende, dass sie zu der Zeit ja mit mir noch gar nicht schwanger gewesen sei, es aus Sicht der Sitte also eigentlich keinen Grund für Eile gegeben habe, erwidert sie leicht schnippisch: »Ja, was meinst du, wie lange eine Frau austrägt? Zwei Jahre?«

Es ist das erste Mal, dass ich mit meiner Mutter über die Gründe *für* die Ehe mit meinem Vater spreche und nicht über die für das Scheitern. Ich war bislang immer davon ausgegangen, dass es eine Hochzeit aus Liebe war, aus Leidenschaft, Anziehung, zumindest aus eigenem Antrieb. Nicht eine, die von den Eltern gewollt war. Aber so war es wohl ein bisschen. »Meine Eltern, die sahen das eben schon gern«, kommt es stockend durchs Telefon, »die fanden, das gehörte sich so.« Und auch wenn sie heute gerne Widerworte gegen ihre Eltern spricht, damals gab meine Mutter ihrem Wunsch nach und sagte »Ja«.

Da mutet es fast wie eine Retourkutsche des Schicksals an, dass gemäß der Tradition die Braulteltern die Rechnung für die Hochzeit begleichen mussten. Die Rechnung für diverse Flaschen Wein und Bier sowie das Essen für alle 60 Gäste hielt sich einigermaßen im Rahmen. Aber meine Großeltern waren das Gesaufe nicht gewohnt, und sie hießen es auch nicht wirklich gut. »Sie waren beeindruckt, wie viel auf der Feier getrunken wurde«, erzählt meine Mutter. Wenn man sonst nur ein Glas Sekt an Weihnachten trinkt, ist jedes weitere natürlich schon eines zu viel.

Einen winzigen revolutionären Akt behielten sich meine Eltern damals aber vor: Sie zogen nach der Hochzeit nicht direkt zusammen, sondern pendelten weiter zwischen Würzburg, wo mein Vater studierte, München, der Heimat meiner Mutter, und Aschaffenburg, wo sie ihr Referendariat machte. Die beiden verbrachten beinahe mehr Zeit im Auto als miteinander. Sie sahen sich meistens am Wochenende. Als mein Vater 1979 bei der Gesellschaft für Konsumforschung in Nürnberg seine erste Stelle als Marktforscher antrat, wurde die gemeinsame Zeit noch knapper.

Auch die Sache mit dem Kinderkriegen zog sich in die Länge. Die Ärzte wussten nicht genau, warum, eigentlich sah doch alles gut aus. Beide waren jung und gesund, also würde es schon irgendwann klappen.

Meine Mutter vermutet, es könnte etwas mit den *Schlachten* zu tun haben, die mein Vater während seines Volkswirtschaftsstudiums und auch danach *geschlagen* hat. Den martialischen Ausdruck verwendet sie, als ich sie bitte, das Trinkverhalten meines Vaters zu der Zeit zu beschreiben. Eine seltsame Wendung, steht am Ende einer Schlacht doch Sieg oder Niederlage. Wen aber könnte man beim Trinken besiegen, oder gegen wen verliert man? Den eigenen Körper? Den Willen? Die Mittrinker? Sind die Waffen die Flaschen und Gläser oder ihr Inhalt? Gibt es einen Schiedsrichter?

Der Ausdruck suggeriert außerdem eine hohe Intensität, wie *Kampftrinker* oder *Komasäufer*. Als ginge es nur darum, möglichst schnell möglichst blau zu werden, ohne dabei aber aus den Latschen zu kippen. War mein Vater wirklich so einer? Oder trank er, weil es ihm schmeckte?

Diese Fragen zu beantworten heißt für mich auch, mich der Angst vor der Begegnung mit meinem trinkenden Ich zu stellen. Mit jedem Gespräch über meinen Vater rücke ich näher an dieses Ich ran, spüre seine bedrückende Präsenz von mir Besitz ergreifen. Mit jedem Gespräch fürchte ich zu erkennen, dass ich meinem Vater ähnlicher bin, als ich es mir zugestehen möchte, nicht nur wegen der Knie, sondern vielleicht auch wegen der Sucht. Noch ist es nur eine Ahnung tief in mir drin, gut versteckt hinter einer nach außen kontrolliert erscheinenden Fassade. Aber sie ist so klar wie selten eine Ahnung vor ihr. Ich muss auf mich aufpassen.

Denn auch über mich könnte meine Freundin sagen, dass ich während des Studiums Schlachten geschlagen habe. Großartige mit irren Geländegewinnen und weniger großartige mit herben Verlusten und schlimmsten Verletzungen. Mal kämpfte ich alleine gegen Dämonen, mal mit Freunden gegen die Langeweile. Und manchmal begleitete uns der Alkohol auch nur beim Essen. Aus reiner Langeweile während des Studiums gründeten zwei meiner Freunde sogar einen Biertestverein, dem ich beitrat. Jeden Donnerstag testeten wir vier unterschiedliche Biersorten aus ganz Deutschland, gaben ihnen sechs Noten und verglichen Unvergleichliches wie Pils und Weißbier. Wie gesagt, es war Langeweile im Spiel. Heute testet von uns niemand mehr. Die Langeweile war nur vorübergehend, Gott sei Dank.

Der Alkohol streckt seine hässlichen Griffel aber auch ohne Langeweile nach mir aus. Er tut es an Wochentagen, wenn ich aus dem Büro komme und an einem Dutzend Kiosken vorbeilaufe, von denen jeder so viel Bier und Wein im Angebot hat wie früher ein Getränkemarkt. Er tut es an Wochenenden, wenn unter unserem Fenster die Feiermeute vorbeizieht, die Lebensfreude aus Flaschen trinkt. Er tut es an einem Sonntagvormittag im Hochsommer, wenn ich an einem Biergarten vorbeiradele und die Gäste ihre bierige Gemütlichkeit ausschwitzen. Er tut es, weil er überall und immer verfügbar ist. Ich muss wirklich auf mich aufpassen.

Denn ich stelle mir auch die Frage, ob ich genetisch vorbelastet bin: Was nützt mir alle Vorsicht der Welt, wenn Sucht vererbbar ist? Ist sie es überhaupt? Ist Alkoholismus nicht nur eine Krankheit, die in der Familie stattfindet, sondern auch in ihr weitergegeben wird?

Antworten darauf kann zum Beispiel Gunter Schumann vom Kings College in London geben, mit dem ich daher das Gespräch gesucht habe. Der Deutsche erforscht mit Kollegen in einer Langzeitstudie, warum Jugendliche in Europa mit dem Saufen beginnen, ob es an ihren Genen liegt oder an ihren Lebensumständen.

Die Antwort darauf ist sehr europäisch – nicht einfach, jedes Land hat seine Spezifika – und kommt deswegen auch kompliziert formuliert daher: Es geht um die epigenetische Methylierung.

Die epigenetische Methylierung ist ungefähr das, was Wind und Wetter für die Kreidefelsen von Rügen sind: Agenten einer nachhaltigen Veränderung. Nur, dass die Felsen eben irgendwann weg sind, die DNA der Jugendlichen durch Einflüsse von außen aber nachhaltig verändert ist. Das können schlechte Erfahrungen sein, die sie im Leben machen, Gewalt, Armut, Krieg. Oder eben

Alkoholmissbrauch, wie es ihn überall in Europa gibt, mit am stärksten in Großbritannien.

Schuhmann und seine Kollegen glauben, dass ausgerechnet ein Gen, das mit dem Belohnungssystem zusammenhängt, durch die Methylierung so beeinflusst wird, dass das Belohnungssystem im Hirn Schaden nimmt. Und zwar so, dass die Hürde für positive Erfahrungen immer höher wird und die Jugendlichen immer mehr Input brauchen, um belohnt zu werden. Was am Ende schließlich dazu führt, dass sie immer noch mehr Alkohol in sich hineinschütten und so die Methylierung weiter vorantreiben. Ein irrer Teufelskreis, aber als Erklärung für die Entstehung von Alkoholsucht will Schuhmann das nicht gelten lassen. Man spreche schließlich über Teenager, deren überdurchschnittlicher Alkoholkonsum sich später im Erwachsenenalter dann doch meist auf einem normalen Niveau einpendele.

Trotzdem quält mich die Frage: »Bin ich als Kind eines Alkoholikers genetisch bestimmt, suchtkrank zu werden?«

»Hm«, sagt Professor Schuhmann und wählt seine Worte weise, das könne man so deterministisch nicht sagen. »Einzelne Gene haben ja meist nur einen sehr kleinen Effekt auf Erkrankungen.« Hätten sie einen großen, hätten die Träger dieses Merkmals ja einen, wie Schuhmann es nennt, Überlebensnachteil: Sie würden irgendwann einfach sterben und die Krankheit mit ins Grab nehmen. Das ist beim Alkoholismus aber leider nicht so. Er ist seit Jahrhunderten, eher Jahrtausenden eine Konstante auf der Welt, und so ziemlich alle Versuche, ihm den Garaus zu machen, sind krachend fehlgeschlagen.

»Es ist also wohl eher so, dass hier mehrere Genvarianten zusammenwirken – die außerdem noch von einer Reihe weiterer Faktoren beeinflusst werden: Lebensumstände, Freunde, Persönlichkeitsentwicklung und auch die Verfügbarkeit von Alkohol spielen eine Rolle«, fasst Schuhmann zusammen.

Ein ernüchterndes Gespräch, nicht nur wegen der miesen

Skype-Leitung zwischen Berlin und London. Viel erwartet hatte ich aber ohnehin nicht. Zu häufig lese oder höre ich von wissenschaftlichen Studien, die eindringlich das tägliche Glas Rotwein gesundforschen, und dann wieder von solchen, die es rundheraus verteufeln. Für eindeutige, klare Antworten taugt das nicht. Aber wie soll es auch anders sein? Mit dem Alkohol ist es wie mit Zucker und manchen Drogen: es ist eine Frage des Maßhaltens und der Umstände. Vor allem der Umstände. Und die sind bei jedem Menschen anders.

IRSCHENBERG

Kleine Jungs geben gerne mit ihren Vätern an. *Mein Papa ist Pilot. Meiner ist Metzger. Meiner verhaftet Diebe und Räuber.* Je prestige-trächtiger der Beruf des Vaters, desto cooler der Sohn. Denkt der Sohn.

Über meinen Papa habe ich viele Jahre lang erzählt, er hätte die Kaki nach Deutschland gebracht. Diese orangefarbene, an eine Fleischtomate erinnernde Frucht, die laut der *Apotheken-Umschau* »mit oder ohne Schale genießbar« ist und auch »als pikante Zutat in der Bratensauce« schmeckt. In meiner Geschichte fuhr mein Papa durch Deutschland und hat Menschen gefragt, ob sie so eine Kaki kaufen würden. Ihre Antworten hat er aufgeschrieben, zu-sammengerechnet und einem anderen Papa gegeben, der dann die Kakis in Israel gekauft und mit dem Schiff nach Deutschland gebracht hat. Die wenigsten Kinder, denen ich die Geschichte er-zählte, wussten etwas mit der Kaki anzufangen, einfach weil es sie damals kaum irgendwo zu kaufen gab – und das, obwohl mein Vater die Kaki doch nach Deutschland gebracht hatte. Gezogen, wie man so sagt, hat die Geschichte trotzdem.

Das Problem war nur: Sie stimmte gar nicht, denn es war ein anderer Papa, der die Kaki nach Deutschland holte. Außerdem heißt die Kaki aus Israel auch nicht Kaki, sondern Sharonfrucht und ist eine veredelte Form der Kaki, nicht aber *die* Kaki, die kommt nämlich vor allem aus Spanien. Und, das war die dreisteste meiner Lügen, die Geschichte hatte ein Legitimationsproblem: Ich kann heute nicht mehr sagen, wer sie mir erzählt hat oder ob ich sie irgendwo gelesen habe. Genauso gut ist es möglich, dass ich sie mir einfach ausgedacht habe. Die anderen Papas waren Arzt, Versicherungsboss und Skischulbesitzer, da brauchte ich schon eine gute Story.

Der Fantasieüberschuss hing, wie mir erst vor Kurzem klar wurde, stark mit der Langeweile der Realität zusammen. Oder zumindest mit der langweiligen Vermittlung der Realität. Der erste Job meines Vaters etwa, den er noch vor meiner Geburt antrat und wieder kündigte, liest sich in seinem Arbeitszeugnis so: »Herr Schottner wirkte bei der Abwicklung, d. h. Angebotserstellung, Konzeption, Fragebogenentwicklung, Stichprobenbildung, Auswertungsvorbereitung und Kommentierung auf Handels- und Verbraucherebene durchzuführenden Untersuchungen mit.« Davon hat mir mein Vater nie etwas erzählt. So, wie er überhaupt nie etwas über seinen Job bei der Gesellschaft für Konsumforschung erzählt hat, sondern immer nur, *dass* er dort angestellt gewesen war. Vielleicht wusste er auch einfach nicht, wie er das kindgerecht erklären sollte.

Dabei ist es für ihn bei der GfK nicht unspannend gewesen, sagt meine Mutter, zumal es sein erster Job nach dem Studium war. Es ging darum, das Konsumverhalten der Deutschen zu untersuchen, herauszufinden, welche Produkte in Krankenhäusern verbraucht wurden, und »als Projektleiter die selbstständige

Betreuung ausgewählter Kunden« zu übernehmen. Als Volkswirt, der er war, hätte er es auch schlechter treffen können. Aber auch besser, dachte er sich wohl, kündigte und zog von Nürnberg nach München und heuerte bei Wrigley an. Kaugummis.

Ich will die Menschen kennenlernen, mit denen mein Vater dort gearbeitet hat, und fahre an einem Tag im Frühling 2016 zum Irschenberg. Der Irschenberg ist für alle, die in die Alpen wollen, ein feststehender, unverrückbarer Begriff, denn hier staut sich oft der Verkehr auf der A8 Richtung Salzburg. Auch ich habe mich schon oft hier raufgequält. Und fast immer habe ich mich gefragt, was das für eine riesige Wirtschaft und eine Kirche da unten in der Senke sind, die man von der Autobahn aus sieht. Ist das nicht wahnsinnig laut so direkt neben all den Karren? Und wer speist dort nach dem Gottesdienst?

An diesem Tag im Frühling bin ich es, nur ohne den Gottesdienst. Es ist ein Stück Bilderbuch-Bayern, das sich hier, 500 Meter von der Autobahn entfernt, vor meinen Augen auftut. Freier Blick auf die Kampenwand im Südosten, den Wendelstein direkt im Süden und noch etwas weiter westlich Schliersberg, Rinnerspitz, Wallberg. Alles ist satt und still.

Drei ehemalige Kollegen meines Vaters treffe ich hier: das Ehepaar Gisi und John. Und Jörg, der in der Nähe wohnt, daher der Treffpunkt. Ihre Namen und Adressen habe ich im Arbeitszimmer meines Vaters gefunden. Zu meiner Überraschung haben alle auf meine Mails schnell reagiert und zugesagt, sich mit mir zu treffen. Jörg hat außerdem geschrieben, er wolle gerne etwas klarstellen: »Ich habe mir Ihren Radioreport angehört und bin erschüttert, traurig, aber auch wütend. Denn ich habe Harald in anderer Erinnerung.«

Wie meinte Jörg das? *In anderer Erinnerung?* Glaubte er mir nicht, dass mein Vater alkoholkrank war? Unterstellte er mir, ich hätte die Krankheit erfunden, um ein gefühliges Radiostück produzieren zu können?

Meine Arme und Beine fingen an zu kribbeln, wie immer, wenn ich mich zu Unrecht angegriffen fühle. Eine körperliche Übersprungsreaktion, die mich vor Schlimmerem bewahrt wie Laptop zerhacken, Jörg eine hingerotzte Antwort zurückpfeffern, irgend so etwas, aber zum Glück funktionierte meine Impulskontrolle bestens. Sie ließ der sinnlosen Aggression sogar schnell Trotz folgen: Wer ist dieser Jörg eigentlich?, fragte ich mich. Was macht der? Google konnte mir nicht helfen, auch meine Mutter nicht. Also, was maßte sich Jörg an, wütend zu sein, wo ich, wo wir doch die waren, die wütend hätten sein müssen?

Wütend dirigierte ich die Maus zum roten Kreuz auf dem Bildschirm, um die Mail zu schließen, da fiel mein Blick auf einen der letzten Sätze: »Lieber Dominik, gerne teile ich mit Ihnen alle Erinnerungen, die ich an Harald habe.«

Trotzdem: Zwei Tage lang begleitete mich der Ärger über den Satz mit den Erinnerungen. Saß quer im Magen. Machte das Gehen schwer und das Sitzen unangenehm, stand anderen Gedanken im Weg und blockierte In- und Output. Der Satz eines bis eben noch Unbekannten verhagelte mir die Laune. Warum? Mangelte es mir an Selbstbewusstsein, oder hatte Jörg doch irgendwie recht?

Jörg lernte meinen Vater als vitalen, erfolgreichen 30-Jährigen kennen, der im Vollbesitz seiner Kräfte war, physisch und psychisch. Nur diesen Mann hatte Jörg ihm Kopf, als er erfuhr, dass mein Vater gestorben war. Dieser 30-Jährige soll jetzt tot sein, weil er seinen Alkoholkonsum nicht mehr kontrollieren konnte? Da ist man natürlich erst einmal irritiert. Und greift, weil die Wahl der Worte im Angesicht des Todes ja immer besonders schwerfällt, auf das zurück, was einem als Erstes zu einem Menschen einfällt, im gut gemeinten Glauben, dass diese Erinnerung an den Toten den Angehörigen Trost spendet.

Aber das funktionierte für mich nicht. Im Gegenteil: Es machte mich fertig, dass Jörg meinen 30 Jahre alten Vater unausgesprochen wiederbelebt hatte. Weil mir dadurch hart vor Augen geführt wurde, dass das Glück beim biografischen Zurückblättern unterschiedlich verteilt ist.

Die einen, Gisi, John und Jörg zum Beispiel, sind in der Lage, fast nur die positiven Seiten zu sehen. Wir als Familie hingegen sehen die zwar auch, können aber die anderen Seiten nicht überspringen, die mit dem Schlechten und Bösen, der Abhängigkeit und der Gewalt beschrieben sind. Wir sind gezwungen, das ganze Bild anzuschauen, nicht nur Ausschnitte. Das ist ungerecht und unfair, und es schmerzt wahnsinnig. Aber es ist, Phrase hin oder her, das Leben.

Umso dringender möchte ich erfahren, wie diese Seite mit dem gesunden, erfolgreichen Ich meines Vaters ausgesehen hat. Wie ihn seine Kollegen zu einer Zeit sahen, in der er angeblich noch nicht krank war. Ich habe Jörg eine Mail geschickt und ihm geschrieben, dass ich mich über ein Treffen mit ihm sehr freuen würde, um »unsere Erinnerungen abzugleichen«. Gerne bei ihm in der Nähe am Irschenberg. Meinem Vater hätte das gefallen.

Wir nehmen an einem der schweren Tische aus ganzen Baumstämmen Platz, die Bedienung kommt, ich bestelle eine Apfelschorle, die anderen Bier. Es ist 13 Uhr.

Jörg zieht eine braune Mappe aus seiner Tasche und aus ihr einen dünnen Stapel Papier. In meine Richtung gewandt sagt er: »Ich habe mit zwei anderen Kollegen von Wrigley über deinen Vater gesprochen. Sie können heute nicht dabei sein, deswegen habe ich aufgeschrieben, was uns zu ihm eingefallen ist.« Er schiebt die Blätter über den Tisch, für jeden eines. Sie sind dicht beschrieben, fast ohne Rand, Schriftart Arial, Schriftgröße 11. Ganz oben der Titel »Erinnerungen an Harald Schottner«, darunter »Von 1979 bis 2014«, zwei E-Mail-Adressen und Telefonnummern. Ich weiß nicht, ob ich beeindruckt oder erschrocken sein soll. Ein Blatt Papier. Ist das viel oder wenig? Was hatte ich eigentlich erwartet von dem Treffen? Nichts Konkretes, aber das hier wohl am wenigsten. »Oh, das ist aber praktisch!«, höre ich mich sagen, »da brauche ich ja gar nicht mehr mitzuschreiben!« Jörg nickt. Mit seinem Kinn deutet er auf das Blatt. »Ja, wie du siehst, kannten wir uns schon von der GfK, da waren wir auch schon Kollegen, dein Vater und ich.« Nett und sympathisch sei mein Vater auch dort bereits gewesen, einer, der sich schnell integrierte, auf die Menschen zuging, selbstbewusst und offenherzig, ein guter Kollege. Jörg hört sich an, als lese er aus den Arbeitszeugnissen meines Vaters vor. Da wird er fast wortgleich beurteilt.

1980 folgte er Jörg nicht nur zu Wrigley, sondern er übernahm auch gleich seinen Job dort, als Leiter der Marktforschung, mit nur 28 Jahren. Welche Kaugummis will der Markt, welche hat er zu wollen, wie schaffen wir, dass er es will – das herauszufinden war die Aufgabe meines Vaters. »Und da war er auch kompetent«, erinnert sich Jörg, vielleicht etwas akademisch langatmig, und doziert habe er auch ganz gerne. »Bei Präsentationen habe ich mir schon manchmal gedacht, jetzt komm doch mal zum Punkt!« Gisi und John lachen kurz auf, anscheinend erinnern auch sie sich an diesen Wesenszug. »Er war halt Volkswirt«, sagt Jörg.

Die Bedienung kommt an unseren Tisch und serviert unsere Getränke. Es erstaunt mich ein wenig, um diese Uhrzeit Bier auf einem Tisch stehen zu sehen, vor allem vor dem Hintergrund unseres Gesprächs. Und auch, weil Jörg ehrenamtlich und vom Gericht bestellt seit zehn Jahren einen Alkoholiker betreut. Er hilft ihm bei Behördengängen, trifft sich mit ihm zum Ratschen oder ist einfach für ihn da, wenn die Lebenskurve mal wieder nach unten zeigt. Andererseits: Wir sind in Bayern, es ist Freitagmittag, Bier ist hier nicht Bier, sondern Grundnahrungsmittel. *Ich habe mich mal nicht so.*

Bei Wrigley, da stimmen Gisi, John und Jörg überein, gab es während der Arbeitszeit ein Alkoholverbot. Vielleicht weil es eine amerikanische Firma war, aber so genau weiß das keiner mehr. Es war halt so. Es war aber auch so, ergänzt Gisi, die damals in der

PR-Abteilung angestellt war, dass sie ein eigenes Budget für »human relations« hatte, für menschliche Beziehungen, Aktivitäten nach Feierabend, um den Zusammenhalt zu fördern und die Laune der Angestellten hoch zu halten. Das gelang auch mithilfe von viel Alkohol.

Gisis Augen glänzen, als sie davon spricht. »Die sieben Jahre dort waren die intensivste Zeit meines Lebens. Nachdem ich weg war, habe ich zwei Jahre gebraucht, um das Wrigley-Wir rauszukriegen!«

So viel Euphorie habe ich bei meinem Vater nie erlebt. Er hat seine Freude darüber, beim größten Kaugummihersteller der Welt zu arbeiten und nicht bei irgendeinem mittelständischen Schraubenproduzenten, anders ausgedrückt. Er hat unseren Küchenschrank stets gut gefüllt gehalten mit Hubba Bubba, Spearmint und Big Red, immer genug, um Freunden davon etwas abzugeben. So hat er mich mit unlauteren Mitteln früh an die Marken gebunden, und ich war stolzer Besitzer eines Hubba-Bubba-Schwimmrings, Hubba-Bubba-T-Shirts und einer Kassette mit Abenteuern der Kaugummis Hubba und Bubba. Einen gewissen Einsatz für das Produkt konnte man ihm also nicht absprechen. Aber auch für die Kollegen? »Harald hat nicht viel teilgenommen«, sagt Gisi, als ich sie frage, ob mein Vater sich auch auf die »human relations« eingelassen hätte. Fan der Wrigley-Fußballmannschaft sei er gewesen, wirft Jörg ein. »Aber selber mitgekickt hat er nie!« Warum, weiß keiner der drei. Dasselbe bei den Skirennen. »Hier, ich habe Fotos dabei!«, sagt Gisi und legt ein Album auf den Tisch. Auf den Fotos sind ein Haufen 80er-Jahre-Typen zu sehen in engen Jethosen, mit Schnäuzern und Plauzen. Aber kein Papa. Höchst seltsam. Skifahren war doch eines seiner liebsten Hobbys. Wieso hat er da nicht mitgemacht? Keine Zeit? Oder war es so, wie Jörg vermutet und ich es mir kaum vorstellen kann, dass die Füße meines Vaters unter dem Tisch meiner Mutter zu stehen hatten?

Gisi, John und Jörg sind ganz vertieft in das Album. Sie verlieren sich in den Erinnerungen an früher, werfen Namen hin und her, prusten und schwelgen: »Hah, schau mal hier, der Dings, wie hieß der noch mal?« Sie freuen sich einfach, gemeinsam diese Zeit verbracht zu haben. In einer Mischung aus Neid und Erstaunen schaue ich ihnen dabei zu und frage mich, ob ich auch in 30 oder 40 Jahren in einem Biergarten sitzen und mit meinen Lieblingskollegen das Früher feiern werde. An wen oder was würde ich mich erinnern? Welche Feste? Welche Zoten kämen auf den Tisch?

Die schlichte Wahrheit, von heute aus gesehen: Es wird nicht passieren. Wir haben kein Budget für »human relations« in unserer Redaktion, keinen Feel-Good-Manager, der die Truppe bei Laune hält, keine Schafkopfrunde, die jede Woche in einem anderen Partykeller klopft und zecht. Alles, was wir haben, ist ein montäglicher Kick in einer Bundeswehrturnhalle, ein paar Grillagen im Sommer und eine Handvoll Kollegen, die gemeinsam in den Urlaub fahren. Und Leute wie mich, die in der Arbeit ihre Freundin kennengelernt haben, gibt es auch. Wir sind damit, scheint mir, weder eine Ausnahme noch eine Regel. Beides existiert heute: die Buddy-Büros ohne Grenzen zwischen Beruflichem und Privatem, und die mit Vereinzelungsmaschine am Ausgang. Nur warum musste ausgerechnet mein Vater so ein fürchterlicher Stiesel sein und sich von den »human relations« fernhalten, die Gisi und den beiden Männern heute noch Freude bereiten? Und wieso bin ich genauso wie er in dieser Hinsicht?

Die Fragen hallen in meinem Kopf noch zwei Sekunden nach, da erhebt Jörg plötzlich die Stimme. »Wo sich der Harald aber blicken ließ«, sagt er, »war bei privaten Feiern.« Er macht eine kleine Pause, vielleicht um meine Reaktion abzuwarten. Ich schaue ihn erwartungsvoll an und er zurück, dann fährt er fort: »Einmal hat dein Vater uns auch zu euch nach Hause eingeladen.« Wieder Pause, wieder Schauen. Dann die Fortsetzung: Nachdem sie etwas getrunken hatten und nicht mehr fahren konnten, sagt Jörg, habe meine Mutter ein Bettenlager für sie unter dem Dach improvisiert. »Für sieben oder acht Mann!« Er sagt es nicht ohne Stolz, wobei mir nicht klar ist, wem der gilt, meiner Mutter, der guten Gastgeberin, oder sich selbst, weil er sich an die Anekdote noch erinnern kann. Mehr als das, eine Anekdote, wird es nämlich leider nicht. Jörgs Erzählung endet an dieser Stelle. Und Gisi hat das letzte Wort: »Wenn dein Vater getrunken hat, wurde er so teddybärmäßig. Da konnte man ihn richtig knuddeln!« Also doch.

Über dem Irschenberg sind inzwischen Wolken aufgezogen schwere, dunkle mit Regen im Bauch und auch Wind. Das wenige Haar, das mir geblieben ist, wird von links nach rechts geweht und wieder zurück, als möchte das Wetter meine innere Verfassung ins Bild setzen. Seit zwei Stunden höre ich Jörg, Gisi und John dabei zu, wie sie sich an meinen Vater erinnern. Viel Zuneigung ist in ihren Stimmen, die nicht gespielt oder falsch klingt, eher wie etwas, das einmal sehr stark, aber auch mehrere Jahre verschüttet war. Wie das Gefühl, das man für Freunde empfindet, die einem aus den Augen entschwinden, aber nicht aus dem Sinn. Und die man sich nicht anzurufen traut, weil man sich beim ersten Satz, beim Wählen eigentlich schon fragt, was daran jetzt so verdammt schwer war und dass das doch alles ganz schön peinlich ist, vor allem für einen selbst.

Mein Vater verließ Wrigley nach gut fünf Jahren im Frühjahr 1985 und heuerte bei Pfanni an. Ab da hatte er kaum noch Kontakt zu den Menschen, die kurz davor noch betrunken in seinem Haus gepennt haben. Ich wüsste gerne, wieso das so war. Ob etwas vorgefallen ist, das diese mehr als kollegiale Beziehung porös gemacht hat, bis irgendwann nur noch Krümel davon rumlagen. Eine Affäre oder ein unbedachtes Wort zur falschen Zeit, oder eine Wesensänderung, die man nicht gewillt ist weiterzutragen. Oder ob es doch nur das normale Auseinanderleben war, wenn man unterschiedliche Richtungen einschlägt, ohne dabei an den Schulterblick zu denken, weil es schon schwierig genug ist, den Blick geradeaus zu halten. War es das?

Gisi sagt, ihr würde »keine negative Ausprägung« des Charakters meines Vaters einfallen, Jörg nennt ihn ein »Opferlamm«, was auch immer das heißen mag, und John meint, in Sachen Affären sei er sauber gewesen. Woher er das weiß, sagt er nicht.

Zehn Jahre hören und sehen die Kollegen nichts voneinander. Dann trifft Jörg meinen Vater zufällig mit dessen zweiter Frau beim Radfahren an einem See. Sportlich, gesund und glücklich habe er ausgesehen. »Wir ratschten locker miteinander, als hätte es die zehn Jahre Abstand nicht gegeben«, steht dazu auf dem Erinnerungsblatt.

Nur zu einer Person hielt mein Vater auch nach dem Ende bei Wrigley Kontakt: zu Albert. Albert ist einer der Exkollegen, die an diesem Tag im Biergarten nicht dabei sein können, aber vorher ihre Erlebnisse mit Jörg geteilt haben. Albert hat auch seine Telefonnummer und E-Mail-Adresse hinterlassen, aber meine Kontaktversuche gehen ins Leere. Alberts Name ist der einzige, der schon vor dem Treffen in meinem Kopf war, wenn auch in einer schlecht ausgeleuchteten Ecke, wo ich seit Jahren nicht hingekommen bin. »Albert«, der Name war eine Konstante bei uns zu Hause, ohne dass ich sagen könnte, warum und wie diese Konstante im echten Leben aussah.

Wie ich jetzt von Jörg erfahre, war Albert der Mann, den mein Vater als seinen Nachfolger empfahl und der meinen Vater anrief, wenn er Fragen zu dem Job hatte, obwohl er längst bei Pfanni arbeitete. »Harald und Albert wurden auch Freunde«, heißt es in den »Erinnerungen«. Klingt fast wie in der Facebook-Timeline. Und so, wie Facebook-Freunde oft nur die schönen Urlaubsseiten des Lebens der anderen mitbekommen, scheint auch Albert damals nichts von einem Problem meines Vaters mit Alkohol geahnt zu haben. Über Jörg lässt er nämlich fragen, wann der Bruch im

Leben meines Vaters gewesen sei und wie es dazu kommen konnte. Ich würde ihm gerne eine eindeutige Antwort geben. Wie sehr habe ich mir das selber mehr als einmal gewünscht, aber das hieße, einen oder mehrere Schuldige benennen zu müssen, denn selten zerbricht etwas ohne Fremdeinwirkung. Die Sache ist nur die: Bei meinem Vater ist nichts mit einem großen Knall zerborsten, sondern schleichend zugrunde gegangen. Wie ein Ermüdungsbruch, den man meistens erst dann erkennt, wenn der Schaden schon nicht mehr zu beheben ist.

——

Wie soll man aber auch etwas erkennen, bei dem sich die Medizin selbst jahrzehntelang nicht sicher war, mit was sie es zu tun hatte? Jahrhundertelang galt die Alkoholsucht als Schwäche des Geistes, als Problem der unteren Schichten, keinesfalls als Krankheit. Es dauerte bis 1849, ehe der schwedische Arzt Magnus Huss es wagte, das zu ändern. Seine über viele Jahre zusammengetragenen Beobachtungen aus einem Stockholmer Krankenhaus goss er in die revolutionäre Erkenntnis: »Ich habe dieser Krankheit einen neuen Namen, nämlich *Alcoholismus chronicus*, beigelegt.« Zwar fasste Huss die Krankheit ein wenig enger, als wir es heute tun, aber der Geist war aus der Flasche. Alkoholismus war ab jetzt eine Krankheit. 1960 erst benannte der *Spiegel* in der Titelgeschichte »Endstation Sucht« die Krankheit Alkoholismus. Freilich nicht, ohne in den Lack des aufstrebenden Deutschlands einen tiefen Kratzer reinzuritzen: »Längst nämlich gilt nicht mehr, was einst als Legende sorgfältig gehütet wurde: daß die Trunksucht nur in den Niederungen des sozialen Lebens grassiere. [...] Der Elends-Alkoholismus ist in Wohlstands-Alkoholismus umgeschlagen.«

Heute würde so eine Titelgeschichte vermutlich große Wellen schlagen. Ein eigenes Hashtag würde kreiert, andere Medien würden sich der Berichterstattung anschließen, Reporter ins Land ausschwärmen, um die Gesichter der Sucht zu finden, Verbände und Parteien würden Statements verbreiten und Fußballer ihren Instagram-Account vorübergehend der Sache widmen. Talkshows würden sich Uli Borowka und Jenny Elvers gegenseitig hin- und herschieben und die Industrie noch mehr labberige, alkoholfreie Biere erfinden, die am Ende doch keinem schmecken. Es wäre der normale Wahnsinn.

Damals, in den 1960ern aber passierte: nichts. Zumindest nichts Zählbares. Das Justizministerium wagte sich an die Absenkung der Promillegrenze, scheiterte aber. Derweil stieg der Alkoholverbrauch und mit ihm die Zahl der Alkoholtoten im Straßenverkehr. Das Jahrzehnt neigte sich seinem Ende zu, als 1968 das Bundessozialgericht das gleichermaßen weitreichende wie überraschende Urteil fällte, dass »Trunksucht in der vorliegenden Form eine Krankheit« ist, »dieser Zustand aber eine ärztliche Behandlung« erfordert. 121 Jahre waren da seit Magnus Huss' Veröffentlichung vergangen, 116 seit ihrer Übersetzung ins Deutsche.

Dem Urteil des Bundessozialgerichts war ein Streit über eine Kostenerstattung vorausgegangen. Eine Frau hatte vom Amtsgericht Duisburg eine Entziehungskur verordnet bekommen, weil sie »seit Monaten übermäßig Alkohol getrunken und sowohl ihr Kind als auch ihren Haushalt vernachlässigt« hatte. Darin waren sich alle Beteiligten einig. Nur in einer Frage nicht: Ist das eine Krankheit, deren Behandlung von der Krankenkasse bezahlt werden muss oder nicht? Die Krankenkasse sagte Nein. Es habe sich ja um einen Suchtfall, nicht um eine Krankheit gehandelt, argumentierte sie. Das Bundessozialgericht sah das anders und entschied gegen die Kasse. Sie musste für den Entzug zahlen. Seit dem Urteil gilt für die Krankenkassen die Leistungspflicht.

Damit niemand auf die Idee kommen würde, das noch einmal in Zweifel zu ziehen, lieferte das Gericht eine heute immer noch gebräuchliche Teildefinition für Alkoholabhängigkeit gleich mit:

»Die hier vorliegende Alkoholsüchtigkeit schweren Grades braucht sich nicht als eine Geisteskrankheit im engeren Sinne darzustellen oder sich schon in ›körperlichen Erscheinungsformen‹ zu äußern. Vielmehr ist der Verlust der Selbstkontrolle das Merkmal dieser körperlich-seelischen Komplexerkrankung.«

Eine ähnliche Formulierung findet sich auch im internationalen Klassifikationssystem ICD der Weltgesundheitsorganisation, dem Werk, in dem Krankheiten und Gesundheitsprobleme mit entsprechenden Codes hinterlegt sind. Eine Art Codebuch für Ärzte und Abrechnungsstellen von Krankenkassen, mit dem außer ihnen aber kaum jemand direkt in Berührung kommt. Und so werden nur die wenigsten wissen, dass dort, anders als im alltäglichen Sprachgebrauch, schon seit 1964 gar nicht mehr von Süchten die Rede ist, weil »Sucht« durch Wörter wie Gelb- und Eifersucht mehrfach besetzt ist. Weil Ärzte in Bezug auf sogenannte psychotrope Substanzen wie Alkohol, Tabak oder Drogen lieber von stoffgebundener *Abhängigkeit*, von *dependence,* sprechen. Und weil es am Ende ja auch viel besser klingt zu sagen, man sei unabhängig von bestimmten Stoffen, als zu sagen, man sei nicht mehr süchtig. Denn Süchten haftet immer auch etwas Pathologisches an, etwas, das man in sich »hat« oder das man »ist«, aber das man nie ganz loswird, schon gar nicht aus Sicht der anderen. Du kriegst den Alk aus dem Alki, aber du kriegst den Alki nicht aus dem Exalki. Sprache ist Teil des Problems, nicht nur wenn der Pegel steigt.

Der sprachliche Schritt von der »Sucht« in die »Abhängigkeit« hat die Probleme aber natürlich nicht gelöst, sondern eher neue geschaffen. Schließlich hat auch die Abhängigkeit mehrere Dimensionen. Wie viele, hängt vom Klassifikationsschema ab, das man zur Diagnose heranzieht. Das ICD sieht sechs Dimensionen vor. Abhängig ist demnach, wer
– einen starken Wunsch oder einen Zwang nach einem bestimmten Stoff verspürt;

- körperliche Ausfallerscheinungen hat, wenn der Stoff absetzt oder sein Konsum gemindert wird;
- weiter konsumiert, obwohl Körper oder Geist längst zum Aufhören gemahnt haben;
- eine Toleranz gegenüber dem abhängig machenden Stoff entwickelt, wer also mehr »verträgt«;
- der Beschaffung und dem Konsum des Stoffs, von dem man abhängig ist, höchste Priorität zuordnet und andere Interessen vernachlässigt;
- beim Konsum kein Maß, keinen Anfang und kein Ende mehr kennt, wenn das Leben zum Beispiel nur noch aus Saufen besteht.

Werden drei dieser sechs Kriterien innerhalb von zwölf Monaten erfüllt, diagnostiziert man gemäß dem ICD ein Abhängigkeitssyndrom. Sind es nur zwei, dann nicht.

Daran haben sich in den vergangenen Jahren verschiedentlich Wissenschaftler gestört: Zu breit seien die Kriterien, zu ungenau.

Woran also soll man erkennen, ob jemand alkoholabhängig ist oder »nur« missbräuchlich konsumiert? Welche Fragen muss man stellen? Welche Signale erkennen? Gibt es einen guten oder schlechten Zeitpunkt, um einzuschreiten, um das Gespräch zu suchen? Oder sollte man das besser lassen? Und wenn die Diagnose da ist, wie geht es dann weiter?

Wüsste ich diese Fragen abschließend zu beantworten, hätte ich dieses Buch nicht geschrieben, und wahrscheinlich wäre mein Vater auch noch am Leben. Aber er ist es nicht, und deswegen suche ich weiter nach diesen Hilfestellungen, um nicht noch einmal dabei zuzusehen, wie ein Mensch durch die Aufmerksamkeit einer Familie rutscht.

Die nüchternen Kriterienkataloge der Medizin sind jedenfalls keine allzu große Hilfe. Ich verstehe sie, aber leider nur, bis sich der erste Fachterminus querstellt. Sobald ich anfange, ihn nachzuschlagen, verschwindet meine Aufmerksamkeit im Gestrüpp aus zu vielen Browser-Tabs, einem schnell wachsenden Stapel an Büchern und einem Notizbuch mit vielen Fragen. Und nach einer Weile stehe ich wieder vor der Frage, die ich mir ganz am Anfang meiner Suche schon gestellt hatte: Wo beginnt das Problem?

Ich fürchte, Teile der Antwort könnten uns alle verunsichern. Sie, mich, meine Journalistenkollegen, Ihre Nachbarn, Ihre Familie, uns alle. Ich fürchte nämlich, es ist viel einfacher, als die Codebücher der Ärzte und Wissenschaftler behaupten. Ich glaube, es ist wirklich so, wie es mein früherer Biologielehrer immer gesagt hat: »Alkoholismus beginnt mit dem täglichen Glas Rotwein!« Bei jedem von uns selbst.

HEIMSTETTEN

Mit meiner Herkunft haben manche Leute Probleme. Mein sicheres Herkunftsland heißt Vorstadt, Münchner Vorstadt, das ist noch sicherer als die Schlafslums rund um Berlin und Köln oder die Fertighausödnis vor Leipzig. Münchner Vorstadt, das sind Reihenhaussiedlungen mit roten Ziegeldach- oder braunen Dachpappenreihen, Einkaufszentren mit Tengelmann, dm und einem engagierten Buchladen, S-Bahn-Pendler-Ärger, Augustiner-Pfützen und CSU-Minderheiten. Die Münchner Vorstadt hat alles, was zum Leben notwendig ist, Ärzte, Schulen, Läden, Sportvereine, Autobahnen, Skateboardanlagen, Umgehungsstraßen, es fehlt an nichts. Familienparadies Vorstadt.

Das macht es natürlich auch sehr langweilig, weil immer alles schon fertig ist oder zumindest nicht unfertig und die freien Felder kein Raum zur Entfaltung sind, sondern Bebauungsplanänderungsmaterial. Wer im Speckgürtel lebt, ist eine Made unter vielen, aber wohlgenährt. Wahrscheinlich sind meine Eltern mit mir deswegen dort hingezogen, als ich ein Jahr alt war.

Wir tauschten eine Wohnung in der Stadt gegen ein Reiheneckhaus, eines von denen mit brauner Dachpappe, braunen Fenstern und Drahtzaun. Es steht in einer Siedlung, deren Wege nach bayerischen Alpengipfeln benannt waren. Eine fast autofreie Spielstraßensiedlung und direkt vor unserem Haus der größte Spielplatz.

Doch im Gegensatz zu den meisten Kindern, mit denen ich spielte, wohnten wir zur Miete da. Aus irgendeinem Grund war mir das immer klar: Das hier ist nicht unser Haus, wir haben es nur *gemietet*. Fast wie ein Schimpfwort. Ich liebte das Haus trotzdem. Es ist nicht schön, aber so groß, dass für mich zwei Zimmer abfielen, eines zum Spielen und eines zum Schlafen. Das Schlafzimmer meiner Eltern lag am anderen Ende des kurzen Flurs, und der war so kurz, dass ich meinen Vater in der Nacht durch die geschlossenen Türen schnarchen hören konnte. Also immer.

Im Dachgeschoß hatte meine Mutter ihr Arbeitszimmer eingerichtet und mein Vater unsere Modelleisenbahn, im Keller stand seine Werkbank und verstaubte. Heimwerken sollten andere, fand er. Seine Werkzeugkiste führte er entsprechend. Er schmiss einfach immer alles rein, ohne Sinn und Verstand, aber natürlich immer nur das beste Material.

Wichtiger war ihm das Wohnzimmer. Hier kam er abends nach der Arbeit zur Ruhe. Wieso er und meine Mutter sich aber ausgerechnet für braune Canvas-Tapeten entschieden haben, bleibt ihr Geheimnis. Nirgendwo anders habe ich ähnliche Tapeten gesehen, nicht mal im Internet. Dominiert wurde das Zimmer aber von einer rot-weiß-gestreiften, sehr tiefen Stoffcouch mit ungemein weichen Polstern. Auf Fotos sticht das Sofa immer alle Menschen aus, die auf ihm Platz nehmen, so cool sieht es aus. Dagegen fast banal der Wohnzimmertisch aus Kiefer. Auf ihm liegen immer griffbereit ein Aschenbecher, eine Fernsehzeitschrift und eine

Tasche mit Pfeifenuntensilien. Nur wenn die Sonne durch die große, verstaubte Fensterfront günstig hereinbrach, wurde daraus ein schönes Stilleben, ansonsten war es ein recht trauriger Anblick, der überdies nicht besonders angenehm roch.

Das Kraftzentrum des Erdgeschosses war aber ohne Zweifel unser quadratischer Esstisch mit Fußlauf. Er stand im vorderen Teil des Wohnzimmers, direkt vor einem ebenso quadratischen wie großen Fenster. Eine Eckbank umrahmte den Tisch an zwei Seiten, an den anderen zwei freien standen Stühle mit Lehnen, in die ein Loch in Herzform gefräst war, damit man den Stuhl leichter anfassen konnte. Neben dem Ensemble wachte ein wuchtiger Bauernschrank. In ihm waren Gläser, Teller, Flaschen und ein Kniffelbecher verstaut.

Der Schrank war, wie die Stühle und der Tisch, wahnsinnig dunkel und wahnsinnig schwer, Bauernmöbel, »sauteuer«, sagt meine Mutter heute immer wieder, als wolle sie mir irgendetwas beweisen. Dabei will sie wahrscheinlich nur betonen, wie wichtig sie für sie waren, dass sie sogar diesen hohen Preis dafür in Kauf genommen hatten. Es waren die ersten gemeinsamen Möbel meiner Eltern.

Der Tisch war auch das Erste, was ich sah, wenn ich morgens die Treppe zum Frühstück herunterkam. Halb, dreiviertel sieben war es da meistens, und mein Vater saß schon dran. Im Anzug, dunkelblau, schwarz, anthrazit, sie standen ihm alle, ausnahmslos. Dazu trug er ein weißes Hemd, eine etwas verspielte Krawatte und Loafer mit Quasten. Rechts von ihm stand der Aktenkoffer auf dem Boden, vor ihm dampfte Kaffee in einer hellbraunen Tasse mit blauen Schnörkeln und seinem Namen in einem Herz drauf. Jeder in unserer Familie hatte so eine, und keiner wusste, wieso eigentlich. So richtig hübsch war das Design nicht. Der passende Teller stand auch am Platz meines Vaters, blieb aber meistens leer, nur manchmal kam ein Brot mit Marmelade drauf.

Über der ganzen Szene schwebte der Duft meines Vaters, den

ich schon beim Betreten der ersten Treppenstufe von oben riechen konnte: Ein schwerer Herrenduft mit sehr viel Moschus, gepaart mit den Ausdünstungen seines Pfefferminzkaugummis, dem Zigaretten- und Pfeifenrauch und einer vierten Komponente, die ich damals aber nicht benennen konnte.

»Guten Morgen, Papa!«

Ich kann auch nicht mehr sagen, welches Parfum meine Mutter damals verwendet hat, oder zumindest beschreiben, wie es roch. Wahrscheinlich roch sie gut, wie heute noch. Aber dieser Geruch, der meinen Vater immer umgab, der war stärker. Den habe ich bis heute in der Nase. Ein sehr männlicher, väterlicher Duft, der perfekt zu ihm passte. Ein bisschen grobschlächtig, nicht gerade zurückhaltend, aber im Kern sehr ehrlich, einer, der sich wacker durch den Tag schlägt und am Abend noch genauso riecht wie am Morgen, als er aufgelegt wurde. Mein Vater ging nie ohne diesen Duft aus dem Haus. Es war wie ein Mantel, den er überwarf, um sich zu schützen.

Zu seinem morgendlichen Ritual gehörte außerdem, seinen Koffer auf den Tisch zu heben und eine Packung Kaugummis aus dem Schrank dort hineinzulegen. Dann nahm er nacheinander seine fünf Kugelschreiber aus den Halterungen im Aktenkofferdeckel, klickte jeden einzelnen durch, um zu prüfen, ob sie noch funktionierten, und schob sie wieder in die Halterungen zurück. Als Letztes packte er sein Pfeifentäschchen auf die Akten und klappte den Deckel zu. Mit geübten Fingern ließ er die Schlösser einschnappen, verdrehte die Zahlenkombination und schob den Koffer so hin, dass er bündig mit der Tischkante lag.

Das Ritual war so stark, dass ich noch heute, wenn ich höre oder sehe, wie jemand einen Aktenkoffer aufspringen lässt, an meinen Vater denken muss. Das Geschäftsmännische an dieser Bewegung, genau wie das Zurechtruckeln der Krawatte oder das Abklopfen des Sakkos, das konnte er gut. Darin gefiel er sich auch. Der Koffer war für ihn das, was heute das Smartphone ist, ein Statussymbol. Erst hatte er einen ledernen mit goldenen Standfüßen, danach kam das Hartschalenplastikmodell mit Zahlenschloss, später besaß er auch mal kurz einen Pilotenkoffer. Aber nie eine Umhängetasche oder einen Rucksack, immer nur Koffer. Und immer stand der Koffer gut sichtbar neben dem Esstisch.

Nachdem sich mein Vater also für seinen Tag im Büro präpariert hatte, stand er auf, rückte den Stuhl nach hinten und trug seine Tasse in die Küche. Von da ging er in den Hausflur, lupfte einen Trenchcoat vom Haken, schlupfte hinein und kehrte zum Tisch zurück, um seinen Koffer zu holen. Er zog den Gürtel seines Mantels enger, verabschiedete sich und zog die Tür hinter sich zu. Aber er war da noch nicht ganz weg. Zehn, fünfzehn Schritte, nachdem er unser Haus verlassen hatte, kam mein Vater noch einmal an unserem großen Fenster vorbei. Ich rannte zur Eckbank und krabbelte zum Fenster. 8, 9, 10, 11 zählte ich. Da war er. Ich klopfte ans Fenster. Er drehte seinen Kopf nach rechts, lächelte kurz und winkte mit links. Dann verschwand er hinter dem Stromkasten, und mich befiel große Traurigkeit. Mein Vater würde erst am Abend nach Hause kommen, kurz bevor ich ins Bett ging.

———

In unserer Siedlung wohnten damals viele Familien mit vielen Kindern in meinem Alter. Ihre Väter waren Berufsschullehrer, Informatiker bei Siemens oder Bürgermeister – und den ganzen Tag nicht zu Hause. Die Frauen und Kinder, die wie ich noch nicht in den Kindergarten gingen, trafen sich vormittags in Spielgruppen und nachmittags auf den Spielplätzen. Irgendwann dazwischen gingen sie einkaufen, und abends kochten sie Essen oder richteten ein Abendbrot her, der Gatte kam, später die *Tagesschau*, und dann war der Tag auch schon fast wieder zu Ende.

»Und was habt ihr am Abend gemacht?«, frage ich meine Mutter in einem unserer Gespräche am Telefon für das Radiostück.

»Gelesen, ferngesehen, Musik gehört, nichts Besonderes.«

»Habt ihr was dazu getrunken?«

»Ja.«

»Wie viel und was?«

»Dein Vater sehr viel.«

Meine Mutter und ich denken gemeinsam nach. Was ist *sehr viel*, wenn jemand, wie sie, in einer antialkoholischen Familie aufwächst und höchstens an Feiertagen mal ein Gläschen Sekt eingeschenkt bekommt? Bezieht sich *sehr viel* auf den Umstand, dass *es unter der Woche* ist? Wäre *sehr viel* am Wochenende nur *viel* oder sogar *normal*?

Wenn wir über unseren Alkoholkonsum sprechen, tun wir das nie losgelöst von den Umständen, in denen wir uns beim Trinken befinden. Fast immer stellen wir es in einen Kontext, der auf möglichst einfache und allgemeinverständliche Weise erläutern, manchmal auch erklären und rechtfertigen soll, wieso wir das gerade *jetzt* oder *zu der Zeit* tun. Wer ein »Feierabendbier« trinkt, entspannt sich nach einem anstrengenden Tag. Er belohnt sich für Geleistetes und klinkt sich aus dem bedrängenden Strom von Nachrichten, Menschen, Leben aus – mithilfe dieses Biers. Das *gute Glas Rotwein* trinkt sich am besten im sanften Kerzenschein, der *erfrischende Weiße* in der ausklingenden Hitze eines Sommerabends, mit dem *Verdauungsschnaps* kontern wir ein allzu fettiges Essen, und wenn uns der Schrecken in die Glieder fährt, greifen wir zum *Ich brauch 'nen Schnaps*-Schnaps. Meine Lieblings-Alk-Wortschöpfung aber ist die *Discoschorle*, ein Mix aus Wodka und einem Energydrink, der hauptsächlich am Wochenende getrunken wird und keineswegs so harmlos ist, wie er dahersprudelt. Die Liste ließe sich ewig weiterstricken, denn so gut wie jedes alkoholische Getränk kann man mit Bedürfnissen und Gegenständen aus dem Alltag mischen und genießbarer machen. Und so den Weg bereiten, noch mehr davon zu sich zu nehmen.

»Also der Einstieg in den Abend war«, sagt meine Mutter etwas stockend, »wenn er spät aus der Arbeit gekommen ist, also so halb sieben, sieben – das war ja auch ein anstrengender Tag –, da fing er mit Bier an. Weißbier. Zwei Flaschen mindestens, manchmal drei. Und dann hat er nicht gestoppt, sondern es ging weiter mit Frankenwein, eine Flasche Bocksbeutel. Und das sah immer so normal aus.«

»Das hat er täglich getrunken?«, frage ich sie. Von diesen Mengen habe ich noch nie vorher gehört.

»Ich kann es nicht mit Gewissheit sagen, aber es war immer sehr intensiv, ja. Und regelmäßig.«

Was sie getrunken hat, erzählt meine Mutter nicht. Und ich frage sie auch nicht, obwohl ich gerne würde. Ich selbst kann mich, abgesehen von wiederkehrenden Ereignissen wie dem Winken am Fenster, an fast nichts aus den ersten Jahren erinnern. Schweigen und Rauschen in der Leitung. Ich stoße fast mit meinen Lippen an den Ploppschutz vom Mikro, so nahe gehe ich ran. Auf einem kleinen Monitor dahinter geht ein roter Balken leicht rauf und runter, das regelmäßige Atmen meiner Mutter durch das Telefon.

Im Kopf überschlage ich, wie viel Promille mein Vater gehabt haben muss nach zwei Weißbier und drei Schoppen Wein. Um die 1,5 Promille dürften es gewesen sein. So viel wie jemand, der sehr schnell drei Maß Bier runterstürzt. Oder zwischen 15 und 20 Stamperl Schnaps. Die Zahlen sind unvorstellbar für mich. Die Menge an Alkohol würde bei mir reichen, um mich am nächsten Tag bis zum Mittagessen an die Matratze zu fesseln. Ich müsste zwei Kopfschmerztabletten nehmen, eine vor dem Schlafengehen und eine nach dem Aufstehen. Ich müsste riesige Mengen Wasser trinken, und wenn ich die Biere und den Wein außer Haus getrunken hätte, müsste ich auf dem Heimweg noch etwas essen, Pommes, einen Döner, Burger, irgend so etwas, Hauptsache fettig. Es wäre das beste Essen der Welt, das ich aber nicht mehr scharf sehen könnte, weil zur normalen Trübung meiner Kontaktlinsen am Abend noch die Alkomüdung meiner Augen dazukäme. Erstaunlicherweise hätte ich trotzdem keinerlei Probleme, den Weg nach Hause zu finden, denn egal, wie viel ich getrunken habe, das schaffe ich aus einem mir unbekannten Grund immer. Gut möglich, dass ich, sobald ich in meine Wohnung gerumpelt wäre, den direkten Weg zur Toilette wählen und versuchen würde, das Gift aus meinem Körper zu würgen. Danach würde ich mir an Ort und Stelle die Kleider vom Leib pfrimeln, die Zähne putzen, ins Bett wanken und lange schlafen.

Mein Vater war da anders. Er trank, außer in Rothenburg, nie außer Haus. Und so hat er nach dem letzten Glas Wein immer seine Pfeife auseinandergeschraubt, ausgeklopft, wieder zusammengeschraubt und in der kleinen braunen Ledertasche verstaut, daneben die Filter und den Tabak. Dann hat er sich leicht auf die Oberschenkel geklopft, einmal über die Knie gestrichen und ist die Treppe nach oben ins Bett gestiegen. Die Nächte verbrachte er, wie immer, schnarchend. Kurz vor halb sieben stand er auf, um 7:47 Uhr ging die S-Bahn.

Der rote Balken mit dem Atem meiner Mutter steigt und sinkt weiter. Sie schweigt immer noch. Es hört sich so an, als würde sie erst in diesem Augenblick, in dieser seltsamen Konstellation mit dem Studio und dem Telefon realisieren, wer dieser Mann eigentlich war, mit dem sie damals unter einem Dach gelebt hat. Und seinen nicht so durchschnittlichen oder, eines ihrer Lieblingswörter, *normalen* Konsum: einen Liter Bier und eine Flasche Wein in drei, vier Stunden, unter der Woche, jeden Tag.

»Irre, oder?«

Irre, ja. Meine Mutter spricht wieder.

»Und vor allem«, sagt sie, »war das morgendliche Erwachen auch nicht ganz so einfach. Er musste ja um acht, spätestens halb neun wieder in der Arbeit sein. Und weil er gewusst hat, dass er noch nach Alkohol riecht, hat er immer ein bis zwei Packungen

Kaugummi eingeworfen, damit die Menschen in der S-Bahn und sein Arbeitgeber das nicht merken.« Statt zu schweigen, seufzt meine Mutter jetzt sehr tief. Der rote Balken schnellt nach oben. Das Zurückblättern in der eigenen Biografie schmerzt sie. Oder vielleicht schmerzt es sie auch gar nicht, sondern überrascht sie eher. Weil sie so einen Konsum unmöglich übersehen konnte, es aber doch getan hat, wenn auch nicht absichtlich. Wie das sein kann, frage ich erst mich und dann sie: »Wie kann das sein, Mama?«

Ohne lange zu überlegen sagt sie: »Es war nicht die Zeit damals. An Alkoholismus hat man nicht gedacht.« Sie nicht, meine Großeltern nicht, die Kollegen, die Nachbarn, die Freunde, keiner hat an Alkoholismus gedacht?

»Ja«, antwortet sie und wiederholt noch einmal: »Es war nicht die Zeit.«

———

»Die Ehefrau eines Alkoholikers hat viele Rollen zugleich. Sie ist Märtyrerin und Opfer und gleichzeitig diejenige, die alles geregelt bekommt und versucht, die Verhältnisse, die immer unberechenbarer werden, zu beherrschen.«

Die Analyse der Autorin und Pädagogin Ursula Lambrou aus ihrem Buch *Familienkrankheit Alkoholismus* kann ich bestätigen, wenn auch nicht aus eigener Erfahrung. Aber in vielen Gesprächen mit Angehörigen von Alkoholabhängigen war fast immer nur von Ehemännern, Vätern und Onkeln die Rede, so gut wie nie aber von Ehefrauen, Müttern oder Tanten. Das bestätigen auch Statistiken in erschreckender Regelmäßigkeit: Die Männer trinken, und die Frauen halten den Laden am Laufen. Wenn überhaupt, schmeißen sie, wie es einer meiner Gesprächspartner ausdrückte, Pillen ein. Auch das findet sich in den Statistiken wieder.

Aber waren die Verhältnisse bei uns damals überhaupt so, wie es Lambrou beschreibt: unberechenbar? Meine Mutter eine Märtyrerin, ein Opfer, das dennoch alles geregelt bekommt? Eine

Multitaskerin, die die kleine Familie zusammenhält, das Kind erzieht, den Kühlschrank füllt und den Furor des Säufervaters besänftigt? Einiges spricht dagegen. Mein Vater war in den 80ern, nach allem, was ich weiß, nicht alkoholkrank, selbst vor dem Hintergrund, dass er einige der Kriterien zur Diagnose Alkoholkranker wohl mit Leichtigkeit erfüllt hätte. Er pflegte *nur* einen missbräuchlichen Umgang mit Alkohol. Die Unterscheidung zwischen krankhaftem und missbräuchlichem Trinken wird in der Wissenschaft seit Jahren diskutiert. Das liegt auf der Hand, schließlich hat, wer sich missbräuchlich mit Alkohol volllaufen lässt, zumindest zeitweise eine aus dem Takt geratene Selbstkontrolle, was wiederum auf eine Krankheit schließen lassen könnte. Aber eben nicht zwingend muss, wie das Beispiel jugendlicher Komasäufer zeigt: Auch sie können von ihrer eigenen Vernunft überrascht werden und das Glas oder die Flasche unberührt lassen.

Was war das also für ein Haushalt, in dem ich aufwuchs? Von außen betrachtet war es kein Klischee-Säuferhaushalt, in dem sich die Flaschen stapelten und das Getier regierte. Wir hatten keine Flecken an den Wänden oder im Teppich, keine Müllhalde im Garten und keine Standleitung zum Schnapsregal des Discounters. Was wir hatten, war eine der Umgebung perfekt angepasste Reihenhausexistenz, wie es sie millionenfach auf dieser Welt gibt. Wenn die Siedlungsgemeinschaft einen Grund für ein Fest fand, nahmen wir freudig teil. Wenn sie ihre Ruhe haben wollte, waren wir auch damit einverstanden. Mit unserer direkten Nachbarin pflegten wir einen sehr engen Kontakt, meine Mutter war einige Jahre sogar die Tagesmutter ihrer Tochter. Die Nachbarn aus den anderen Reihen kannten und grüßten wir, aber die Sorgen der meisten waren nicht unsere. Und unsere nicht ihre. Ich spielte mit den Kindern aus den anderen Häusern auf dem Spielplatz vor unserer Tür, aber mit keinem einzigen bin ich heute noch befreundet.

Meine Mutter musste in diesem Umfeld vor den Nachbarn

keine unberechenbaren Verhältnisse verheimlichen, selbst wenn es sie gegeben hätte. Der Kontakt zu den Menschen um uns herum war, auch wenn man sich gegenseitig in die Wohnzimmer gucken konnte, so locker, dass der Großteil der Familiengeschichten hinter der Haustür blieb, wenn man sie zumachte. Und wenn wir doch den Blick hinter die Tür gewährten, weil zum Beispiel Freunde zu mir zum Spielen kamen, war es Nachmittag und mein Vater nicht da. Oder wenn Nachbarn am Abend zum Grillen kamen, waren Bier und Wein ja schon wieder fein. Es war ja Abend.

Der fast einzige Ort, wo jemand bemerkt haben könnte, dass mein Vater Abend für Abend reichlich tankte, war die S-Bahn. Aus unserer Siedlung fuhren hin und wieder Nachbarn zur selben Zeit mit ihm nach München zur Arbeit. So ein Zug ist kein Luftkurort, an dem sich jeder Geruch, der über der olfaktorischen Normalnull liegt, sofort aufdrängt. Wer auffallen will, muss schon eine gewisse Geruchsaura mitbringen, sonst bleibt er unerkannt. Mein Vater hatte diese Aura. Er hätte auffallen können mit seinem Mantel aus Moschus, Minze, Tabak und der Komponente Nummer vier.

Vielleicht ist er das sogar. Vielleicht stieg Herr Rühl, der am anderen Ende unseres Weges wohnte, immer im Windschatten meines Vaters in die S-Bahn und hatte dabei dieselben Gedanken wie ich jeden Morgen: Was ist das für ein Geruch? Vielleicht nahm ihn auch die Verkäuferin am Kiosk wahr, die meinem Vater seinen Tabak verkaufte, und legte ihre Stirn, obwohl jeden Tag Hunderte bei ihr einkauften, in Furchen? Vielleicht registrierten die Arbeitskollegen, dass der Kaugummi nur ein Ablenkungsmanöver war? Vielleicht war es so. Aber wer besitzt die Chuzpe, in einer rushhourvollen S-Bahn oder in der Kaffeeküche des Büros einen bis zur äußeren Arroganz selbstsicheren, geschäftigen Mann wie meinen Vater nicht nach dem Wochenendausflug, sondern kritisch nach dem Quantum des vergangenen Abends zu fragen? Wer kann so etwas? Und macht sich dabei nicht lächerlich, sondern hinterlässt im besten Fall einen Eindruck, der meinen Vater zum Nachdenken gebracht hätte? Niemand kann so etwas. Es wäre auch ohnehin zu viel verlangt.

Und so blieb die Komponente Nummer vier des Geruchs meines Vaters weiter ein steter Begleiter, ohne dass irgendjemand ihre komplexe Struktur erkannt und gesagt hätte:»Mit Kaugummi alleine kriegst du den Geruch nicht weg!«

————

Kürzlich habe ich einen Fehler gemacht. Vor dem Abendessen habe ich meinen vier Jahre alten Sohn gefragt, ob er das *Kinderbier* trinken möchte, das wir vor etlichen Wochen für eine stillende Freundin gekauft hatten und das seither ungeöffnet im Kühlschrank liegt. Meine Freundin grätscht rein:»Kinderbier?« Sie kennt den Begriff nicht, weiß aber sofort, was damit gemeint ist, und hat auch schon eine Meinung dazu.»Wenn du Kinderbier sagst, denkt er, es sei cool, das zu trinken, weil es irgendwie auch Bier ist.« Der Erstkontakt sozusagen. Diesen nicht allzu komplexen Zusammenhang hatte ich bis jetzt noch nie gesehen. Aber er leuchtet mir sofort ein. Ich habe verstanden und bin augenblicklich beschämt.

Kinderbier war bei uns früher immer nur ein Getränk für Kinder, von dem wir Kinder natürlich wussten, dass es kein Bier war, weil es schlicht zu süß und lecker und auf eine unproblematische Weise unbierig war. Meine Freundin aber bleibt dabei: Kinderbier kommt nicht auf den Tisch, jedenfalls nicht in der Zukunft. Für heute ist der Kas nämlich gebissen, wie man in Bayern sagt, ist das Kind in den Brunnen gefallen, erledigt. Zu dritt teilen wir uns den halben Liter. Er schmeckt hervorragend.

Während des Abendessens kommen mir meine Mutter und meine Oma in den Sinn. Was hätten sie wohl zu diesem Gespräch über Kinderbier beigetragen? Hätten Sie das Problem überhaupt verstanden? Sehr wahrscheinlich schon, auch wenn sie nicht annähernd so ein großes Bedürfnis nach sprachlicher Differenzierung haben wie jüngere Generationen. Konkrete Handlungsempfehlungen würden sie aus der Wortklauberei vermutlich auch nicht ableiten. In der Welt, in der sie und die Mehrheit der Menschen in Deutschland groß wurden, gab es schließlich auch noch Mohrenköpfe und Zigeunerschnitzel. Kinderbier sollte für sie da erst recht kein Problem sein.

Für mich ist es das nach diesem Abendessen aber plötzlich. Denn die Kinderbierdiskussion war nur vordergründig eine über die richtige Bezeichnung für ein zu süßes Getränk. Schaut man dahinter, entdeckt man eine Frage, die für Eltern essenzieller nicht sein könnte: Welchen Umgang mit Alkohol möchte ich als Nichtalkoholkranker meinen Kindern vermitteln? Stellt zum Beispiel eine offene Hausbar ein Problem dar, weil dann die Gefahr besteht, dass Kinder sie zur Standardrequisite eines Wohnzimmers zählen? Was ist mit der mit großem Ernst vorgetragenen Gin-Leidenschaft, die viele Väter neuerdings entwickeln, darüber aber ihre Lust am Baumhausbau verlieren? Welches Signal senden Eltern, die im Italienurlaub den Kofferraum mit »dem guten Ripasso« vollmachen von diesem einen Winzer, den sie drei Tage lang unter großen Strapazen gesucht haben? Und welche gedanklichen Verknüpfungen stellen Kinder her, die zum Abendbrot an einem Tisch Platz nehmen, auf dem neben Brot, Butter und Käse immer auch eine Flasche Bier am Platz des Vaters steht?

Ich stelle diese Fragen vor allem, weil ich mich bei einigen dieser Beispiele selber ertappt und danach so elendig schuldig gefühlt habe, dass ich meinen Sohn präventiv um Entschuldigung bitten wollte. Bei anderen wiederum habe ich mir an den Kopf gefasst, weil ich mich selbst nicht davon überzeugen konnte, dass es wirklich ein Problem gibt. Eine Antwort auf die Fragen habe ich nicht. Nur eine Ahnung, die ich in Erwartung der Häme der Spaßbremsen-Beschuldiger-Fraktion am liebsten für mich behalten würde. Aber so geht das nicht. Alkohol ist immerhin das billigste und am weitesten verbreitete Rauschmittel. Kindern und sich selbst genau das klarzumachen ist die wichtigste Aufgabe – von Eltern, Lehrern, Politikern, Kollegen, Nachbarn, eigentlich von allen.

———

In unserem kleinen Vorortidyll gab es lange Zeit keine richtige Kneipe. Nur eine Sportplatzgaststätte mit dem üblichen, meist männlichen Personal: größter Bauer, schneidigster Schafkopfspieler, berüchtigster Schlucki, dazwischen die Jugendspieler des Fußballvereins, die sich gemischte Tüten kauften, die Wirtin, der CSU-Gemeinderat. Es gab in dem Ort aber auch viele Jahre nur einen Minisupermarkt mit einem überschaubaren Angebot. Ein Getränkemarkt schmückte das Einkaufszentrum gar erst ab Anfang der 90er, auf eine Tankstelle wartet der Ort noch heute. Die Frage war also: Wo kaufte man Bier?

Je mehr man trinkt, umso mehr drängt sich die Frage auf. Mein Vater dürfte einen Durchsatz von etwa einem Kasten Bier pro Woche gehabt haben, dazu eine Kiste Wein. Da er aber jeden Tag aus seinem Büro heraus Kaugummis im Land verteilte, war es Aufgabe meiner Mutter, den Stoff zu besorgen. Sie fuhr dafür freitags mit unserem weißen Simca 1307 in ein fünf Kilometer entferntes Dorf, wo an der Biegung der Landstraße, direkt gegenüber der alten Schnapsbrennerei, ein Getränkemarkt logierte. Ein niedriges, altes Bauernhaus mit groben, weißen Wänden und grünen Fensterrahmen, der *Getränkestadl*. Am Eingang stand ein großer Baum, wahrscheinlich eine Kastanie, daneben ein Bankerl für die, die gleich vor Ort ihren Durst löschen wollen, mit Blick auf die Kirche und ihren Zwiebelturm. Bilderbuch-Bayern. Einen idyllischeren Getränkemarkt konnte man sich kaum vorstellen.

Einen besseren, um Alkoholmissbrauch zu vertuschen, aber auch nicht. Denn niemand hier kannte meine Mutter, auch nach vielen Dutzend Einkäufen nicht. Niemand, der mehr als »Griasdi«

und »Pfiadi« mit ihr austauschte. Niemand, der sich darüber wunderte, wieso diese junge Frau um die 30 Woche für Woche mindestens einen Kasten König Ludwig Dunkel, einen Kasten Mineralwasser und gelegentlich auch etwas Wein heraustrug und sieben Tage später wieder zurückbrachte. Weil in einem Getränkemarkt nun mal niemand etwas anderes im Sinn hat, als Getränke zu verkaufen, egal an wen, Hauptsache viel.

Die Geschichte mit dem Getränkestadl fällt meiner Mutter ein, ohne dass ich sie danach gefragt hätte. Sie erzählt es einfach am Telefon. Möglicherweise hatte sie es nur vergessen, bis sie jetzt eben wieder einmal an dem Laden vorbeikam. Vielleicht aber hat ihr Gehirn ihr auch den Gefallen getan und die Erinnerung so gut versteckt, dass sie nicht rankam. Um sie vor der Erkenntnis zu bewahren, dass sie die Sauferei meines Vaters durch diese freitäglichen Einkäufe nicht verhindert, sondern ermöglicht hat – ohne sich dessen bewusst zu sein, wie sie heute immer wieder beteuert.

Psychologen und Psychotherapeuten, die in der Suchthilfe arbeiten, sprechen in dem Zusammenhang oft von Co-Abhängigkeit. Eine der größten Suchthilfeinstitutionen Deutschlands, das Blaue Kreuz, schreibt dazu: »Das zunächst naheliegende und ganz normale hilfreiche Verhalten des Umfelds bekommt zunehmend einen Sucht unterstützenden Charakter und entwickelt ein eigenes Krankheitsbild: die Co-Abhängigkeit.« Co-Abhängige übernehmen demnach Verantwortung für den Abhängigen und nehmen ihm Aufgaben ab, entschuldigen oder decken sein Verhalten, passen den eigenen Lebensstil dem des Süchtigen an und entwickeln Schuldgefühle, weil der Angehörige trinkt. Sie unterdrücken ihre eigenen Gefühle, leugnen die Entwicklung der Sucht und ihre Konsequenzen und versuchen irgendwann, den Alkoholkonsum des Angehörigen zu kontrollieren.

Die Fixierung auf das Krankheitsbild »Co-Abhängigkeit« ist aber durchaus problematisch. Die österreichischen Suchttherapeuten Alexandra Puhm und Alfred Uhl formulieren ihre Kritik an dem Konzept so: »Sehr bedenklich an der Entwicklung ist aber, dass Leiden und Krankheiten, die in Zusammenhang mit den Suchterkrankungen der PartnerInnen oder Angehörigen stehen, immer weniger als ›sekundäre Phänomene‹ – also als Phänomene, die von der Suchterkrankung der PartnerInnen verursacht werden –, sondern zusehends mehr als ›primäre Phänomene‹ – also als Probleme, die die Suchterkrankung des Partners verursachen und aufrechterhalten – interpretiert werden.« So werden laut Puhm und Uhl die Angehörigen zu Tätern gemacht, obwohl sie doch eigentlich die Opfer sind – genau wie die Süchtigen selbst. Sie plädieren deshalb dafür, Angehörige nicht für co-abhängig zu erklären. Stattdessen sollen Verhaltensweisen wie die freitäglichen Biereinkäufe meiner Mutter als »suchtförderndes Verhalten« bezeichnet werden, als etwas, das die Abhängigkeit unterstützt und teilweise wohl auch ermöglicht.

Andererseits gestehen Puhm und Uhl zu, dass der Begriff der Co-Abhängigkeit auch positive Entwicklungen mit sich gebracht hat. Er habe bewirkt, dass das Schicksal der Angehörigen von Suchtkranken überhaupt thematisiert werde. Dass sie sich organisierten und »dass ganz generell der systemische Aspekt von Suchterkrankungen erkannt und diskutiert wurde«. Man ist sich also mittlerweile einig, dass alle, die am System Abhängigkeit beteiligt sind, unterschiedlich großen Einfluss auf die Prozesse haben, und so dazu ermutigt werden, diesen aktiv zu nutzen statt passiv zu leiden.

Diese akademische Begriffsarbeit und die Folgen daraus gehen am Großteil der Angehörigen völlig vorbei, weil sie mit dem Suchthilfesystem gar nicht erst in Kontakt kommen. Entweder weil sie dem oder der Abhängigen, die ihnen nahesteht, selbst Wege aus der Sucht zeigen. Oder weil sie lange Zeit nicht die Sinne dafür geschärft haben, dass der Konsum leider nicht einer Feierlaune, sondern einer Abhängigkeit entspringt.

Als ich meiner Mutter diesen Teil des Buchs vorab zum Lesen

schicke, schreibt sie mir spät am Abend noch eine SMS: »Wieso, ich, co-abhängig??« An den Text hängt sie ein Emoji an, das entfernt an Edvard Munchs »Der Schrei« erinnert. Ein schockiertes Gesicht oder ein erstaunt-schockiertes oder ein gespielt-schockiertes, so richtig erschließt es sich mir nicht. Sicherheitshalber frage ich zurück, ob sie mit dem Begriff Co-Abhängigkeit überhaupt vertraut ist, ich sei es ja selber erst seit Kurzem. Und sie antwortet: »Würde sagen: heißt so viel wie Dienstleister. Helferlein.« Ende des Gesprächs.

Es ist erstaunlich: Obwohl sie sich nie intensiver mit dem Thema beschäftigt hat und ohne je mit dem Suchthilfesystem in Kontakt gekommen zu sein, weiß meine Mutter also Bescheid. Sie lässt, obwohl mehr als drei Jahrzehnte seither vergangen sind, die Vergangenheit nicht ruhen, sondern stellt sich selbstkritisch ihrem damaligen Verhalten. Das Traurige daran ist nur leider: Hätte sie vor mehr als 30 Jahren auch schon von diesem Konzept gewusst, hätte sich mein Vater seinen Alk vielleicht zumindest selber kaufen müssen.

―――

Eine Frage, die mich seit dem Tod meines Vaters regelmäßig beschäftigt, ist die aller Menschen, die unerwartet einen ihrer Lieben verlieren: Was wäre, wenn? Eine Frage, die einem den Tag versauen kann. Wohlmeinende raten daher, man solle sich der Frage lieber ganz entziehen und die Zeit sinnvoller verbringen. Weil: »Das bringt doch nichts!«

Meine Erfahrung mit dem Sterben von Angehörigen hat mir aber gezeigt: Es bringt doch etwas. Mir hat es beim Trauern geholfen. So stelle ich mir zum Beispiel vor, wie es gewesen wäre, wenn mein Vater nicht zu Hause, sondern aushäusig einen heben gegangen wäre. Wenn er Frau und Kind im blickdichten Kokon des Reihenhauses zurückgelassen, in die Sportgaststätte gegangen und dort mit den kartelnden Großkopferten und Kleinbauern gekumpelt hätte, er auf Fränkisch, sie auf Bayerisch. Wie er immer besoffener geworden und es irgendwann so schlimm gewesen wäre, dass die Wirtin wieder bei uns angerufen und gesagt hätte: »Geh, holt ihn doch bitte mal einer ab!« Woraufhin meine Mutter die 300 Meter zum Sportplatz gesprintet wäre, um meinen Vater dort erst vor seinen Kartenspielerfreunden zusammenzufalten und ihn dann schimpfend nach Hause zu geleiten. Das stelle ich mir vor.

Aber gerade weil es nie so war und es so absurd erscheint, ringt es mir ein breites Lächeln ab. Es hilft, mich kurz in Gedanken lustig über meinen Vater zu machen. Ihn mir außerhalb seiner Rothenburger Komfortzone vorzustellen, wie er am Stammtisch mit den Ortshonoratioren bei einer Runde Schafkopf die Lage der Gemeinde erörtert und diskutiert, ob das neue Sportzentrum wirklich wichtig sei. Meine Trauer ist so unbeholfen, dass mein Hirn offenbar bereit ist, jeden Strohhalm zu ergreifen, der sich ihm bietet.

Die wirre Vorstellung von meinem Vater als Stammtischbruder hat aber noch einen anderen Effekt: Sie zeigt mir, wieso er gerade kein öffentlicher Trinker war, zumindest in unserem kleinen Dorf. So wie ich heute, war mein Vater ein grundfauler Typ, der gegen sein Phlegma mal mehr, mal weniger erfolgreich ankämpfte. Oder wie es Gisi, die um klare Worte nicht verlegene Arbeitskollegin von Wrigley, formulierte: »Er war keiner, der Geschäftsführer wird oder eine eigene Firma gründet.« Ein Arbeitnehmertyp, der, anders als sein Vater, keine Bestätigung daraus zog, leutselig durchs Leben zu ziehen. So einer passt nicht in eine Kneipe in einem Ort, in dem er sich abends nur zum Schlafen hinlegt, mit dem er ansonsten aber kaum etwas zu tun hat. Also trank er zu Hause und ging am nächsten Tag wieder in die Arbeit, wo er Aufgaben erledigte, die andere ihm übertrugen. Das ging auch mit Restalkohol.

ESSZIMMER

Warum trinken wir eigentlich überhaupt Wein und Bier und Schnaps? Wieso Mischgetränke mit so verheißungsvollen Namen wie Futschi, Simsalagin, Goaß oder Kalte Muschi? Weshalb nehmen wir in Kauf, für ein paar entspannte Stunden mit einem ganzen Tag voller Kopfschmerzen, Erbrechen und kaltem Schweiß zu bezahlen? Die Frage stellen wir uns besonders gerne an *Zahltagen*, wenn der vom Alkoholkonsum verursachte Schmerz unerträglich wird. Wenn wir auf der Couch liegen, unseren Kater streicheln und die Existenz von Aspirin und Streamingdiensten leise wimmernd feiern, wenn wir mit verkürzter Zündschnur unsere Kinder auf den Spielplatz begleiten und dort vom kleinsten Problem überfordert werden und ausflippen, wenn wir uns bang vor Angst ins Auto setzen, weil wir eigentlich noch nicht wieder fahren dürfen, es aber müssen, dann fragen wir uns: Warum verdammt noch mal trinke ich eigentlich Alkohol?

Die Antwort: Weil Sie, weil ich, weil wir es so gelernt haben. Weil wir als Mitteleuropäer des 21. Jahrhunderts gar keine andere Gesellschaft kennen als die mit dem omnipräsenten Schmiermittel Alkohol. Weil wir im Spannungsfeld zweier Trinkkulturen leben: der sogenannten permissiven Gesellschaft, die den Alkoholgenuss erlaubt, seine Extreme aber ablehnt; und der permissiv-funktionsgestörten Kultur, in der selbst die Exzesse toleriert werden, »solange es nicht zu sichtbarer Verelendung und/oder zur manifesten Alkoholsucht kommt«, wie es der deutsche Soziologe Klaus Hurrelmann formulierte. Wir trinken Alkohol, weil er zum Leben dazugehört, seit Jahrtausenden. Mal als Rauschmittel, mal als Medizin, mal kommt er als Durstlöscher zum Einsatz, mal, um verdrecktes Wasser genieß- und haltbar zu machen, mal veredelt er Speisen, mal ist er auch Pop. Alkohol weist, schrieb der große deutsche Suchtforscher Wilhelm Feuerlein, »eine Reihe von Eigenschaften und Funktionen auf, die sich sonst kaum bei einer einzigen Substanz vereint finden«. Eine Allzweckwaffe, billig, schnell, direkt, überall verfügbar, maßvoll eingesetzt ein Traum, maßlos ein Albtraum. Und zu allem Überfluss ist er auch noch für die Hersteller ein sehr profitables Geschäft.

Was hat sich mein Vater von dieser Substanz erhofft, wenn er nach der Arbeit vor dem Fernseher saß und den Rotwein in großen Schlucken leerte? Entspannung? Frustbekämpfung? Betäubte er damit körperliche Schmerzen? Oder seelische? Hatte er Stress in der Arbeit, den er verdrängen wollte? Ging ich ihm auf die Nerven? Meine Mutter?

Welches Motiv für seinen Alkoholkonsum auch immer ich meinem Vater unterstelle, kaum eines mag so richtig passen. Bei Wrigley genoss er einen guten Ruf. In der Ehe lief es nach Aussage meiner Mutter anfangs auch noch gut. Mich mochte er, glaube ich, gut leiden. Und von Gebrechen oder Krankheiten ist mir ebenfalls nichts bekannt. Nur aus seiner Seele machte er eine Mördergrube, bis zuletzt.

Das einzige Motiv, das für diese Zeit also plausibel erscheint, ist das schnöde Ritual. Trinken um des Trinkens willen, weil man das eben so machte. Mit dem Unterschied, dass es bei ihm etwas mehr sein musste. Das fiel, erinnert sich meine Mutter, auch befreundeten Nachbarn auf, die ab und an auf demselben Campingplatz in der Toskana Urlaub machten wie wir: »Die haben schon gesagt, Mensch, der schluckt schon ganz schön was weg! Aber der verträgt ja auch was! So nach dem Motto: Dann ist ja auch alles gut. Der Körper macht das mit, dann kann er ja auch wieder arbeiten.« Eine fatale Logik: Wer Leistung bringt, erwirbt dadurch das Anrecht auf Rausch.

Das entspricht der permissiv-funktionsgestörten Kultur, von der Hurrelmann spricht: Dem Trinker gestatten, ein Trinker zu sein, wenn er dabei nur bitte aussieht wie ein Geschäftsmann.

Mein eitler Vater war wie gemacht für diese Rolle. »Er hat immer sehr auf sein Äußeres geachtet«, erinnert sich meine Mutter, »das war schon bemerkenswert!« Neben den Blumen, die er ihr häufiger mitbrachte, gehörte das Erscheinungsbild meines Vaters immer zu den Merkmalen und Eigenschaften, über die sich meine Mutter auch lange nach der Scheidung noch positiv äußerte.

»Er war immer toprasiert und hat immer gut geduftet. Das ist das, woran ich mich sehr gerne erinnere: Dass er immer ein Mann war, der auf sich geachtet hat.«

Die Stimme meiner Mutter ist jetzt weit unten, eigentlich ein Zeichen, dass der Satz zu Ende ist. Aber sie holt noch einmal Luft, macht eine mittellange Pause, eine Sekunde, zwei, fast drei, und sagt dann: »Dass es nach außen hin ... dass er nach außen immer gut gewirkt hat.« Dann räuspert sie sich und schweigt.

Die Tarnung meines Vaters, der nicht glaubte, sich zu tarnen, schien in der ersten Hälfte der 1980er perfekt zu funktionieren. Auf Fotos sieht er genauso aus, wie ihn meine Mutter beschreibt: Wie aus dem Ei gepellt, adrette Frisur mit demselben fliehenden Haaransatz, mit dem auch ich heute kämpfe, keine Wampe, keine geröteten Wangen, keine Säufernase, keine äußeren Anzeichen für einen Alkoholmissbrauch. Einfach ein Marktforscher aus den 80ern mit weißen Socken zum dunklen Anzug, Loafern mit Quasten und einer etwas zu groß geratenen Brille, einer, der nie krankfeierte, auch wenn ihm das Aufstehen manchmal schwerfiel: »Er war sehr diszipliniert«, sagt meine Mutter halb bewundernd, halb verwundert.

Abends, wenn ich mich darauf freute, von meinem Papa nach einem langen Tag in den Arm genommen zu werden, blieb von seiner Disziplin leider nicht mehr viel übrig. Hatte er die Türschwelle überschritten und seinen Mantel abgelegt, ließ auch die Spannung von seinem massigen Körper ab. Er löste seine Krawatte, legte sie über die Rückenlehne der Eckbank, entriegelte den Verschluss seiner schweren, silbernen Uhr, streifte sie schüttelnd vom Arm und bettete sie sorgfältig auf dem Esstisch. Dann krempelte er sich die Hemdsärmel bis kurz vor den Ellenbogen hoch und holte sich aus dem Keller sein erstes Bier, für das Abendbrot.

Schhhht.

Wir aßen damals meistens kalt. *Vesper* sagte mein Vater dazu, Fränkisch für Abendessen, das bewahrte er sich. Es gab Mischbrot, saure Gurken, Tomaten, Radieschen, Käse und Wurst, manchmal auch ein Ei vom Bauern neben unserer Siedlung oder *warme Wiener*. Mein Vater liebte außerdem Blutwurst und Sülze, zwei fleischgewordene Herausforderungen für einen kleinen Jungen wie mich. Wie sie schmecken, weiß ich gar nicht, ich habe sie bis heute nicht probiert.

Die Vorliebe meines Vaters fürs Grobe setzte sich auch beim Geschirr fort. Nie, nie, nie benutzten wir Teller zur Vesper, immer nur Bretter. Dicke runde Bretter, wie man sie in fränkischen Gaststätten bekommt, wenn man eine Schlachtplatte bestellt. Schmucklose Teile, mit denen man jemanden erschlagen könnte, wenn Not am Mann wäre.

Wir hatten aber auch dünnere Bretter mit einer Art Pissrinne am Rand, da lief dann immer der Saft aus den Tomaten mitsamt der Kerne rein; sehr praktisch, weil man am Ende der Vesper das Brett wie ein Glas am Mund ansetzen und den Saft einfach hineinlaufen lassen konnte. Mein Vater liebte Tomaten.

Der Esstisch war aber nicht nur Futterstelle und Plenum, sondern auch Barometer für den weiteren Verlauf des Abends. Redeten meine Eltern miteinander, würde ich in Ruhe schlafen können. Schwiegen oder raunzten sie sich an, war klar, dass es ein unruhiger Abend werden würde.

Der unruhigste von allen war einer im Herbst 1987. Ich wurde bald sechs, mein letztes Jahr im Kindergarten stand an. Seit zwei Jahren arbeitete mein Vater nicht mehr für Wrigley, sondern für Pfanni. Fünf-Minuten-Knödel statt Kaugummis. Für meinen Vater war der Wechsel eine Verbesserung. Abends gab es nun auch manchmal etwas Warmes zu essen. Allerdings häufig nur für mich und meine Mutter, denn der berufliche Aufstieg meines Vaters war gleichbedeutend mit dem schleichenden Ausstieg aus dem Familienleben. Ich sah ihn jetzt noch seltener am Abend, weil er mehrmals im Monat in der Gegend herumflog und erst spät am Abend nach Hause kam.

Wie an jenem Abend im Herbst 87. Es ist acht Uhr, ich liege schon im Bett und höre eine Kassette zum Einschlafen. Mein Zimmer ist direkt über dem Wohnzimmer, und durch das offene Treppenhaus wabert der Gong der *Tagesschau* zu mir hoch. Meine Mutter sitzt vor dem Fernseher.

Plötzlich durchbricht das Geräusch aneinanderschlagender Schlüssel die Nachrichten. Mein Vater ist zurück. Er poltert durch die Tür, knallt seinen Koffer auf den Tisch und presst ein liebloses »Hi« in Richtung Wohnzimmer. Ich drehe die Kassette leiser.

Mein Vater trampelt durch das Erdgeschoss. Geht in die Küche, dann in den Flur, zieht seine Schuhe aus, zurück zum Esstisch, lässt die Kofferschlösser aufspringen und zieht sich auf die Gästetoilette neben der Eingangstür zurück. Kurze Zeit später wabert wieder etwas durchs Treppenhaus, doch dieses Mal ist es der Gestank der Zigaretten, die mein Vater auf der Toilette raucht. Die Kippen dümpeln am nächsten Tag noch im Wasser.

Im Wohnzimmer ist es inzwischen ruhig geworden. Der Fernseher scheint aus zu sein, vielleicht liest meine Mutter oder korrigiert Klassenarbeiten. Seit drei Jahren arbeitet sie wieder im Schuldienst, sie unterrichtet in Teilzeit eine dritte Klasse. Meinen Vater interessiert ihre Arbeit nicht sonderlich, jedenfalls nicht so, wie sie sein Job beeindruckt.

Wieder höre ich ein Türschloss. Die Gästetoilette. Mein Vater kommt raus und geht in den Keller, wo die Getränke lagern. Kurz darauf schlafe ich ein.

Als ich meine Mutter einmal auf diesen Abend anspreche, erinnert sie sich sofort: »Als er nach Hause kam, wusste ich schon, dass da irgendwas im Hintergrund gelaufen ist. Vielleicht gab es was in der Arbeit, was ihn geärgert oder verunsichert hat. Ich weiß es nicht.« An was sie sich aber noch erinnern kann, ist die mit Obstbildern bedruckte Plastiktüte, die er mitgebracht hatte. Die, in denen die Lufthansa ihren Passagieren damals das Bordmenü austeilte: eine 125-Milliliter-Dose Cola und ein Käsebrötchen. Meine Mutter mochte das, warum auch immer. Und mein Vater wusste das.

Aber sein Mitbringsel hat die Stimmung nicht gehoben, nicht an dem Abend. Nach ein oder zwei Stunden, ich habe damals noch keinen Wecker am Bett stehen, werde ich wieder wach von zwei Stimmen aus dem Erdgeschoss, die sich heben und senken, heben und senken, heben und anbrüllen. Ich klettere aus meinem Hochbett, öffne leise die Tür meines Zimmers und schleiche durch den Flur zur Treppe. Die Stimmen werden lauter. Was sagen, was brüllen sie? Ich muss näher ran. Wie ein Späher in einem Versteck kauere ich mich auf die oberste Stufe der Treppe und schaue durch den Spalt zwischen zwei Stufen auf unseren Esstisch. Meine Mutter und mein Vater sitzen sich daran gegenüber, er an der Stirnseite mit dem Rücken zu mir, sie vor dem Fenster. Ihr Blick geht in meine Richtung. Zwischen ihnen auf dem Tisch stehen zwei Weingläser und eine Flasche Rotwein, eine Schale mit Erdnüssen und eine Packung Marlboro.

Meine Mutter bittet meinen Vater energisch darum, dass wir am kommenden Wochenende nicht nach Rothenburg fahren.

»Wir waren doch erst vor drei Wochen dort!«

»Ja und?«, bellt er zurück.

»Immer zu deinen Eltern. Immer! Bei schönem Wetter könnten wir ja auch mal wandern gehen. Oder in den Zoo. Das wünscht sich der Dominik schon eine ganze Weile. Aber bitte nicht schon wieder Rothenburg. Bitte!«

Meine Mutter schiebt ihre Hände über den Tisch zu meinem Vater. Aber er lehnt sich zurück und stützt die Hände auf die Armlehne seines Stuhls.

»Ich hab's der Mutter versprochen!«, brüllt mein Vater, »außerdem feiert der Walter seinen Geburtstag in der Wolfsschlucht. Da müss ma hin! Ende.«

Mit einer schnellen Bewegung schiebt er den Stuhl nach hinten und springt auf. Meine Mutter schaut ihn angespannt an. Dann sagt sie ganz ruhig:

»Müssen? Also ich bleibe mit Dominik hier. Du kannst ja fahren.«

Mein Vater holt tief Luft. Widerworte sind nicht sein Ding. Er reagiert darauf nicht verbal, sondern körperlich wie bei der Geburtstagsfeier, als ich für eine Kritik an der Pizza meiner Mutter eine Watschn kassierte. Aber das jetzt ist gefährlicher. Wie eine Naturgewalt, von der man nicht weiß, *wie* zerstörerisch sie sein wird, nur *dass* sie es ist.

Er bückt sich zu seinem Koffer runter, reißt ihn am Henkel hoch und schwingt ihn mit beiden Händen über seinen Kopf nach hinten. Dann schlägt er ihn mit voller Kraft auf den Tisch, die mit

Metall verstärkte Ecke zuerst. Es kracht, meine Mutter und ich zucken zusammen. Der Koffer prallt kurz vom Tisch in die Luft und bleibt dann exakt so liegen, wie mein Vater ihn jeden Morgen zum Kontrollieren seiner Stifte hinlegt. Mein Vater richtet sich auf wie ein Grizzlybär. Er brüllt: »Ich habe gesagt, wir fahren! Also fahren wir auch!« Zur Bestätigung schlägt er noch mal mit der flachen Hand auf den Koffer. Meine Mutter zuckt, dann starrt sie ihren Mann leer an und schweigt. War es das?

Ich rolle mich auf der Stufe so klein zusammen, wie es geht, ohne den Blick von meinen Eltern zu lassen. Zum ersten, aber nicht letzten Mal in meinem Leben habe ich Angst vor meinem Vater. Angst, er könnte erst meiner Mutter und dann mir etwas antun, wenn er bemerken würde, dass ich ihn beobachte. Angst, er würde mich die Treppe runterziehen und seine fleischige Hand gegen mich erheben. Angst, er könnte die Familie zerstören.

Aber er ist so in seinem Furor gefangen, dass er nicht bemerkt, was hinter seinem Rücken passiert. Zum Glück. Breitbeinig steht er immer noch vor dem Tisch und schaut auf meine Mutter runter. Sekunden vergehen, ohne dass sich einer der beiden bewegt. Wie in einem Western, wo der verliert, der zuletzt zieht.

Dann endlich, nach einer gefühlten Ewigkeit, nimmt mein Vater die Zigaretten vom Tisch und geht auf die Terrasse zum Rauchen. Meine Mutter schaut ihm hinterher, der Blick immer noch leer. Denkt sie in dem Moment schon an Scheidung? Will sie kämpfen? Oder wird sie einfach nichts machen? Für den Moment erhebt sie sich nur und geht Richtung Treppe. Schnell verlasse ich meinen Posten und husche zurück in mein Bett. Die weitere Nacht verläuft ruhig.

Am nächsten Morgen beim Frühstück fühlte ich die Hinterlassenschaft des Streits meiner Eltern: eine etwa einen Zentimeter tiefe, runde Kuhle im Esstisch, mit weichen Kanten, sanft geschwungen wie eine Endmoräne. Ein absurd anmutendes, fast schönes Relikt einer Gewalttat, das mein Vater ab jetzt jeden Tag sehen musste, denn er saß genau da, wo er seinen Suff-Zorn auf den Tisch hatte darnieder kommen lassen. Geschieht ihm recht, dachte ich mir, als ich mit meinen Fingern über die Kuhle fuhr, geschieht ihm recht!

Im selben Moment hatte ich aber auch wieder diese Angst, die ich vergangene Nacht auf der Treppe schon einmal gespürt hatte. Wer so einen massiven Tisch mit einer etwa fünf Zentimeter dicken Platte, vier Beinen mit dem Durchmesser eines Oberschenkels und einem Gewicht von bestimmt 100 Kilo so verformen konnte – was konnte der noch alles? Knochen brechen? Rippen stauchen? Leben nehmen?

Zum ersten Mal sah ich in meinem Vater nicht mehr den Beschützer meines Lebens, sondern als Gefahr. Es war, als würde ein Teil des Schutzwalls einbrechen, der mich umgab. Plötzlich war ich verwundbar, und der größte Gegner, dachte ich, war mein eigener Vater. Denn ich wusste ja nicht, woher die Gefahr eigentlich kam. Ich sah nur meinen Vater und seine rohen, sinnlos waltenden Kräfte.

Alle paar Wochen hockte ich auf der obersten Stufe der Treppe und beobachtete meine Eltern bei ihren Diskussionen. Mal ging es um die leidigen Wochenenden in Rothenburg, mal um die vielen Stunden, die mein Vater im Büro verbrachte, mal um … ich weiß es nicht mehr. Irgendwas war immer, und manchmal war es auch richtig laut. Einmal hielt ich die ewige Keiferei nicht mehr aus, ging die Treppe runter und bat meine Eltern, sich wieder zu vertragen. Ich nahm ihre Hände in meine, führte sie über den Tisch und schob sie ineinander wie bei einem Handschlag: »Vertragt euch, bitte!« Für den einen Abend habe ich es geschafft.

Aber da waren leider immer wieder auch die anderen Abende, die ich nicht mitbekam und die eher in die Kategorie »Koffer küsst Tischplatte« gehörten. Die Abende, die meine Mutter im Nachhinein »massiv« nennt. Da sei er häufiger handgreiflich gewor-

den, tagelang habe sie Schmerzen am Kopf und in den Ohren gehabt. »Einmal habe ich mich sogar auf der Toilette eingesperrt«,
sagt sie. »Da hat er gedroht, mich umzubringen. Ich hatte einfach
Angst. Um mich, um dich, um uns.«

CASTIGLIONE DELLA PESCAIA

Die Übergriffe meines Vaters veränderten fast nichts bei uns zu Hause. Meine Mutter ging nicht zur Polizei, sie weihte auch niemanden anderes ein. Sie *hielt es aus*.

Mein Vater ging weiter arbeiten, ich kam in die Schule, meine Mutter schraubte langsam ihre Stundenzahl in der Schule wieder hoch.

Jedes Jahr im August fuhren wir für drei Wochen zum Zelten nach Italien und im Winter eine Woche zum Skifahren nach Österreich. Für richtige Hobbys fehlte meinen Eltern die Zeit, vielleicht auch die Lust. Meine Mutter beschäftigte sich eine Weile mit Seidenmalerei und Töpfern. Aber das hörte bald wieder auf. Dafür trat ich mit sieben Jahren dem örtlichen Fußballverein bei, das kostete uns alle Zeit, vor allem an den Wochenenden. Nach außen waren wir eine normale Familie aus einem normalen Reihenhaus in einem normalen Vorort Münchens.

Einmal im Monat aber dürstete es meinen Vater nach dem Exzess. Wir fuhren also alle paar Wochen am frühen Freitagnachmittag nach Rothenburg ob der Tauber, seine Heimatstadt. 250 Kilometer durch den Feierabendstau nach Norden, damit er sich volllaufen lassen konnte.

Nach der Vesper, der *Tagesschau* und einem feuchten Kuss sagten meine Eltern: »Wir gehen jetzt in die Wolfsschlucht.« Dann waren sie weg, und meine Oma brachte mich ins Bett.

Die Wolfsschlucht war, so habe ich es mir erklären lassen, denn ich durfte ja nie mit, eine Kneipe in der Stadtmauer Rothenburgs. Der Ort, wo sich die Freunde meines Vaters, die noch in Rothenburg und Umgebung lebten, regelmäßig zum Stammtisch trafen. Eigentlich eine wunderbare Sache, den Kontakt zu den alten Freunden zu halten. Das gelingt viel zu wenigen Eltern. Aber wenn meine von diesen Abenden gegen zwei oder drei in der Nacht heimkehrten, war mir das egal. Sie rumpelten so laut ins Haus meiner Großeltern hinein, dass ich wie zu Hause von ihrem Lärm aufwachte und ich mich dann beeilen musste, vor meinem Vater, der nicht ohne Grund die Treppe rauffiel, einzuschlafen. Schaffte ich das nicht, war ich seinem grollenden Schnarchen ausgeliefert, das locker durch Wände und Türen drang.

Meine Mutter verabscheute diese Abende zunehmend. Nicht wegen der Freunde – die fand sie super. Aber weil mein Vater sich jedes Mal mit Ansage weghämmerte und am nächsten Tag ohne Probleme bis zum Mittagessen im Bett blieb.

Damals hat es mir nichts ausgemacht, dass mein Vater so lange schlief. Meine Oma wusste die Zeit zu füllen. Sie verwöhnte mich, ihren einzigen Enkel, genau wie ihren Sohn früher. Sie ging mit mir einkaufen, schenkte mir Spielzeug und Klamotten, erzählte mir Geschichten vom Krieg und ließ mich fernsehen. Und natürlich: Das Naschfach stand mir immer offen.

Aber wenn ich jetzt, im Bewusstsein, selbst Vater zu sein, auf diese Wochenenden zurückblicke, frage ich mich schon, wieso mein Vater sich so verhalten hat und wie er das vor sich gerechtfertigt hat. Für ein paar Bier den halben Tag und die ohnehin schon recht knappe Zeit mit dem Sohn verpennen? Und das jeden Monat?

Eigentlich logisch, dass es über dieses Thema häufig Streit gab zwischen meinen Eltern. Zumal meine Mutter von niemandem unterstützt wurde, vor allem nicht von meiner Großmutter. Sie fand es einerseits gut, dass wir zu Besuch waren, andererseits pflegte sie aber auch ein sehr distanziertes Verhältnis zu ihrer Schwiegertochter. Sie wäre ihr eher in den Rücken gefallen, als meinen Vater zu ermahnen. Und so blieb alles beim Alten, auch wenn wir bei meinen Großeltern waren. Niemand, der meinem Vater die Stirn bot, niemand, der ihm Grenzen setzte. Er konnte einfach der sein, der er schon immer war.

———

Dass er aber auch anders sein konnte, großartig, liebevoll, besorgt, ein Vater, auf den ich stolz sein konnte, das zeigte sich immer im August, wenn wir zum Zelten nach Italien fuhren. Es begann schon beim Beladen des Autos. Meinem Vater gelang es, Kofferraum und Dach so vollzupacken, dass das Auto deutlich in die Knie ging. Die Rückbank aber hielt er frei – für mich zum Schlafen.

Die Strecke war lang, 800 Kilometer, und um Hitze und Staus zu vermeiden, fuhren wir immer mitten in der Nacht los. Weil er aber vor allem ungestört Strecke machen wollte, trug mich mein Vater vom Bett ins Auto, wo ich ohne Unterbrechung weiterschlief und erst nach dem Brenner aufwachte, wenn wir am ersten Autogrill für ein Frühstück hielten. Fünf Stunden fuhren wir an den Zypressenalleen der Maremma vorbei zu unserem Campingplatz in Castiglione della Pescaia.

Der Platz hat einen beinahe programmatischen Namen, »Sans Souci«, ohne Sorgen, und er ist eine rare Schönheit. Mitten im

Übergang von Pinienwald zu Dünen, ohne rechtwinklig abgesteckte Parzellen, nur mit losen Markierungen aus Büschen und staubigen Trampelpfaden. Und ohne Dauercamper. Wir schlugen unser Zelt jedes Jahr am selben Ort auf: nahe beim Waschhaus, in der Mitte des Platzes. Zwei bis drei Stunden und etwa 20 Schimpftiraden dauerte es, bis aus Dutzenden sehr schwerer Eisenstangen und mehreren Quadratkilometern sehr schweren gelb-braunen Stoffs ein Zuhause für drei Wochen wurde. Mit zwei Schlaf- und einer Küchenkabine, etwas Vorraum für Koffer und Taschen und einer Art Austritt. Sobald das handliche Ding stand, holte mein Vater aus dem Auto einen Klappspaten. »Wofür?«, fragte ich ihn. »Für wenn es regnet«, sagt er und hob rund um das Zelt einen kleinen Burggraben aus. Danach riss er sich das verschwitzte Hemd vom Leib, warf sich in einen bereitstehenden Stuhl und steckte sich eine Zigarette an. Benvenuto!

Das Heimatgefühl stellte sich auch deswegen so schnell ein, weil jedes Jahr um uns herum dieselben Familien campierten. Die Österreicher mit ihrem riesigen Wohnwagen und dem schielenden Jungen mit der Brille, die dicken Starnberger mit dem Wohnmobil, die Rühls aus unserer Siedlung zu Hause und dazwischen einige schlaksige Holländer und noch mehr braun gebrannte Italiener, die Erfinder des Mehrgenerationen-Campings. Man könnte denken, das sei langweilig gewesen, immer mit denselben Gesichtern. War es aber nicht, im Gegenteil. Es war so gemütlich und schön, dass ich mich nie gefragt habe, wieso wir nicht einmal woanders Urlaub machten. Zehn Sommer hintereinander.

Ich vermute, die Schönheit kam aber auch daher, dass mein Vater in den drei Wochen tatsächlich von seiner Arbeit abschalten konnte. Es gab noch kein Handy, keine Computer, keine Tablets. Sogar die deutschen Zeitungen wurden erst mit einigen Tagen Verspätung am kleinen Kiosk des Platzes verkauft, und Fernseher hatte auch noch keiner dabei. Alles war wunderbar langsam, und mein Vater hatte endlich Zeit für mich.

Während meine Mutter schlief oder las, baute er mit mir am Strand Rennwagen aus Sand und buddelte mich bis zum Hals darin ein. Er erduldete meine ersten Versuche im Beachball und zog mich aus dem Wasser, wenn ich auf ein Petermännchen trat. Abends gingen wir alle zusammen in der Pizzeria am Platz essen und belohnten uns für das harte Sonnen mit einem Eis an der Bar. Wir sagten »Lira« statt »Lire« und »Grazie« statt »Danke«. Wir waren Italiener im Herzen mit Münchner Kennzeichen.

Das Schönste am Urlaub aber war, dass sich meine Eltern kaum stritten. Oder vielleicht sogar nie, das weiß ich nicht mehr genau. Ich erinnere mich jedenfalls an keinen Abend auf dem Campingplatz, der auch nur im Ansatz so war wie der, als der Koffer auf den Tisch flog. Meine Mutter und mein Vater saßen scheinbar einträchtig vor dem Zelt, kniffelten, rauchten und leerten im Laufe der Wochen etliche der großen, bauchigen Korbflaschen Chianti. Manchmal kamen auch die Dicken aus Starnberg dazu, dann waren es gerne auch mal ein paar Flaschen mehr. Der Furor aus unserem Reihenhaus aber war vergessen – vorübergehend.

———

Italien ließ meinen Vater auch in Deutschland nicht los. Seine Firma, Pfanni, bekam den Auftrag, dem italienischen Nudelhersteller Barilla beim Eintritt in den deutschen Markt unter die Arme zu greifen. Und weil mein Vater ein ausgewiesener Kenner der italienischen Lebensart war, ohne auch nur ein Wort italienisch zu sprechen, wurde er für diesen Job auserwählt. Er sollte, so stand es später im Zeugnis, »alle Marketing- und Verkaufsfördermaßnahmen für die Barilla Pastarange in enger Abstimmung mit Barilla in Italien« entwickeln und steuern. Der Mann, der Deutschland die Kaki gebracht hatte, lieferte jetzt also die gute Pasta aus.

Das hatte wieder einmal direkte Auswirkungen auf unseren Haushalt. Nicht nur fand sich bald die komplette *Pastarange* Ba-

rillas in unseren Schränken, nein, die Umstellung des Abendessens von kalter zu warmer Platte erfuhr dadurch noch einmal
einen kräftigen Schub. Allerdings immer noch ohne meinen
Vater, denn der saß wie gewohnt viel im Flieger, diesmal oft mit
Ziel Italien.

Er verpasste dadurch die größte Niederlage meines noch jungen Lebens: mein erstes Fußballtraining. Es ist ein Dienstag, kurz
nach 16 Uhr. Ich stehe mit meiner Mutter am Sportplatz, ein paar
Hundert Meter von unserem Haus entfernt. In wenigen Minuten
geht das Training der F-Jugend los, die Mannschaft für die Sechs-
bis Achtjährigen. Ein paar der Jungs aus der Mannschaft kenne
ich aus der Schule, Flo aus meiner Klasse zum Beispiel und Ele,
den sehr dribbelstarken Italiener. Sie kicken beide auf dem Platz
rum. Am Spielfeldrand steht Flos Vater und ruft ihm etwas zu.
»Komm, geh doch auch hin!«, ermutigt mich meine Mutter. Aber
ich schüttele den Kopf: »Geht doch noch gar nicht los!«

Fünf, sechs Kinder rennen jetzt an uns vorbei auf den Platz,
hinter ihnen ein kleiner, feister Mann mit dunklen Locken und
einem grün-blauen Trainingsanzug aus Ballonseide. Meine Mutter stellt sich ihm in den Weg: »Grüß Gott! Wir hatten schon mal
telefoniert. Mein Sohn würde heute gerne mittrainieren.« Dabei
schaut meine Mutter abwechselnd zwischen mir und dem, wie ich
vermute, Trainer hin und her. Der legt sein Gesicht in freudige
Falten: »Servus! Dann komm mal mit! Geht gleich los!« Meine
Mutter sieht mich mit der Erwartung einer Mutter an, die soeben
recht bekommen hat: Geh schon, Junge!

Aber der Junge geht nicht. Er steht fester als ein Tor im Berna-
béu-Stadion in Madrid. Bewegt sich keinen Zentimeter nach
links, rechts, vorne oder hinten. Bleibt einfach stehen und schämt
sich, obwohl er den coolsten dunkelblauen Adidas-Trainingsan-
zug der Welt anhat. »Was ist denn los?« Meine Mutter beugt sich
zu mir runter. Ich drehe meinen Kopf weg. Ich weiß nicht, warum
ich stehen bleibe, ich weiß und sehe nur, dass die Jungs jetzt

schon anfangen, sich warm zu machen, und es immer peinlicher für mich wird.

Der Trainer, Manni, schaut noch einmal zu uns rüber und winkt. Ich soll kommen. Er sieht nett aus, denke ich, völlig harmlos, eigentlich gibt es keinen Grund, nicht mitzumachen. Aber ich bleibe weiter stehen. Meine Mutter scharrt jetzt schon sehr genervt mit den Füßen im Gras und atmet tief ein. Dann hebt sie ihren Arm und schiebt mich sanft am Rücken Richtung Fußballplatz. Zu peinlich. Ich renne los. Renne so schnell ich kann in Richtung des Rasens. Um einen Ball rum, um zwei, lasse Flo und Ele links stehen, den Trainer rechts, kicke einen Ball dahin, wo mein Fuß ihn haben will, drehe kurz vor der Eckfahne bei und laufe leicht panisch durch die ganze Mannschaft zurück zu meiner Mutter. Alle schauen mich verwundert an. Ich aber dränge mich eng an meine Mutter und sage: »Ich will nach Hause!«

Als mein Vater am Abend heimkommt, bin ich noch wach. Er kommt zu mir ins Zimmer und setzt sich ans Bett: »Wie war das Training?« Hat meine Mutter es ihm etwa noch nicht erzählt? Wohl nicht. Ich vermeide, ihm in die Augen zu schauen. Die ganze Sache ist mir peinlich. »War nicht«, sage ich, »hab mich nicht getraut!« Er legt seine Hand auf meine Brust und schaut mich lange an: »Macht nichts!«, sagt er, »probieren wir es einfach noch mal! Gute Nacht!«

Zwei Jahre später habe ich es erfolgreich probiert: Ich spielte tatsächlich Fußball, als sehr langsamer Stürmer. Mit Flo und Ludi und Torti und Thomas und meinem Freund Max, der später meine Freundin nach Hause bringen wollte. Zusammen wurden wir Meister in unserer Liga. Von 14 Spielen gewannen wir 13, schossen 74 Tore, 17 davon erzielte ich, nur Thomas machte mehr, aber der war auch größer. Unsere Trikots waren blau-weinrot wie von Aston Villa. Mein Vater hatte sie uns organisiert. Auf der Brust prangte ein Logo: »Grand Italia«, eine Nudelmarke.

All das passierte in den turbulenten Jahren um 1989. Die Wende. Bei uns zu Hause war die ein großes Ding, obwohl wir weder Ostverwandtschaft noch Ostfreunde vorweisen können, allenfalls Interesse an Ostpolitik. Mein Vater hat sein Studium mit einer Arbeit über den Konkurrenzsozialismus abgeschlossen und las regelmäßig die *konkret*. Und meine Mutter saß für die sehr sozialdemokratische Vereinigte freie Wählergemeinschaft im Gemeinderat, der zu der Zeit mit Kollegen aus Thüringen anbandelte, damit die nicht in ein großes Bürokratieloch fielen, wenn sie denn kommen würde, die Einheit.

Einmal die Woche ließ meine Mutter mich mit meinem Vater abends alleine zu Hause. Der Gemeinderat tagte. Ich weiß eigentlich nichts mehr über diese Abende. Weder ob mein Vater sich mal ans Kochen gewagt hat, noch ob er an den Abenden auch betrunken war, und auch nicht, was wir sonst so gemacht hätten. Nichts. Was aber auch einfach nur heißen kann: Es waren gewöhnliche Abende ohne besondere Vorkommnisse.

Bis auf zwei, die mir in Erinnerung geblieben sind. Das Telefon klingelte, ich hob ab. Ein Kollege meiner Mutter war dran. Irgendwas mit Unterrichtsvorbereitung und Kopieren. »Ich richte es ihr aus!«, sagte ich und legte wieder auf. Da kam mein Vater aus der Küche geschossen und schaute recht grantig. »Wer war das?« Ich dachte mir nichts dabei und erzählte ihm von dem Gespräch und auch, dass ich diesen Kollegen schon kennen würde, weil ich ihn mal in der Schule getroffen habe. Mein Vater schäumte wortlos. Er sah mich an, als wäre ich der Sprecher meiner Mutter. Irgendwas wurmte ihn sehr an diesem Anruf, aber er wollte es nicht verraten. Stattdessen ging er in den Keller, holte sich eine Halbe Bier und stellte sich damit auf die Terrasse, ohne mich weiter zu beachten. Ich ging ins Bett. Als meine Mutter heimkam, wurde es laut. Und ich wachte davon auf.

Meine Mutter wusste, dass ich diese Streite mitbekam. Sie sagt, sie habe mich sehr wohl auf der obersten Stufe gesehen. Manchmal habe sie mich auch wieder in mein Zimmer zurückgeschickt, manchmal aber eben auch nicht. Um meinen Vater nicht noch mehr anzustacheln. Er sei unberechenbar gewesen, nur nicht gegen mich. Im Vergleich zu den Geschichten anderer Alkoholikerkinder muss ich sagen: Ich hatte wohl Glück. Der Zorn der Abhängigen ist nicht besonders wählerisch.

Vielleicht kann die Zurückhaltung meines Vaters mir gegenüber ein Buch erklären. Er zeigte es mir kurz vor seinem Tod, mit einer Geste, die mir zeigen sollte: Wir als Väter wissen ja jetzt beide, wovon wir reden. Das Buch war ein Ratgeber aus den 80ern, im Titel trug es so etwas Ähnliches wie »Die neuen Väter. Wie man liebevoll zu seinen Kindern ist«. Genau erinnere ich mich nicht mehr, denn mein Vater räumte es so schnell wieder weg, wie er es geholt hatte.

Ich weiß aber noch, dass ich verwundert war, weil ich meinem Vater nicht zugetraut hatte, sich auf theoretischer Ebene so mit Erziehung zu beschäftigen. Andererseits war er halt auch kein stumpfer, uninteressierter Mensch, der immun gegen Verbesserungsvorschläge war. Sie mussten nur von den richtigen Leuten kommen.

Zu denen zählte meine Mutter jetzt immer seltener. Die Gespräche meiner Eltern wurden kürzer und schärfer, drehten sich nur noch um das Nötigste, um Organisatorisches, wer geht einkaufen, wer begleitet mich zum Fußball. Es war, als habe irgendjemand die Liebe aus unserem Haus einfach abgesaugt wie eine lästige Spinne an der Zimmerdecke. Aber die, die diese Liebe einmal in sich getragen haben, waren alle noch da und wussten jetzt nicht, wohin mit ihren Gefühlen.

Nach außen haben meine Eltern den Schein gewahrt, zumindest für die Kollegen meines Vaters bei Pfanni. Nur zwei, mit denen ich über ihn spreche, wussten, dass es bei ihm zu Hause kriselte. Eine Kollegin, weil sie für ihn in den 80ern schwärmte und sich mit ihm Briefe schrieb, was aber keiner wusste. Ein anderer

Kollege, weil er einfach nur gut beobachten kann und sich mit meinem Vater ab und zu unterhielt. Er war auch der Einzige, dem die Kaugummivorliebe meines Vaters auffiel. Einmal im Aufzug hätte er sich gefragt, warum er so stark nach Minze riechen würde. Tja, warum? Mehr Bescheidwisser gab es nicht. Der Rest: sah nichts, hörte nichts und sagte nichts.

Der Schein einer Ehe kam meinem Vater vor allem für zwei wichtige Geschäftsreisen sehr gelegen. Beide von Barilla organisiert, beide nach Italien, beide hatten mit Fußball zu tun, und bei beiden durften die Frauen mit. Meine Mutter wird gejubelt haben.

Die erste Reise führte sie zu einem Spiel der deutschen Nationalmannschaft bei der Weltmeisterschaft 1990 in Italien. 10. Juni, Mailand, Giuseppe-Meazza-Stadion, Gegner: Jugoslawien. Ich saß vor dem Fernseher bei meinen Großeltern und war stolz wie lange nicht auf meine Eltern. Dabei taten sie ja gar nichts, außer in einem Stadion zu sitzen. Egal, vielleicht würde ich sie ja sogar im Fernsehen sehen? Nein, *nur* Lothar Matthäus, wie er in der 63. Minute Slalom durch das jugoslawische Team läuft und das 3:1 schießt. Ein Weltklassetor, bei dem meine Eltern dabei waren. Ich feierte das.

Vor ehrlichem, richtigem Stolz platzte ich aber erst ein paar Wochen später. Ich erzählte es allen, die es hören wollten, also nicht vielen: Meine Eltern flogen nach Rom, zu einem Meeting mit den italienischen Partnern meines Vaters mit anschließendem Essen, zu dem aus irgendeinem Grund die Ehefrauen mitgebracht wurden. Und Rudi Völler. Der spielte damals beim AS Rom, in Trikots, auf denen der Schriftzug von Barilla klebte. Also klar, wenn man Mitarbeiter des deutschen Partners belobigen sollte, setzte man Völler zwischen ihnen an den Tisch. Von einem Foto des Abends, auf dem meine Eltern neben Völler und ein paar Aperol-Gläsern sitzen und versuchen, nicht selbst vor Stolz zu platzen, hat sich mein Vater einen riesigen Abzug machen lassen.

Groß genug für einen Einzelplatz im Wohnzimmer. »Großartig fand er das! Wie für ihn geschaffen!«, vermutet meine Mutter. »Das war mit Sicherheit ein Highlight in seinem Leben.«

NEUE WOHNUNG

1991 war dann alles turbulent. Das Land hatte Wiedervereini-
gungswachstumsschmerzen, der Golfkrieg flimmerte grün über
die Fernseher, die Sowjetunion zerfiel und Jugoslawien hinterher.

Und drinnen, in unserem Haus, stritten sich meine Eltern immer
öfter, eigentlich fast jeden Tag. Ich wünschte mir jetzt manchmal,
eine ältere Schwester zu haben. Ich stellte mich an die Treppe und
rief rauf ins Dachgeschoss, Meike nannte ich sie, »Meike, bist du
da?«, und dann tat ich so, als hätte sie geantwortet, und rief zurück: »Okay, ich sag's der Mama!«.

Meine imaginäre Schwester war fünf Jahre älter als ich. Meine
große Heldin. Mit ihr sprach ich in Gedanken über Mama und
Papa und wie es wohl weitergehen wird. Sie zeigte mir die Musik
aus dem Plattenregal unserer Eltern. Sie tröstete und beschützte
mich, wenn es, wenn *unser* Vater wieder laut wurde. Sie fand mich
nicht peinlich. Sie wäre die Tochter meiner Mutter. Aber die bei-

den hatten nie eine Chance, der Frauenarzt hat gesagt, daran sei der Alkohol schuld. Nur: Wo komme ich her?

Meike und ich mussten dabei zuschauen, wie meine Eltern ihre Ehe Schritt für Schritt abwickelten. Erst zog meine Mutter aus dem gemeinsamen Schlafzimmer unters Dach ins Arbeitszimmer. Dann erstellten sie penibel lange Listen, wem was in unserem Haus gehörte. Ich hatte damals keine Ahnung, wieso das wichtig war. Aber dann fuhren meine Mutter und ich plötzlich für ein paar Tage zu meinen Großeltern, den Eltern meiner Mutter. Und die Listen ergaben auf einmal Sinn.

Denn als wir zurückkehrten, war unser Haus fast leer. Der große Esstisch mit der Kuhle: weg. Der Bauernschrank: weg. Der Fernseher, das Ehebett, das Auto – gehörte alles meinem Vater. Er hatte, wie ich hörte, die Sachen mit in eine andere Wohnung genommen. Diese lag 800 Meter entfernt von uns. Zu Fuß waren es zehn Minuten. Ab dem Zeitpunkt sah ich ihn nicht mehr morgens und abends, sondern nur noch jedes zweite Wochenende. Oder wenn ich extrafrüh zur Schule losging und einen Umweg an seiner Wohnung vorbeinahm, ans Wohnzimmerfenster klopfte und wir uns gegenseitig einen schönen Tag wünschten. Zu uns ins Haus kam mein Vater nie wieder. Dafür zog der Kollege meiner Mutter ein. Der, dessen Anrufe meinen Vater stutzig und sauer gemacht hatten. Er hatte ihm das mit den Unterrichtsvorbereitungen nie abgekauft.

Der Auszug meines Vaters trennte mein Leben nicht in ein Vorher und ein Nachher, in ein Leben mit und ohne Vater. Aber der Auszug markierte etwas, das ich erst beim Schreiben dieses Buchs nach und nach erkenne: Er ist das Ende meiner Kindheit. Das Ende der echten Unbeschwertheit und vermeintlichen Sorglosigkeit. Das Sicherungsnetz, das Familie heißt, gab es nicht mehr. Ich musste schneller groß werden, denn jeder von uns war jetzt noch ein bisschen mehr für sich verantwortlich, die Bindungen zerbröselten, und Rollen wurden neu verteilt. Meine Mutter war zwar um ihren tobenden Mann erleichtert, aber das heißt nicht, dass sofort alles gut oder auch nur besser gewesen wäre. Denn die neue Situation war für alle mehr Arbeit als die davor. Nichts passierte mehr aus dem Familienzusammenhang heraus. Alles musste erkämpft, erstritten, erklagt werden.

Plötzlich regelten Anwälte den Nachlass unseres Familienlebens. Sie schrieben verlässlich hässliche Briefe, in denen es um Besuchswochenenden und um Unterhalt ging. Um Zugewinnausgleich und Sorgerecht, Urlaubsabsprachen und Fristen, Entfremdung und Fremdgehen. Nie aber kam der Stoff auf den Tisch, in dem die Ehe jahrelang eingelegt war. Nie wurde die Frage aufgeworfen, ob die Sauferei meines Vaters vielleicht ein Grund gewesen sein könnte, der die Ehe zum Scheitern gebracht hat. Stattdessen musste ich vor einer Mitarbeiterin des Jugendamts entscheiden, bei wem meiner Eltern ich wohnen möchte. Ich wählte meine Mutter. Anfang 1993, nach zwei Jahren Zermürbung, wurde die Ehe meiner Eltern geschieden.

Im selben Jahr wurden in Deutschland 156 425 Ehen geschieden, fast zwei Drittel davon laut dem Statistischen Bundesamt auf Antrag der Frauen. Bis 2003 stieg die Gesamtzahl der Scheidungen auf mehr als 200 000 pro Jahr. Seither sank sie aber und lag zuletzt bei etwas mehr als 160 000. Wie viele sich davon wohl auf Alkoholmissbrauch oder Alkoholabhängigkeit zurückführen lassen? Darüber wird keine offizielle Statistik geführt, jedenfalls nicht in Deutschland. Der Persönlichkeitsschutz der Geschiedenen steht im Weg. Dabei müssten Gesellschaft und Politik, auch die Gesundheitsversorger doch eigentlich ein Interesse daran haben, darüber mehr zu wissen. Um noch besser und früher in die Prävention und Beratung investieren zu können und um Folgekosten der Abhängigkeit zu minimieren, nicht zuletzt für die vielen Tausenden Kinder aus den betroffenen Ehen.

Vielleicht hilft ja aber ein Blick nach Norwegen und in die USA.

Beide Länder sind trinkkulturell zwar nicht ganz so permissiv-funktionsgestört wie Deutschland, aber insgesamt nah genug dran, um es einigermaßen vergleichen zu können. Forscher der Universität Buffalo begleiteten 634 Paare während der ersten neun Jahre ihrer Ehe. Von den Paaren, in denen einer der beiden Partner viel trank, war nach den neun Jahren die Hälfte geschieden. Wenn einer viel trinkt, liegt die Chance einer Scheidung also bei fifty-fifty. Den Wissenschaftlern aus Buffalo zufolge ist das Scheidungsrisiko aber deutlich geringer, wenn beide Partner trinken. Motto: Lieber gemeinsam ersaufen als alleine. Sehr Ähnliches haben auch die Forscher des norwegischen Gesundheitsinstituts herausgefunden, einer Einrichtung des Gesundheitsministeriums. Sie untersuchten die Daten von fast 20 000 Paaren, kamen aber noch zu einem anderen interessanten Ergebnis: Die höchsten Scheidungsraten gab es bei Paaren, bei denen die Frau trank. Die Forscher vermuten, dass die Ehemänner das nicht mit ihren Rollenvorstellungen vereinbaren konnten und sich deswegen trennten. Eine der beteiligten Forscherinnen rät deswegen: »Paare, die vorhaben zu heiraten, sollten vor der Ehe über das Trinkverhalten ihres Partners Bescheid wissen. Es könnte in der Zukunft zu einem Problem werden.«

FRANKFURT

Die ersten Besuchswochenenden bei meinem Vater waren viel besser als gedacht. Er hat mir in seiner Wohnung ein eigenes Zimmer freigeräumt, manchmal konnte ich auch meine Katze mitbringen, in der Küche gab es Kakao. Mein Vater hatte Zeit für mich, und er nutzte sie auch. Wir gingen oft ins Fußballstadion zu den Bayern, nur nicht zu Spielen gegen den 1. FC Nürnberg, seinen Lieblingsverein: »Ist mir zu gefährlich mit den Idioten aus Nürnberg!« Zweimal begleitete er meine Mannschaft und mich ins Trainingslager in die Berge. Abends saß er mit den Trainern und Betreuern zusammen und trank seine zwei Halbe Bier, mehr nicht. Und als wir nacheinander das Disneyland in Paris, den Europa-Park in Rust und schließlich den Heide Park in Soltau besuchten und uns an jeder Wildwasserrutsche fotografieren ließen, dachte ich, dass es mit der Scheidung doch gar nicht so schlimm sei. Eigentlich war es sogar ziemlich gut, ein Jahr lang ungefähr.

Der erste große Knall kam ganz leise an einem Wochenende in Rothenburg. Wie früher jagt mein Vater mit mir freitags die A9 von München rauf nach Franken. Ich darf vorne sitzen. Mein Vater schimpft über jeden, der seiner Meinung nach zu langsam oder zu schnell oder an der falschen Stelle fährt. Er selbst ist natürlich ein Fahrer ohne Fehl und Tadel. Trabis und Wartburgs ruft er triumphierend »Deutsche Dackel Rennbahn« hinterher. An ihrem Heck klebt noch der Aufkleber der DDR. Ich bin zwar erst elf, aber den Humor finde ich damals schon sehr bescheuert. Ich muss mich zum Lächeln zwingen.

Als wir die Stadtgrenze von Rothenburg erreichen, eröffnet mir mein Vater eine Neuigkeit: »Wir werden heute eine Freundin von mir treffen!« »Aha«, antworte ich, »und wen?« »Kenne ich noch von früher. Brigitte.« Brigitte? Habe ich noch nie gehört. Aber ist jetzt auch egal. Freunde von früher trifft er ja immer in Rothenburg.

Wir stellen das Auto auf einem Parkplatz an der Stadtmauer ab und laufen in die Innenstadt. Auf den Straßen sind wie immer viele Japaner unterwegs, einige Amerikaner mit weißen Turnschuhen und viele beige, deutsche Bustouristen. Sie tragen ihr Geld in die kleinen Läden, kaufen allerhand Tand und verschlucken sich an Schneeballen, einer regionalen Spezialität aus Mürbeteig, die in heißem Fett ausgebacken wird und leider so mittelmäßig schmeckt, dass man die Ausgabe sofort bereut. Wir nicht, wir zählen als Einheimische und gehen an allem vorbei Richtung Marktplatz. Aus einer Seitenstraße läuten die Glocken einer Kirche. 15 Uhr. Was genau wir hier eigentlich noch mal vorhaben, frage ich meinen Vater: »Also außer Brigitte treffen?« Er hört mich nicht, denn er ist mit Brigitte suchen beschäftigt.

Nervös wie ein kleiner Junge vor dem ersten Fußballtraining lässt er seinen Blick über den Marktplatz flippen. Keine Brigitte. Angespannt schaut er auf die Uhr. »Wir sind pünktlich«, sagt er. Plötzlich ruft jemand nach ihm. Er dreht sich um. Lächelt. Da steht sie vor einem Gasthaus, der Ratsstube, und winkt verhalten in unsere Richtung. Bunt gescheckte, puffige Jacke, eine Cordhose vielleicht, ich weiß es nicht mehr genau. Alles an Brigitte sieht nach den frühen 90er-Jahren aus. Und passt damit punktgenau zu meinem Vater in seinem senfgelben Blouson, seiner Karottenjeans und den Loafern. Wir gehen hin und begrüßen sie. Und dann? Weiß ich nur noch, dass wir nach einer Stunde Rumlaufen in der Stadt zum Auto gehen und Brigitte sich auf den Beifahrersitz setzt. Auf meinen Platz.

Ein paar Monate später heirateten mein Vater und Brigitte, und sie zog zu ihm in die Wohnung. Jetzt schlief er nicht mehr alleine in dem ehemaligen Ehebett meiner Eltern.

———

Mehr als 20 Jahre nach unserem ersten Treffen sitzt Brigitte in meiner Küche in Berlin. Ein Berlinale-Besuch, der schon länger geplant war, zusammen mit ihrer Tochter, meiner Schwester Katharina. Mein Vater ist schon etwas mehr als zwei Monate tot, seine Urne aber erst seit einer Woche bestattet. Die Trauer hängt noch wie ein mächtiger Jetlag in jeder Faser meines Körpers.

Meine Freundin hat für alle gekocht: Zitronen-Fenchel-Risotto, dazu gibt es Salat. Alkohol ist tabu. Es wird das erste Gespräch mit Brigitte, das länger dauert als fünf Minuten.

Für meine erste richtige Frage nehme ich ein wenig Anlauf und all meinen Mut zusammen, denn zwischen Brigitte und mir gibt es keine Gesprächsroutine, nicht mal eine für Small Talk. Nach dem Essen fühle ich mich bereit. Ich frage sie geradeaus, wann sie zum ersten Mal bemerkt hat, dass mein Vater zu viel trinkt. Sie überlegt laut: »Das muss gewesen sein, als er in Frankfurt war. So ab 94.«

»Und wie hast du das bemerkt?«

»Na ja, ich habe ja in München gearbeitet, und nachdem er bei Pfanni aufgehört hat, ist er doch nach Frankfurt zu dieser Marktforschungsfirma gegangen. Da haben wir abends immer telefoniert, und ich habe mich öfter über seine verwaschene Stimme gewundert. Ich habe ihn auch mal gefragt, was los sei, und er hat nur gesagt, er sei sehr müde, weil die Arbeit so anstrengend war. Das kam mir damals komisch vor, aber so richtig verstanden, was der Grund gewesen sein könnte – das habe ich erst viel später.«

Der Job in Frankfurt war für meinen Vater keine große Freude. Ständig schien er mit seinen Kollegen und Vorgesetzten im Clinch zu sein. Verantwortlichkeiten waren nicht klar geregelt, und Zusagen wurden wohl nicht eingehalten. An wem das lag, lässt sich nicht mehr rekonstruieren. Meine Oma vertrat bis zu ihrem Tod die Auffassung, dass er dort von zwei Lesben gemobbt worden sei. Ich habe oft versucht, sie von der Absurdität ihrer Behauptung zu überzeugen. Aber sie verteidigte ihren Sohn. Schuld waren immer die anderen.

Ich glaube, es war eher so: Mein Vater hatte keinen Bock. Er war bei Pfanni sehr gut aufgehoben gewesen, vielleicht sogar noch besser als in der Wellnessoase Wrigley. Vielleicht hatte er als Knödel-Verkäufer sogar so etwas wie eine berufliche Erfüllung gefunden. Die Sache mit Völler, mit der WM, die netten Kollegen, das hätte wahrscheinlich aus seiner Sicht einfach so weitergehen können. Aber dann wurde Pfanni an Knorr verkauft, die Produktion zum Teil nach Mecklenburg verlegt und die Verwaltung nach Heilbronn. In einem Abschiedsgedicht der Pfanni-Kollegen steht, dass mein Vater derjenige gewesen sei, der am wenigsten nach Heilbronn wechseln wollte. Weil er in meiner Nähe bleiben wollte? Der Gedanke gefällt mir. Es würde eines der vielen Fragezeichen beseitigen. Aber es gibt keinen, der sagt, dass es so war. Und am Ende verdrückte er sich nach Frankfurt, und seine Frau trat in München eine Stelle an.

In den zwei Jahren Frankfurt habe ich meinen Vater nur einmal besucht. Heute plagt mich deswegen ein kleines schlechtes Gewissen, weil ich damals schon alleine mit dem Zug in die Schweiz gefahren bin, um mit meinen Großeltern wandern zu gehen. Frankfurt, was wäre das schon gewesen von München aus? Eigentlich nichts. Aber es wird einen Grund gegeben haben. Und wenn es der war, dass mein Vater sowieso nur wenige Wochenenden in Frankfurt verbrachte, sondern die meisten in München.

Was hat er an diesen Wochenenden gemacht? Seinen Frust über die gallige Stimmung an seinem weit entfernten Arbeitsplatz in Wein und Bier ertränkt? Oder blühte er auf, weil er nach der unternehmensberaterartigen Einsiedelei in Frankfurt wieder Kontakt zu Menschen hatte? Zu mir, vor allem aber zu seiner neuen Frau?

Brigitte weiß es nicht mehr genau. Es liegt alles so lange zurück, 20 Jahre und mehr. Und so sitzt sie am Abend ihres Besuchs bei uns am Esstisch und knibbelt ein wenig an ihrem Wasserglas herum, vor ihr das dampfende Risotto, gegenüber ich, erwartungsvoll. Aber obwohl wir so einträchtig wie nie zuvor zusammensitzen, fühlt es sich immer noch so an, als wäre sie eine Fremde. Eine, die nur wenigen Menschen Zutritt zu ihren Gedanken und Gefühlen gewährt. Eine, der ich nicht ansehen kann, ob und wie sehr sie der Tod meines Vaters bewegt. Eine, die zwar mit meinem Vater verheiratet war und ein Kind hatte, die mit mir und mit der ich aber jahrelang keine Verbindung herzustellen wusste.

Dabei ist Brigitte im selben Umfeld aufgewachsen wie mein Vater. In Rothenburg, teilweise mit denselben Freunden, denselben Lehrern und dank des Skiclubs auch mit demselben frühen Alkoholkontakt. Irgendwo da, erfahre ich an dem Abend in der Küche, auf einer der vielen Skifreizeiten sind sich die beiden in ihren Teenagerjahren wohl auch das erste Mal begegnet. 1992 haben sie sich dann auf einer Faschingsfeier in Rothenburg wiedergetroffen. Und mein Vater fing an, um Brigitte zu werben.

Nicht nur mein Vater hatte ein neues Leben. Ich auch, in gewisser Weise. Ein Jahr nach dem Auszug meines Vaters setzte uns der Vermieter unseres Hauses wegen Eigenbedarfs vor die Tür. Vielleicht war das gar nicht so schlecht. So mussten wir den Schlussstrich unter dieses vermaledeite Haus nicht aus eigener Kraft ziehen.

Mit viel Hilfe von Freunden zogen wir also um. Ein Dorf weiter, wo die Schule meiner Mutter und die ihres jetzigen Mannes steht, des Kollegen, der ab und an bei uns zu Hause angerufen hatte, wenn meine Mutter im Gemeinderat saß. Sie waren nun ein Paar. Und sie wurden Eltern: Im Mai 1993 kam mein Bruder Julian zur Welt.

Zu meinem neuen Leben gehörte aber auch Altvertrautes: die Briefe und Faxe meiner Eltern. Ihr Mittel der Wahl, um sich ihre Enttäuschung über die *Situation* mitzuteilen. Und wenn etwas reichlich vorhanden war in den Jahren nach der Scheidung meiner Eltern, dann Enttäuschung.

»Bisher dachte ich, dass dir an dem Jungen gelegen ist. Bei aller Ablehnung und schwammigen Ausreden, die du aber in den letzten Jahren Dominik hast zukommen lassen, finde ich es erstaunlich, wie sehr er dir trotzdem noch die Stange hält«, schrieb meine Mutter einmal an meinen Vater. »Dominik kämpft nur um wenige Stunden im Monat mit dir, aber er geht an deinem Desinteresse bald zugrunde.«

Mein Vater antwortete nicht weniger deutlich: »Ich weiß, dass die Situation nicht optimal ist, aber dazu trägt der Dominik mit seinem Verhalten der Brigitte gegenüber auch seinen Teil bei. Was die wenigen Stunden im Monat angeht, so weiß er ganz genau, dass ich fast immer den ganzen Tag zu Hause bin und er jederzeit kommen kann.«

Die Zeilen betrüben mich bei jedem Lesen aufs Neue. Mal um Mal nehme ich das dünne Thermopapier der Faxe in die Hand, die Buchstaben darauf sind schon fast verblichen, und frage mich, woher die Verbitterung, die Wut, der Hass meiner Eltern aufeinander stammen. Die Briefe lesen sich, als hätte jemand die Streite, die ich von der obersten Treppenstufe in unserem Haus beobachtet habe, Jahre später verschriftlicht und nur an der Gewalt ein wenig gespart. Als würde jede Flasche Rotwein und jedes Glas Weißbier, das mein Vater in den 80ern getrunken hat, in den Buchstaben gespiegelt. Es ist die Fortsetzung der Streite am Esstisch mit anderen Mitteln, mit zivilisierten, wenn man so will, die aber dennoch ihre Spuren hinterlassen.

KRANKENHAUS

Langsam schlappte ich von der Toilette zurück in mein Zimmer. Der Gang war lang, die Decke hoch. Alles eierschalenweiß, die Wände, die Türen, der Boden, sogar mein Kittel: eierschalenweiß. Alle paar Meter stand ein Bett an der Wand oder ein silberner Rollwagen mit weißen Melamintellern darauf. Es roch bestialisch nach Isopropanol. Nach dem Reinigungsmittel, das mit groben, grauen Mobs auf dem PVC-Boden aufgetragen worden war, um alles, was dort vorher gelebt hat, zu beseitigen. Der Geruch von Hygiene. Krankenhausgeruch. Ich war fast zehn, als ich hier eincheckte. Sie gaben mir ein Bett im Viererzimmer, direkt am Fenster, im Bett hinter mir lag ein schmächtiger Junge mit kurzen schwarzen Haaren, um den ständig seine große türkische Familie herumstand. Links von mir ein anderer, nicht viel älter als ich, aber füllig wie eine Birne, der einen kleinen Fernseher auf dem Nachttisch stehen hatte. Das vierte Bett blieb leer.

Die Trennung meiner Eltern war gerade ein halbes Jahr vorbei, die Scheidung noch nicht durch, und in meinem Darm hatte sich die Trauer über diese Scheiße festgesetzt. Nach vier Wochen im Krankenhaus, hatte es geheißen, wäre alles wieder wie vorher. Einläufe und überwachte Mahlzeiten sollten helfen, sagten die Ärzte. Doch das stimmte nicht ganz. Nach einer Woche war ich wieder draußen, hatte aber jetzt angeblich Salmonellen und bekam in der Schule fortan eine eigene Toilette zugewiesen. Wenige Tage später stellte sich heraus, dass es die Salmonellen nie gegeben hatte. Und wenige Monate später war das ganze Thema vergessen.

Bis mir 25 Jahre später ein Buch der US-amerikanischen Psychotherapeutin Janet G. Woititz in die Hände fiel. Anfang der 80er-Jahre hatte sie sich als eine der Ersten mit der Frage beschäftigt, welche Auswirkungen die Alkoholabhängigkeit von Eltern auf ihre Kinder haben kann. An eine Petitesse wie eine Verstopfung hatte sie dabei wohl nicht gedacht. Eher an etwas Größeres. Der Titel der deutschen Übersetzung ihres Standardwerks lautet: *Um die Kindheit betrogen.*

Woititz hatte zwar nicht die minderjährigen, sondern die erwachsenen Kinder von Alkoholkranken in den Blick genommen, aber das war ich ja jetzt inzwischen auch. Vom Standpunkt der Erwachsenen blickt sie zurück, um die Entstehung der Verletzungen nachzuzeichnen, deren Wurzel sie in der Krankheit der Eltern sieht. Daher auch der englische Originaltitel *Adult Children of Alcoholics*, der gleichzeitig der Name einer großen Selbsthilfeorganisation in den USA ist.

Woititz stellt unter anderem eine Liste von 13 Wesenszügen auf, die diesen Kindern gemein gewesen sein soll. Die Betonung liegt auf »soll«, denn Woititz hat diese Merkmale nicht in einer wissenschaftlichen Erhebung ermittelt, sondern sie aus übereinstimmenden Aussagen erwachsener Kinder von Alkoholikern destilliert. Laut Woititz haben diese erwachsenen Kinder von Alkoholikern keine klare Vorstellung davon, was normal ist. Es fällt ihnen schwer, ein Vorhaben von Anfang bis Ende durchzuführen. Sie lügen, wo es ebenso leicht wäre, die Wahrheit zu sagen. Erwachsene Kinder von Alkoholikern verurteilen sich gnadenlos und haben es schwer, Spaß zu haben, zudem nehmen sie sich sehr ernst. Intime Beziehungen bereiten ihnen Schwierigkeiten, und bei Veränderungen, auf die sie keinen Einfluss haben, zeigen sie Überreaktionen. Erwachsene Kinder von Alkoholkranken sind Woititz zufolge ständig auf der Suche nach Anerkennung und Bestätigung, haben das Gefühl, anders zu sein als andere Menschen, und sind entweder übertrieben verantwortlich oder total verantwortungslos. Sie sind extrem zuverlässig, auch wenn offensichtlich ist, dass etwas oder jemand diese Zuverlässigkeit gar nicht verdient. Und gemäß dem letzten der 13 Wesenszüge sind sie nach Woititz impulsiv und neigen dazu, sich mit Verhaltensweisen festzurennen, ohne alternative Handlungsmöglichkeiten oder etwaige Konsequenzen ernsthaft zu bedenken. Das führe zu Verwirrung, Selbstverachtung und Kontrollverlust über ihre Umgebung und letztlich dazu, dass sie enorm viel Energie aufbringen müssten, um das angerichtete Durcheinander wieder zu beheben.

Der einzige Ort, in dem nach dem Lesen von Woititz' Buch Durcheinander herrscht, ist mein Kopf. Auch ich weiß manchmal nicht, was normal ist. Aber liegt das tatsächlich daran, dass mein Vater drei Weißbier und eine Flasche Rotwein pro Tag trank? Oder daran, dass Normalität verhandelbar ist? Warum kann ich Projekte wie eine Lampe, die aufzuhängen ist, so hervorragend auf die lange Bank schieben? Weil sich der Mann, der mich zeugte, gerne mit Wodka betäubte? Oder weil ich, wie er, eine Tendenz zum Faulsein habe und lieber lese statt bohre? Und bin ich wirklich ernsthaft geschädigt, nur weil es mir manchmal schwerfällt, in einem Club aus der Ecke auf die Tanzfläche zu treten und den Augenblick wild tanzend in mich aufzusaugen? Sollte der Grund dafür wirklich die Alkoholkrankheit meines Vaters sein? Ich bin verwirrt.

Von den vielen Büchern und Artikeln, die ich in den Jahren seit dem Tod meines Vaters gelesen habe, ist Woititz' Buch das mit Abstand konfuseste. Plausibel erscheinende Beobachtungen wechseln sich mit scheinbar unbelegten Behauptungen ab, auf die naiv klingende Empfehlungen folgen, wie Kinder von Alkoholikern mit ihren alkoholinduzierten Wesenszügen fertigwerden können. Als Beleg für all das werden einigermaßen erratisch einzelne Patienten von Woititz angeführt, ohne dabei irgendetwas über die Methoden zu verraten. Ich, der wissen will, welche Furchen der Alkoholkonsum von Eltern im Leben anderer Kinder hinterlassen hat, finde das vor allem eines: ärgerlich. Zwar bekomme ich eine Ahnung davon, wie schlimm es manchen ergangen sein muss. Aber auf welchem Wege beispielsweise die Liste der 13 Wesenszüge entstanden ist, erschließt sich mir bis zuletzt nicht. Eigentlich, denke ich, müsste ich das Buch nicht weiter beachten, wäre da nicht der Bestseller-Status. Fast zwei Millionen Exemplare wurden vom englischen Original verkauft, dazu wurde es in sechs Sprachen übersetzt. Auch andere Bücher von Woititz waren respektable Bestseller. Irgendwas müssen die Menschen darin doch gelesen und gemocht haben – nur was?

Um eine Idee zu bekommen, wühle ich mich durch Online-Rezensionen des Buchs. Vielleicht hat dort ja jemand einen hilfreichen Hinweis hinterlassen, wieso das Buch so beliebt ist. Es gibt nicht allzu viele Bewertungen auf deutschen Seiten, deutlich weniger als auf amerikanischen, aber hüben wie drüben sind die meisten positiv. Ein Leser schreibt etwa: »Es ist befreiend zu wissen, dass man nicht alleine verschiedene Verhaltensmuster fast schon zwanghaft hat.« Und ein anderer Leser seufzt: »Man versteht endlich, warum man sich so viele Jahre so seltsam gefühlt hat.«

Es ist nur eine kleine Auswahl ohne Anspruch auf Repräsentativität. Aber ich bekomme einen Eindruck. Es sind Hilferufe von Angehörigen, die sich im Hintergrund gehalten haben, die *aus*gehalten und ihr Wesen, ihre Persönlichkeit den Umständen angepasst haben, die bestimmt wurden von einem saufenden Vater oder einer saufenden Mutter. Kinder, die jetzt Erwachsene sind und sich fragen, warum sie manchmal so sind, wie sie sind, und so handeln, wie sie handeln. Auf dieser Suche legen manche eben einen kurzen Stopp bei Woititz ein. Wem gefällt, was er da liest, der bleibt vielleicht hängen und wird die eine oder andere Antwort finden. Wer wie ich ein wenig mehr Fleisch am Knochen erwartet, nicht nur verständnisvolle Worte, der zieht eben weiter.

Auch spröde Zahlen können einem dabei helfen, sich nicht alleine und verloren zu fühlen. Jüngste Statistiken zeigen, dass weit mehr Menschen Kinder von Alkoholikern sind, als häufig vermutet. Laut dem *Jahrbuch Sucht 2016* konsumierten in Deutschland gut 1,6 Millionen Menschen Alkohol in missbräuchlicher Weise. Nochmal etwas mehr, nämlich 1,77 Millionen Menschen zwischen 18 und 64, sind abhängig von Alkohol.

Hinter oder neben ihnen stehen rund acht Millionen Angehörige, 2,65 Millionen davon sind Kinder, also etwa jedes fünfte in Deutschland. Der Verein Nacoa e.V., der die Interessen von Kindern aus Suchtfamilien vertritt, geht außerdem davon aus, dass in Deutschland etwa sechs Millionen Erwachsene leben, die als Kinder in Suchtfamilien aufgewachsen sind.

Die Zahlen variieren natürlich, je nachdem, welche Quelle man zurate zieht. Aber die Unterschiede sind so minimal, dass sie immer noch genug Futter für folgende These sind: Jeder in Deutschland kennt mindestens eine oder einen, die oder der in einer Suchtfamilie aufgewachsen ist. Und die Wahrscheinlichkeit, dass das so bleibt, ist hoch, denn: Kinder aus Suchtfamilien haben ein deutlich erhöhtes Risiko, selber suchtkrank zu werden. Und sie neigen auch dazu, sich einen suchtkranken Partner zu suchen.

Was also tun? Auch wenn Kinder oft viel stärker sind, als Erwachsene es vermuten: Noch genauer nach dem Grund für eine

Verstopfung zu schauen, statt schmerzvolle Einläufe zu verordnen, kann gewiss nicht schaden. Möglicherweise liegt das Problem ja gar nicht schwer im Magen oder dem Darm, sondern fließt jeden Tag durch das Blut eines Elternteils.

Mein Vater hat mich übrigens im Krankenhaus nicht ein einziges Mal besucht.

BYRON, GEORGIA

Im August 1998 geht ein großer Traum für mich in Erfüllung: Ich verlasse Deutschland. Ich trage ein schwarzes T-Shirt, beige Shorts und braune Sneaker, als ich am Flughafen München ins Flugzeug steige und nach Atlanta fliege. Dort begrüßt mich ein untersetzter und bauchdicker Amerikaner mit einer großen Brille und Klappsonnengläsern – Perry, mein Gastvater: »Hello, son! How are ya?« Ein Jahr werde ich bei ihm und seiner Frau Minna wohnen und auf die Highschool gehen. In der Mitte des US-Bundesstaats Georgia, umgeben von Pekanbäumen und Pfirsichplantagen, gelben Blue-Bird-Schulbussen und riesigen Waffle-House-Schildern. Meine Schule heißt Peach County High School, ich gehe in die elfte Klasse und kicke im Footballteam.

Als ich in den USA ankomme, bin ich 16. Meinen ersten Vollrausch habe ich da schon hinter mir. Mit 14 hatte ich mit ein paar Spielern und dem Trainer meiner Fußballmannschaft die Bar eines Hotels in Rimini um etliche Flaschen Bier erleichtert. Eigentlich waren wir für ein Turnier dort, aber die Gelegenheit war günstig und unsere Chancen auf den Sieg ohnehin gering. Also tranken wir. Mein Gastvater in den USA wusste das zwar nicht, aber er erlaubte mir trotzdem, mit ihm Bier zu trinken. Und verstieß damit sowohl gegen die strikten amerikanischen Gesetze als auch gegen die Regeln der amerikanischen Austauschorganisation, deren Vorsitzender er selbst war. »But«, sagte er, »you are from Germany, you know how to drink!«

Womit Perry nicht gerechnet hatte, war, dass auch ich Regeln brechen konnte. Clay, ein Freund aus dem Footballteam, nahm mich eines Abends mit auf eine Party von irgendeinem Freund in irgendeinem Haus, »it'll be fun, I promise!«. Das war eine ziemliche Untertreibung, denn was ich, der brave deutsche Austauschschüler, da sah, kannte ich bis dahin nur aus dem Fernsehen: ein Partyinferno. Überall halb nackte Menschen, dicke Typen mit Redneck-Frisuren und dem losesten Mundwerk von ganz Georgia, auf ihnen Frauen, die meine Mutter hätten sein können, in Bikinioberteilen und Hotpants. Daneben leere und volle Wodkaflaschen, auf Tischen und Tresen rote Plastikbecher, Pizzakartons und Bierdosen, die in Eiswasser in riesigen Kühlboxen schwammen, Joints, die einmal durchs Wohnzimmer wanderten, dazu ein übel klingender Sound aus ZZ Top, Goodie Mob und Brandy & Monica, so laut, dass es meinen Gastvater Meilen aus seinem Schaukelstuhl hätte wehen können. Ich wusste nichts mit mir anzufangen, also stand ich einfach nur glotzend rum und versuchte, Clay nicht aus den Augen zu verlieren. Was schwierig war, weil er ständig seine Hotpants suchte.

Als er schließlich doch aufbrechen wollte, schob er mir eine Ein-Cent-Münze über den Küchentresen zu. Falls die Cops uns blasen lassen würden, sagte Clay. Ich verstand nicht. Mit Kupfer überzogene Zinkmünzen gegen den Promilletester? Ja, ja, Clay nickte. Ich sollte mir die Münze unter die Zunge schieben und sie einspeicheln. Das würde den Alktester so verwirren, dass er nichts anzeigt. Ich glaubte ihm kein Wort: »Really?« »Yeah, man! It works!«

Es ist rückblickend fast ein bisschen schade, dass ich Clays Angeberei an dem Abend nicht überprüfen konnte. Die Cops ließen uns in Ruhe. Aber als ich später in mein Bett fiel, war ich zum ersten Mal in den USA froh, wieder nach Deutschland zurückkehren zu dürfen. Wo man in solchen Fällen einfach die Bahn oder das Fahrrad nimmt, um nach Hause zu kommen.

———

Während ich in den USA die Grenzen des Gesetzes ausreizte, stieß mein Vater in Deutschland an seine eigenen Grenzen. Und die der Gesellschaft. Bereits zwei Jahre vor meinem Abflug hatte er seinen Job in Frankfurt aufgegeben oder aufgeben müssen, das war nicht ganz klar. Meine Oma hielt an der Erklärung mit den mobbenden Lesben fest, die hätten ihn rausgeekelt. Aber Brigitte, seine Frau, sagt nach seinem Tod, na ja, vielleicht war er auch ein bisschen selber Schuld dran. Ob sie damit den Alkohol meint oder etwas anderes, lässt sie offen.

Mein Vater zog also zurück nach München, zu seiner Frau, ohne Job in Aussicht. Im Sommer 96 ist er zum ersten Mal offiziell arbeitslos gemeldet: »Stellensuche und eigene Fortbildung« schrieb er in seinen Lebenslauf, ein Jahr lang. Er ging ins Arbeitsamt, sprach vor, kriegte zu hören, das werde schwierig, oh, oh, so hohe Gehaltsforderungen, ja, mal schauen. Er ging wieder nach Hause, schrieb Bewerbungen, erhielt Absagen, ging wieder ins Amt, ja, also Sie sind ja auch nicht mehr der Jüngste.

Mitte 97 ein Hoffnungsschimmer: ein Seminar mit Praxisteil, ein halbes Jahr bei einem bekannten Hersteller von Brillengläsern, danach vier Wochen das im Seminar angefangene Projekt beenden. Vielleicht klappte es ja jetzt? Das Zeugnis des Brillenherstellers für meinen Vater war, wie alle anderen vorher auch, freundlich formuliert und wohlgesinnt. Trotzdem sah die Firma keinen Grund, ihn anzustellen. Vielleicht weil sie keinen Bedarf hatte, vielleicht aber verlangte mein Vater auch zu viel Geld aus Sicht des Unternehmens. Unter Wert, sagte er damals, würde er sich nicht verkaufen. Und so war mein Vater ab dem 1. Januar 1998 wieder offiziell erwerbslos, musste wieder mehrmals im Jahr zum Amt, kriegte wieder Umschulungen angeboten, Kurse, Bewerbungstrainings. Doch nichts half. Er blieb arbeitslos. Ende 1997 kam endlich eine neue Aufgabe. Mein Vater wurde zum zweiten Mal Vater. Katharina, ein Wunschkind.

Ich konnte mich nicht richtig freuen, noch einmal Bruder zu werden. Nicht, weil ich kleine Kinder nicht mochte. Sondern weil die Jahre seit der Scheidung nicht gerade die friedlichsten zwischen meinem Vater, seiner Frau und mir waren. Mit einem kleinen Kind, fürchtete ich, würde sich die Dürre noch verlängern. Und irgendwann würde ich volljährig sein, ohne dass es mein Vater mitbekommen hätte. Aber konnte ich ihm das sagen? Was könnte er überhaupt tun, um mir die Angst zu nehmen?

In den Monaten zwischen Katharinas Geburt und meinem Flug in die USA schaute ich meinem Vater aus der Halbdistanz beim Vatersein zu. Er wohnte jetzt in einem Ort südlich von München, etwa 30 Kilometer entfernt von unserem. Mit der S-Bahn war ich von Haustür zu Haustür fast eine Stunde unterwegs. Zu lange, wenn man selber mit dem Großwerden beschäftigt ist und sich auf ein Jahr im Ausland vorbereitet. Zu lange aber vor allem, weil ich nicht in der Lage war, mich für meinen Vater zu freuen. Das wollte ich ihm aber nicht zeigen, weil ich wusste, dass es nicht richtig war. Weil man sich doch über kleine Kinder freuen muss und weil ich doch schon 16 war und eigentlich erwachsen. Aber ich packte es nicht. Und so besuchte ich meinen Vater und seine neue kleine Familie zwischen Geburt und Abreise vielleicht drei Mal. Vielleicht auch seltener.

Ein Grund, wieso mein Vater und ich jahrelang so wenig Kontakt hatten, war auch: Wir hatten kein gemeinsames Hobby. Vor der Ehe mit meiner Mutter war er regelmäßig in den Bergen zum Wandern unterwegs, mit Seilschaft und Pickeln und allem Drum und Dran. Aber das schlief nach der Hochzeit ein, und wir nutzten die Berge nur noch im Winter zum Skifahren. Wir spielten beide auch keine Instrumente, hörten beide viel, aber leider nicht dieselbe Musik und lasen selten ähnliche Bücher. Gespräche über Literatur oder auch Musik habe ich mit meinem Vater bis zu seinem Tod nicht geführt.

Das einzige Feld, auf dem wir uns regelmäßig trafen, war das des Fußballs. Aber mit dem Beginn seines Jobs in Frankfurt war auch das passé. Anstelle meines Vaters kam jetzt der neue Mann meiner Mutter mit zu meinen Spielen. Manchmal stand er auch während des Trainings am Zaun und schaute uns einfach nur zu. Er kannte fast alle meine Mitspieler, da sie seine Schüler waren. Die lernten ihren sonst so strengen Lehrer auf die Weise mal anders kennen. Und ich, dass sich endlich wieder jemand für mich und meinen Sport interessierte. Irgendwann hörte ich auf, meinem Vater wegen meiner Spiele Bescheid zu geben. Er kam ja doch nicht.

Ich konnte damals nur ahnen, wieso er sich so zurückhielt. Die Antworten auf meine Fragen waren immer schwammig. Oft spielte die neue angeheiratete Familie meines Vaters eine Rolle, die so intensiv besucht werden wollte wie einst meine Großeltern. Nie aber hatte er beruflich zu tun. Mein Vater blieb arbeitslos. Er, der sich vorher so über seinen Job definiert hatte, er, der einen Riesenvorrat an Notizzetteln mit seinem Namen darauf bunkerte, die er bei Pfanni bekommen hatte, er, der das Wort »Geschäft« so stolz betonte wie andere stolz über das Haupt ihrer Kinder streichen – dieser Mann soll sich ohne Murren in die Position des Hausmanns gefügt haben?

Ja, sagt seine zweite Frau Brigitte, das habe ihm nichts ausgemacht. Obwohl es anders geplant war: »Ich habe immer gesagt, ich habe jetzt lange genug gearbeitet, ich bleibe jetzt gerne mal zwei, drei Jahre zu Hause. Aber nachdem er nichts hatte, war es die naheliegendste Lösung, dass ich da weitermache, wo ich vorher aufgehört habe. Ich musste ja nicht mal meinen Schreibtisch ausräumen.« Also ging sie nach einem Jahr wieder zurück in die Bank, und mein Vater blieb zu Hause. Er wickelte Katharina, quakte in Babysprache mit ihr, las ihr vor, wärmte Brei auf, erhitzte Fläschchen, wickelte wieder, bettete, summte, stopfte sich eine Pfeife, wenn sie schlief. Er ging erst in die Krabbelgruppe mit, als einziger Mann, später brachte er sie zur Kinderbetreuung und sich dreimal die Woche ins Fitnessstudio. Körperlich war er ziemlich fit zu der Zeit, dieser neue alte Vater Ende 40. Er holte Katharina wieder ab, übte Laufen mit ihr, die ersten Worte und tobte auch mal. Sein Geduldsfaden war porös geworden mit dem Alter, noch poröser als früher, aber er tröstete, fütterte, brachte sie ins Bett, deckte sie zu und sagte »Gute Nacht, meine Liebe«.

Nebenher versuchte er, sich selbstständig zu machen. Er glaubte, vielleicht zu Recht, dass Kommunen für sich Werbung machen müssten, Rathaus-PR. Die Sache lief gut an. Er unterstrich seinen Plan mit einer eigenen Erhebung, telefonierte viel, redete von Standortvorteilen und wie man das den Unternehmen verklickerte. Viele Kommunen waren auch begeistert, aber keine biss an. Vielleicht war er wieder zu teuer oder die Rathäuser zu behäbig, oder sie hatten kein Geld. Brigitte sagt: »Und er musste mit denen ja auch in der Zeit telefonieren, wenn Katharina zu Hause war.« Das ging wohl nicht lange gut. Irgendwann heftete er die Sache ab, bei den anderen erfolglosen Bewerbungen. Ein Dutzend Ordner füllten diese inzwischen.

Es war die denkbar schlechteste Zeit, um arbeitslos zu sein, sagt der Pfanni-Kollege meines Vaters, der sich einmal über seinen hohen Kaugummikonsum gewundert hatte. Vor allem für einen Mann in den 40ern aus dem Marketing, das einem irren Jugendwahn verfallen war. »Bei Pfanni hatten wir es uns damals gemütlich gemacht!« Aber außerhalb des Knödelreichs ging es rauer zu, gnadenloser. Wer jung war und kaum Geld für seine Arbeit verlangte, kam rein in die Jobs. Wer »alt« war wie mein Vater und für seine Erfahrung anständig bezahlt werden wollte, blieb draußen. Das wurde meinem Vater jetzt als Hausmann mit doppelter Wucht eingebimst.

Wie ging er wohl mit solchen Rückschlägen um? Wie reagierte er auf die Dutzenden von Absagen, in denen nie stand, wieso es wieder nicht geklappt hatte? Wenige Jahre zuvor hatte er doch noch erfolgreich italienische Nudeln in den deutschen Markt eingeschleust, was war denn jetzt falsch an seiner Arbeit? Nach außen, mir gegenüber gab er sich immer souverän und entspannt. Wahrscheinlich auch, weil seine Frau gutes Geld bei der Bank verdiente und sie zumindest in dieser Hinsicht keine Sorgen hatten. Und natürlich, weil er auch eine wichtige Aufgabe zu Hause hatte. Ein Kind großziehen, das ist doch nicht nichts.

Aber war er das wirklich: entspannt und im Frieden mit seiner Situation? Oder kratzte sie doch an seinem Selbstverständnis, das von der klassischen Rollenverteilung geprägt war?

Als ich mit Brigitte darüber spreche, plagen sie keine Zweifel. Sie sagt, er fand seine Rolle gut. »Ich hatte das Gefühl, dass er sich wohlfühlte.« Und dass es ihm und Katharina guttat, wenn er im Fitnessstudio und sie in der Kinderbetreuung war. Mehr sagt sie nicht dazu. Aber was war mit den Enttäuschungen? Hat er damals schon getrunken? »Nein!«, sagt Brigitte energisch, »nein, das kam erst später!«

Mich verwundert ihre Entschiedenheit. Hatte sie nicht schon Jahre zuvor etwas Seltsames an ihm festgestellt, als er in Frankfurt war und am Telefon immer so auffällig müde klang? Wäre das nicht jetzt viel eher eine Situation gewesen, in der man klassischerweise zur Flasche greift? Alles, was ich über die Trinkgeschichte meines Vaters zusammengetragen habe, spricht dafür, dass damals die Zeit dafür gewesen wäre. Weil er seit er 16 war, eigentlich immer getrunken hat, in guten Zeiten sowieso, aber eben auch in schlechten. Und in der Phase, in der es beruflich für ihn am schlechtesten lief, in der er nicht belobigt, sondern gedemütigt wurde, allein weil er zu alt war, in der Phase soll er sich nicht mit Alkohol *beruhigt* haben? Es fällt mir schwer, das zu glauben, obwohl es natürlich eine gute Nachricht wäre.

——

Die Frau, die meinen Vater am längsten kannte, bezweifelte, dass er sich damals wirklich wohlfühlte. Meine Oma. Ich habe viel mit ihr in diesen Jahren gesprochen, mindestens einmal die Woche am Telefon. Sie war die Bande, über die ich mit meinem Vater kommunizierte, wenn es zwischen uns schlecht lief. Unser Medium, weil wir verlernt hatten, uns miteinander zu konfrontieren. Dabei scheute sie den Konflikt selbst manchmal. Oder sie drang mit ihrer Sorge nicht zu ihrem Sohn durch. Jedenfalls platzierte sie in unseren Gesprächen ihrerseits gekonnt Botschaften, die ich meinem Vater übermitteln sollte. Ein Satz, den sie immer wieder fallen ließ, geht so: »Das geht doch an einem Mann nicht spurlos vorbei!«

Zum ersten Mal sagt sie den Satz, kurz nachdem meine Schwester geboren wurde. Ich sitze gerade mit meinen Großeltern am Frühstückstisch. Es riecht nach aufgebackenen Semmeln und Filterkaffee, die H-Milch-Packung steckt korrekt in der Plastikhalterung und hat ein Lufteinlassloch, damit es beim Ausgießen nicht so schwuppert, neben jedem Marmeladenglas liegt ein langer Löffel bereit. Mir gegenüber mümmelt mein Opa an einem kleinen Stückchen weicher Semmel. Er ist schon recht schwach und geistig nicht mehr ganz der Alte, mit seinen 84 Jahren. Aber als meine Oma den Satz raushaut, nickt er und lässt ein paar fränkische Wortfetzen aus seinem Mund fallen. Sein Sohn kommt nicht gut weg darin.

Ich sitze da und überlege, was ich dazu sagen soll. Aber mir fällt nichts Sinnvolles ein. Was meint meine Oma überhaupt mit »das«? Das, die Arbeitslosigkeit? Das, der Hausmann? Das, das Vaterwerden mit Mitte 40? Wahrscheinlich alles, antworte ich mir selbst, für sie hängt ja immer alles mit allem zusammen. Und die Wurzel allen Übels ist für sie die Scheidung meiner Eltern. Wie ein Taschentuch zieht meine Oma sie jahrelang als Erklärung für alles aus der Tasche, was im Leben meines Vaters seither schiefläuft. Das Ende bei Pfanni, die Lesben in Frankfurt, das Pech mit der Selbstständigkeit – an allem ist irgendwie die Scheidung von meiner Mutter, also meine Mutter schuld. »Das geht doch an einem Mann nicht spurlos vorbei!«, sagt sie noch einmal und schaut mich erwartungsvoll an. Aber ich habe keine Lust, meiner Mutter in den Rücken zu fallen, vor allem weil ich nicht glaube, dass meine Oma recht hat.

Wobei, es kann natürlich sein, dass so etwas an einem Mann nicht spurlos vorbeigeht. Wahrscheinlich hatte mein Vater Narben und vielleicht sogar auch noch offene Wunden, irgendwo tief drinnen, wo sie niemand sofort sehen oder spüren konnte, *wenn* ihm mal jemand nahekam. Aber er sprach eben nicht darüber, nicht mit mir, nicht mit seiner Mutter und wohl auch eher wenig mit seiner Frau. Sondern er versuchte, sich mit der neuen Situation irgendwie zu arrangieren, auch weil er musste. Wohlmeinend könnte man das auch als Stärke auslegen: Nicht an dem festzuhalten, was war und weiter hätte sein sollen, sondern Veränderungen anzunehmen und mit ihnen statt gegen sie zu leben.

In einem Ordner meines Vaters, den ich nach seinem Tod mit zu mir nach Hause nehme, finde ich eine lose Sammlung Aphorismen.

Geht nicht, gibt's nicht.
Wer selbst arbeitet, verliert die Übersicht.
Für einen, der nicht weiß, welchen Hafen er ansteuert, ist jeder Wind der richtige Wind.

Operative Hektik ersetzt geistige Windstille.
Gewinnertypen haben immer einen Aktionsplan, Verlierertypen immer
eine Entschuldigung.
Der beste Weg, einem Problem zu entgehen, ist, es zu lösen.

Manche der Sprüche hat mein Vater mit der Hand aufgeschrieben, andere sind aus Zeitschriften ausgerissen, das Papier von fast allen ist vergilbt. Die meisten der Aphorismen dürften wohl in den 70ern und 80ern aufgeschrieben worden sein. In der Zeit, als die Lebenskurve meines Vaters stetig nach oben zeigte.

Jeder einzelne von ihnen wirkt wie ein hämischer Kommentar über das Leben meines Vaters als Hausmann. Wie gehässige Zoten des jungen, aufstrebenden Marktforschers, als der er die Sätze einst aufschrieb. Ätzendes Yuppie-Gebolze gegen bemitleidenswertes Absteiger-Fleuchen. Mir kommen trotzdem die Tränen. Und ich frage mich, ob mein Vater das auch so gefühlt hat, als er die Sprüche das letzte Mal gelesen hat. Ob er sich gefragt hat, was die eigentlich noch mit ihm zu tun haben.

Ich blättere noch einmal durch die Sammlung und bleibe an *Der beste Weg, einem Problem zu entgehen, ist, es zu lösen* hängen. Der Satz interessiert mich am meisten, auch wegen des flüchtigen Formats des Papiers, auf dem er festgehalten ist. Mein Vater hat ihn auf einen kleinen, quadratischen Notizzettel gekritzelt, die Sorte, die man beim Reinemachen als Erstes wegwirft. Er muss den Satz also irgendwo gelesen oder gehört und dann schnell aufgeschrieben haben, vielleicht in Eile, weil er ihn sonst vergessen hätte, vielleicht war auch einfach kein anderer Zettel da. Warum fand er ihn gut? Was hat ihm der Satz gesagt?

Unter dem Spruch hat mein Vater außerdem den Namen des Urhebers notiert: Thomas Wolfe. Ein berühmter Schriftsteller aus den USA, der mit nur 37 Jahren an Tuberkulose gestorben ist. Ein »monomanischer, mit sich selbst beschäftigter Alkoholiker«, schreibt die *New York Times*.

Das klingt vertraut. Ich gehe dem Satz nach in der Hoffnung, noch mehr über ihn und den Zusammenhang herauszufinden, in dem er den Satz gesagt oder geschrieben haben soll. Vielleicht erklärt das ja, wieso ihn mein Vater notiert hat. Aber die Recherche endet sehr schnell in einer Sackgasse im Internet, Wolfe ist wohl nicht der Urheber. Egal, sage ich und lege den Ordner zur Seite. Die Kalenderspruchhaftigkeit des Satzes passte ohnehin nicht zu Wolfe.

Ein paar Tage später, als ich eigentlich auf der Suche nach einem Foto bin, nehme ich den Ordner wieder in die Hand und lese den Spruch noch einmal durch. Mir fällt etwas auf, das mir vorher entgangen war. Eine kleine Sinnverschiebung. Vielleicht geht es ja gar nicht darum, ein Problem zu lösen im Sinne von eine Antwort auf eine Schwierigkeit zu finden, über deren Existenz Konsens herrscht. Sondern man kann es auch so verstehen, wie es vielleicht mein Vater getan hat: Das Problem davon zu erlösen, ein Problem zu sein. Gewisse Zustände wie das Dasein als Hausmann werden ja erst von anderen zu Problemen erklärt. Von meiner Oma, die sagte: »Das geht doch an einem Mann nicht spurlos vorbei!« Oder von der Werbung, die auch 2016 mit Freude das traditionelle Ernährerbild verbreitet, in dem ein Mann abends von der Arbeit nach Hause zu kommen und seine Kinder sowie seine Frau zu küssen hat.

Verweigert man sich dem aber und sagt, dass es kein Problem für einen ist, dann hat man das Problem ja auch gelöst. Mein Vater war Hausmann – und das war wohl gut so für ihn, für eine Weile.

HEIMSTETTEN 2

Und dann passierte: nichts. Von 1997, als Katharina geboren wurde, bis 2004 etwa, als sie in die zweite Klasse kam, war es friedlich bei ihnen zu Hause. Von Streit keine Spur, von zu viel Alkohol angeblich auch nicht. Und auch die Aufgaben als Hausmann erledigte mein Vater gut und gewissenhaft, sagt Brigitte: »Bis dahin hat er das mit dem Haushalt gut gemacht.« Sieben Jahre lang ging Brigitte arbeiten und brachte das Geld nach Hause, während er putzte, bügelte, einkaufte und kochte. Er meckerte nicht, er machte nur. Wurde Hausmann, Putzmann und Chefeinkäufer. Katharina sagt: »Meine Mama war damals nicht sehr präsent.« Ihr erster Ansprechpartner sei der Papa gewesen.

Brigitte und mein Vater sahen eine Zukunft für sich und ihre Familie. Sie kauften gemeinsam ein Haus, nicht irgendwo, sondern in dem Ort, wo ich groß geworden war. 500 Meter entfernt von unserem alten Haus und nur 50 vom Haus meines Freundes

Jakob. Es ist ein spezielles Haus, sehr schmal, sehr hoch, mit einem Minigarten, der an der Stirnseite von einem meterhohen Lärmschutzwall begrenzt wird, wie eine Festung. Und ein bisschen ist das Haus so auch für mich, unerreichbar. Im Frühsommer 2001 bereitete ich mich mit Jakob in seinem Garten auf unsere Abiprüfung in Latein vor. Die Trutzburg meines Vaters lag immer in unserem Blickfeld. Es war das erste Mal, dass mein Vater beim Lernen in meiner Nähe war. Er wusste das. Und trotzdem kam er nie rüber. Nicht, um zu gucken, was wir machten, nicht, um uns Glück für das Abitur zu wünschen, nicht, um einfach Hallo zu sagen. Wenn ich ihn sehen wollte, musste ich zu ihm gehen und klingeln. Es war wie all die Jahre seit der ersten Klasse: Was mit Schule zu tun hatte, erledigte ich selbst. Um gelegentliche disziplinarische Probleme kümmerte sich meine Mutter. Mein Vater war fein raus.

Kurz darauf erschien er, zu meiner Überraschung, immerhin zu meiner Abiturfeier. Doch er versteckte sich so hinter anderen Eltern, dass ich ihn erst gar nicht entdecken konnte. Es war wie ein ungewolltes Sinnbild: der Vater, der sich im Getümmel verliert. Wenn mich meine damalige Freundin Christina auf ihn ansprach, zuckte ich meist nur mit den Schultern. Es gab einfach kaum etwas zu erzählen. Während der sieben Jahre, die ich mit ihr zusammen war, traf mein Vater Christina genau einmal, bei eben dieser Abiturfeier. Aber da verschwand er so schnell wieder, wie er gekommen war. Wir schafften es nicht einmal, mit ihm auf meinen Abschluss anzustoßen.

Enttäuschung wäre wahrscheinlich das passende Gefühl für diese Situation gewesen. Aber ich war damals nicht enttäuscht. Auch nicht wütend oder traurig oder verletzt. Diese Gefühle wollte ich meinem Vater nicht gönnen. Wenn ich überhaupt eine Regung zuließ, dann Mitleid. Für sein Desinteresse an mir, am Leben, auch an der Arbeit. Ich bemitleidete ihn, weil er, aus welchen Gründen auch immer, nur sein neues Leben sah, seine neue Familie. Mit seinem alten Leben in Kontakt zu bleiben schaffte er nicht. Er schien es auch gar nicht zu wollen. Oder wie erklärt man sonst, dass er mich nie besuchte? Dass er nicht zu mir in die USA kam, okay, das konnte ich verstehen. Katharina war gerade geboren worden, mein Opa gestorben, die Flüge waren teuer, das waren nachvollziehbare Gründe. Aber will man als Vater nicht sehen, wo der Sohn studiert? Wer lässt sich diese Chance entgehen, noch einmal in Erinnerungen an die eigene Studienzeit zu schwelgen? Mein Vater. 2002 zog ich für mein Studium nach Leipzig. Und alle kamen zu Besuch: meine Mutter, meine Freundin, meine Freunde. Nur er nicht. Wie gerne hätte ich ihm meine neue Stadt gezeigt, mein neues Leben, meine Uni und meine Bibliothek! Wie gut hätte es uns getan, zusammen in ein Kanu zu steigen und die Weiße Elster hinabzupaddeln, durch Schleußig und den Clara-Zetkin-Park ins Zentrum zu spazieren, um dort, mein Vater war immerhin Tourist, in Auerbachs Keller einzukehren! Wie gut! Aber es passierte einfach: nichts. Und ich weiß nicht, weshalb. Mein Vater schwieg das Thema einfach tot. Er hatte sein Leben, ich hatte meins. Dazwischen gab es nur lose Bande.

Heute wäre es mir fast lieber, ich könnte all das mit dem Alkohol erklären. Das wäre ja immerhin ein Grund gewesen. Zu betrunken zum Fahren, zu blau zum Verreisen, zu dicht, um Interesse zu entwickeln, irgendwas Simples, das ich kopfschüttelnd hätte akzeptieren können. Aber laut Brigitte ist da nichts zu der Zeit. Keine versteckten Wodkaflaschen, kein übermäßiger Weinkonsum, keine privaten Weißbierfeste im Wohnzimmer. Nichts, was seine Lethargie und sein Phlegma irgendwie erklären könnte.

———

Ein paar Kommilitonen und Freunde führten mir damals unbewusst vor Augen, wie so eine Vater-Sohn-Beziehung laufen könnte. Manuels Papa zum Beispiel versuchte bei jedem Besuch, seine Bestzeit auf der Strecke Köln-Leipzig zu unterbieten. Weil er ein bisschen autoverrückt war, schaffte er es einmal in weniger als vier Stunden. Oder Lukas, der von seinem Vater früh für die Berge begeistert worden ist und trotz des Studiums immer noch regelmäßig mit ihm Skitouren ging. Oder Jürgen aus Oberschwaben. Sein Vater kaufte für ihn eine kleine Wohnung in Leipzig und renovierte sie mit ihm zusammen. Alles keine Heldentaten, aber mir hätte schon ein Bruchteil davon gereicht.

Dieser Wehmut hing ich im Alltag zum Glück nicht allzu sehr nach. Sie beanspruchte einen Platz, das schon, aber eher wie ein großes Küchengerät, das man selten braucht und deswegen hinter der Sockelblende der Küche verstaut. Ich studierte in einer sich ständig verändernden, irren Stadt, wohnte zum ersten Mal in einer WG und trank mich durch die Leipziger Kneipen und WG-Partys. Da wollte ich nicht ständig verpassten Chancen hinterhertrauern, sondern ein Studentenleben führen. Und das war, alles in allem, doch sehr herrlich. Es ähnelte ironischerweise manchmal auch dem meines Vaters in den 70ern, vor allem in einer Sache: In mich passte damals eine Menge Alkohol hinein, bevor ich Alarmsignale von meinem Körper erhielt.

So wie auf einer Party bei meinem Freund Alex. Sie war gut und lang, was man trank, nicht so wichtig, Hauptsache, man tat es. Ich verließ die Party als einer der Letzten und bin zu Fuß nach Hause gegangen. Mein Auto, mit dem ich gekommen war, ließ ich stehen, dazu hatte mein Verstand noch gereicht. Als ich am nächsten Morgen aufwache, empfange ich sofort die ersten Signale: Kopfschmerzen, Übelkeit, weiche Knie, die Augen flackern ein wenig, das übliche Programm. Ich schleppe mich zur Toilette und versuche, den Abend vergessen zu machen. Es muss schnell gehen, denn ich will noch mein Auto holen. »Es steht doch da bei Alex so schlecht«, rede ich mir ein und fahre los.

Es ist Sonntagvormittag, elf Uhr. Vor Alex Haus ist nichts los. Kein Mensch auf der Straße, nur parkende Autos. Wird schon gehen, sage ich mir und steige in meinen blauen Kombi. Um einen Umweg zu vermeiden will ich erst, wird schon gehen, gegen die

Fahrtrichtung der Einbahnstraße rückwärts bis zur nächsten Kreuzung fahren, dann rechts abbiegen und dann immer geradeaus, dann wäre ich schon zu Hause. Der Wagen rollt los. Fffft. Ich passiere das erste parkende Auto. Fffft. Das zweite. Fffft, fffft, das dritte und vierte. Das geht ja super hier, denke ich und drücke leicht aufs Gas.

Fffft, fffft, fffft.

Noch 20 Meter zur Kreuzung.

Fffft, fffft.

Tffff!

Mein Kopf wird ruckartig nach hinten gegen die Stütze gedrückt, dann der ganze Körper nach vorne geworfen, die Knie schleudert es von unten gegen das Lenkrad. Irgendwas außerhalb meines Autos geht klirrend zu Bruch, während sich der Sicherheitsgurt unsanft, aber vorschriftsmäßig in mein Bauchfett hineinschneidet. Das Auto steht jetzt. Ein wenig schräg zur Fahrbahn, als würde ich gerade zum Parken einschlagen. Schulterblick durch das Heckfenster. Ein silberner Van ist da, viel zu nah für mein Gefühl. Wo kommt der auf einmal her?, frage ich mich und weiß es doch genau: »Er war da, aber du noch nicht!« Meine Hände fangen an zu zittern, mein Herz pumpt am Limit. Jetzt löst sich auch noch die Alarmanlage des Vans aus, tornadolaut, dabei ist doch Sonntag. Das muss doch nicht sein, und die Warnblinkanlage startet angeberisch-nervös auch noch ihren Dienst, an, aus, an, aus, und keiner sieht's außer mir. Wie war das noch mal mit dem Cent-Stück und dem Promilletest? Ich hauche in meine gekrümmte Handinnenseite hinein. Scheiße.

Um es kurz zu machen: Polizei und Autobesitzer waren in milder Sonntagsstimmung. Keine Anzeige, kein Promilletest, noch nicht einmal ein böser Blick. Aber was, wenn ein Kind in dem Moment zwischen den parkenden Autos auf die Straße geschlüpft wäre? Oder eine Oma mit ihrem Rollator nicht schnell genug die Straße gequert hätte? Dann hätte ich jetzt ein fettes Problem.

KINDERZIMMER

Meine Schwester klingt erwachsen. Nicht mehr teenagermäßig unkontrolliert wie noch vor zwei Jahren, eher bedacht und die Worte sorgsam wählend. Weniger Gekicher, mehr Stille. Das habe ich nicht erwartet, als ich Katharinas Nummer wähle.

Der Grund, warum ich es tue: Ich muss endlich einmal alleine mit ihr über unseren Vater sprechen. Er ist bereits eineinhalb Jahre tot, aber ohne Dritte haben wir tatsächlich noch nie miteinander geredet seither.

Ich muss einfach wissen, wie sie damit umgeht, dass unser Vater sich weggesoffen hat, und was das in ihr bewegt hat. Wir müssen auch darüber reden, dass sie diejenige war, die am meisten unter seiner verdammten Alkoholsucht gelitten hat, die »Glaa«, wie er sie immer auf Fränkisch nannte, die Kleine, die einfach das Scheißpech hatte, in den besonders argen Phasen seiner Abhängigkeit groß werden zu müssen.

Seit einiger Zeit sei sie in Therapie, sagt sie gleich als Erstes, längst überfällig. Fünf Jahre lang haben Freunde ihr dazu geraten. Seit 2010 also? »Ja.« Warum genau da? Keine Ahnung, es wäre wahrscheinlich auch schon früher gut gewesen. Hm.

Katharina geht in ihren Erzählungen weit zurück, bis in ihre Kindergartenzeit. Sie erinnert sich, welch plauderfreudiger Mensch unser Papa damals sein konnte. Dass er sich hervorragend mit den Kindergärtnerinnen verstand. Und später auch mit den Lehrern, obwohl er mit ihnen meist wegen disziplinarischer Probleme verhandeln musste. Die Mutter war ja in der Arbeit. In ihren ersten zehn Lebensjahren war »der Papa die absolute Bezugsperson«, sagt Katharina.

Als sie 2003 in die Schule kam, war sie fünf Jahre alt, ihre Mitschüler waren ein Jahr älter. Meine Oma und ein paar andere hatten meinem Vater und seiner Frau vorher geraten, das nicht zu machen, sie nicht vorzeitig einzuschulen, das würde ihr nicht guttun. Sogar meine Mutter regte sich mir gegenüber über das Vorhaben auf, zitierte Forschungsergebnisse und eigene Erfahrungen, die belegen sollten, dass das Quatsch sei.

Mein Vater wirkte damals auf mich auch nicht vollentschlossen. Eher hilflos wie einer, dessen Meinung nichts zählt und der immer übergangen wird, wenn es um die wirklich wichtigen Entscheidungen geht. Bei einem der seltenen Besuche bei ihm fragte ich, wieso er nicht stärker auf einer normalen Einschulung insistieren würde. Er wisse doch aus der Erfahrung mit mir, dass das auch mit knapp sieben Jahren sehr gut funktionieren könne. »Und außerdem: Wer kann denn Katharinas Fähigkeiten verlässlich einschätzen, wenn nicht du?« Er schaute mich aus traurigen Augen an, die laut zu schreien schienen: »Ich weiß doch, ich weiß doch.« Und trotzdem zogen es die beiden durch. Einschulung mit fünf.

Katharinas erstes Schuljahr verlief ohne Probleme. Erst ab dem zweiten poppten langsam die ersten Widrigkeiten auf. Stören,

Ärgern von Mitschülern, schlechte Noten, klassische ADHS-Verhaltensweisen eines Kindes, das um Aufmerksamkeit ringt. Die bekam Katharina ab da von unerwarteter Stelle: Eine Psychotherapeutin hatte ein Auge auf ihre Entwicklung, auf Betreiben der Eltern. Katharina sagt, sie habe in der Schule das Gefühl gehabt, dass sie anders sei. »Wie anders?«, frage ich. Sie kann es nicht präziser fassen: »Anders halt.«

Katharinas Feststellung klingt, als hätte sie das Werk der amerikanischen Psychotherapeutin Janet G. Woititz gelesen. Jener Bestsellerautorin, die die Auswirkungen von elterlicher Alkoholsucht auf Kinder als eine der Ersten ihres Fachs untersucht hat. Woititz schreibt: »Kinder von Alkoholikern haben das Gefühl, anders zu sein als andere Menschen, weil das bis zu einem gewissen Grade auch stimmt. Es fällt ihnen schwer zu glauben, dass sie als der Mensch, der sie sind, akzeptiert werden, ohne sich dieses Akzeptiertwerden verdienen zu müssen. Sich anders als andere und isoliert zu fühlen ist Teil ihrer Verkleidung.«

Es ist nur so: In der Zeit, um die es hier geht – die erste Hälfte der Nullerjahre –, hatte mein Vater laut Brigitte gar kein Problem mit Alkohol. Zumindest nicht in der pathologischen Form wie am Ende seines Lebens. Er soll noch nicht einmal zu viel getrunken haben. Doch was führte dann dazu, dass Katharina sich in der Schule so anders fühlte? Nur der Altersunterschied zu ihren Mitschülern? Oder war mein Vater doch so geschickt und konnte seine Sucht verheimlichen? Es wäre keine Überraschung. Das Verstecken von Flaschen und Übertünchen von Symptomen ist das Meisterwerk vieler Alkoholiker, vor allem von denen, die in Familien leben. Das habe ich in vielen Gesprächen mit Angehörigen gehört. Aus ihnen spricht oft eine sarkastisch formulierte Bewunderung für dieses Talent, die Krankheit unter Verschluss zu halten. Mein Vater hätte es sogar verhältnismäßig leicht gehabt. Er kaufte schließlich ein, putzte, kochte und hielt den Haushalt am Laufen. Was sind da schon ein paar Flaschen, die er beiläufig im

Glascontainer entsorgt. Der wiederum praktischerweise auf dem Weg zum Supermarkt, Bäcker und Metzger liegt, 100 Meter vom Haus entfernt.

Ich hacke auf dieser Möglichkeit herum, nicht, weil ich will, dass sie dadurch wahr wird, sondern weil mich ein Satz von Katharina in dem Zusammenhang irritiert: »Der Papa hat auch schon zu Grundschulzeiten den Schlüssel von innen in der Haustür stecken lassen«, sagt sie. Und dass er hinter der abgeschlossenen Tür im Haus geschlafen habe, auch mittags gegen 12 oder 13 Uhr, wenn Katharina von der Schule nach Hause kam und es dann lange gedauert habe, ehe sie ihn irgendwie wecken konnte.

Mich irritiert der Satz, weil ich Probleme habe, mir meinen Vater so vorzustellen. Den Schlüssel stecken zu lassen kann jedem mal passieren. Auf dem Sofa untertags einschlafen auch. Aber beides zusammen, mehrmals und obwohl er wusste, dass seine Tochter nach Hause kommt? Klar, nach oben gibt es für asoziales Verhalten kaum Grenzen. Aber mein Vater ein Asi, der seine Tochter wissentlich vergisst? Mein Herz rebelliert, aber mein Kopf wiegt unentschlossen hin und her. Es könnte sein, das muss ich zugeben.

Und genau das ist leider auch Teil meiner Suche nach Antworten: Ich muss darauf vorbereitet sein, jederzeit überrascht zu werden. Jedes Gespräch, jedes Blatt Papier, jedes Foto kann auf eine bislang unbekannte Seite meines Vaters hindeuten und sicher Geglaubtes infrage stellen. Mein Bild von ihm verändert sich ständig, wie eine Morphing-Schleife. In einem Moment ist er der liebe Papa, der Sandburgen mit mir baut und darin aufgeht, im nächsten der kranke Trinker, der kein Maß kennt und seine Aggressionen nicht unter Kontrolle hat. Und im übernächsten der einsame, fast Blinde ohne Kontakt zur Außenwelt, der schwitzt, wenn er eine Schaufel Erde hochheben soll.

Aber zurück zu Katharinas Satz mit den Schlüsseln. Der irritiert mich auch, weil sie mir von der Sache mit den Schlüsseln schon einmal erzählt hat. Kurz nach dem Tod unseres Vaters, als sie anlässlich der Berlinale zusammen mit ihrer Mutter bei uns zum Essen war. Damals aber hatte sie die Geschichte zeitlich anders eingeordnet: später, eher 2010, 2011, einer Zeit, über die sie und ihre Mutter sagen, dass er da ein Problem mit Alkohol hatte.

Welche Variante ist denn jetzt die richtige? Beide? Keine? Es ist natürlich auch gut möglich, dass Katharina die Daten einfach nur durcheinanderschmeißt, weil ihr alles wie ein großer Zeitbrei vorkommt. Davor ist niemand gefeit. Ich auch nicht, obwohl ich versuche, dem Leben meines Vaters eine Struktur abzutrotzen.

Alkoholismus ist aber leider oft auch eine Binnenangelegenheit mit sehr wenigen Zeugen. Das macht es so schwer, manche Behauptungen und Geschichten zu überprüfen. Manches muss ich einfach glauben, auch wenn mir das im Fall der Schlüsselgeschichte schwerfällt.

―――

Der Autor, Selbsthilfetrainer und trockene Alkoholiker Jürgen Heckel schreibt in seinem Buch *Sich das Leben nehmen*: »Alkoholismus ist eine Nichtgestaltung des eigenen Lebens.« Für ihn hat Alkoholismus nämlich nicht einmal zwingend etwas mit Alkohol zu tun: »Wenn Alkohol das Einzige wäre, was Alkoholismus auslöst, dann müsste jeder, der Alkohol zu sich nimmt, zum Alkoholiker werden.« Die Krankheit sei aber viel komplexer, schreibt Heckel, es gebe keinen Stillstand. »Der Krankheitsverlauf hat den Charakter einer kontinuierlichen Entfaltung, eines langsamen, heimtückischen Werdens, das eine wachsende Zwanghaftigkeit in unserem Verhalten bewirkt.« Also kein Beinbruch mit eindeutiger Ursache und Wirkung, sondern ein Prozess, der irgendwann, irgendwo anfängt, sich auf dem Rücken des Alkohols ins Leben zu schleichen, sich oft unbemerkt einen Platz ergaunert, von vielen Kräften getrieben wird und bis zum bitteren Ende bleibt: »Vorhersagbar ist nur der tödliche Ausgang.«

Ich glaube, dass dieser Prozess bei meinem Vater in seiner Jugend begann, spätestens als junger Erwachsener. Wie bei der Erschließung von Bauland mit Strom-, Wasser- und Datenleitungen verbanden sich die Rezeptoren in seinem Körper zum ersten Mal mit dem Gift der Zivilisation, sie wurden angefixt, aus Gewohnheits-, nicht aus Geschmacksgründen. Das heißt aber nicht, dass an dieser Stelle zwangsläufig ein Haus gebaut werden muss – nicht jeder, der Alkohol trinkt, wird Alkoholiker. Aber wenn die Umstände ungünstig sind, der Geist und der Körper es gestatten, wenn einiges zusammenkommt, dann wird auf dem schon erschlossenen Grund etwas entstehen. Gelegentlich eine prächtige Villa, die die Leute blendet und darüber hinwegtäuscht, dass innendrin Chaos herrscht. Meistens aber wird eine jämmerlich kleine Hütte errichtet, die nur mit Not gemütlich, aber eigentlich so eng und schäbig ist, dass es immer gefährlicher wird, sich darin aufzuhalten. Weil es irgendwann reinregnet, in den Ecken zu schimmeln anfängt und ganz am Ende alles: einstürzt.

Als Katharina eingeschult wird, trocknen gerade die Estriche der Alkoholkrankheit meines Vaters. Vermeintlich passiert nichts. So wenig, dass sich gar niemand mehr daran erinnert, dass es all das schon einmal gegeben hat, 15 Jahre vorher, ein paar Hundert Meter entfernt, in dem Haus, in dem ich aufgewachsen war. Aber wissen Brigitte und Katharina überhaupt davon? Welche Geschichte hat mein Vater Brigitte erzählt, als sie sich kennengelernt haben? Wieso meine Mutter und er sich getrennt haben? Dieselbe, die meine Oma so beständig wiederholt, die von der bösen Ehefrau, die sich in einen Kollegen verliebt hat? Oder die wahrscheinlichere, dass es ein Zusammenspiel war aus Alkohol, Versuchung und Entfremdung? Brigitte sagt, dass mein Vater die Variante mit dem Kollegen bevorzugt hat. Die, die ihn nach Opfer aussehen ließ und ihn gleichzeitig entlastete.

»Ein Alkoholiker denkt an drei Dinge: erstens an sich selbst, zweitens an sich selbst und drittens immer noch an sich selbst«, schreibt Jürgen Heckel. »Jedes Ereignis, jede Äußerung wird als Bestärkung oder Ablehnung des eigenen Ichs interpretiert.«

Die ersten Jahre der Schulzeit von Katharina waren wie eine lang gestreckte Prüfung für meinen Vater. Nachdem er lange zu Hause auf Katharina aufgepasst hatte, wurde er jetzt auf sich selbst zurückgeworfen. Seine Aufgabe, ein Kind großzuziehen, war natürlich nicht vorbei, aber sie veränderte sich stark. Statt alleine für sie zuständig zu sein, mischten jetzt auch andere Kräfte mit: Lehrerinnen und Lehrer, Freunde, der Judoverein, die Psychotherapeutin. Die Zeit mit Katharina wurde weniger.

Wenn ich ihn besuchen wollte, spielte deshalb jetzt nicht nur eine Rolle, wann Brigitte arbeitete, sondern auch, wann Katharina aus der Schule kam. Dann begann sein Einsatz. Essen kochen, ihr beim Hausaufgabenmachen über die Schulter sehen, da sein. Katharina sagt, für sie sei es selbstverständlich gewesen, dass ihr Vater immer zu Hause war: »Das war okay so. Bei anderen war es anders, bei mir war es so.«

Was diese ständige Anwesenheit nur leider nicht mit sich brachte, war gutes Essen. Mein Vater blieb all die Jahre ein lausiger Koch. Ich glaube, er wäre gerne ein guter gewesen, meine mich sogar zu erinnern, dass er während unserer Italienurlaube manchmal ein wenig damit kokettiert hat. Das sah ihm ähnlich. Als ich ihn in meinen Semesterferien einmal mittags besuchte, bereitete er gerade Schinkennudeln vor. Ohne Ei, ohne Sahne, ohne Kräuter, einfach nur trockene Nudeln mit Schinkenfetzen und etwas geriebenem Käse. Meinen dezenten Hinweis, man könnte das ja noch ein bisschen verfeinern, konterte er souverän: »Der Katharina schmeckt's!« Sie sagte später, na ja. Ich aß den Teller aus Höflichkeit an dem Tag auf. Aber es war wirklich scheußlich.

Zu Weihnachten schenkte ich ihm ein Kochbuch von Jamie Oliver, einfache Küche, die immer gelingt. Die Hoffnung war, dass er damit seinen Schinkennudel-Kartoffelbrei-Spinat-Horizont etwas erweitern würde. Aber er hat nie etwas daraus gekocht.

Was hat er sonst so gemacht untertags? Das habe ich mich oft gefragt, während ich in Leipzig im Seminar oder in der Vorlesung saß. Vor mir die Bücher, aber im Kopf woanders. Fragt er sich vielleicht auch, womit ich mich gerade beschäftige? Interessiert ihn das? Ich bin mir nicht mal sicher, ob er wusste, was ich eigentlich genau studiere. Gespräche, in denen ich von meinem Leben in Leipzig erzählte, waren zäh. Er konnte keinem der Namen Gesichter oder andere Geschichten zuordnen. Er kannte meine Kommilitonen ja nicht, im Gegensatz zu meiner Mutter: Während ich nach einer Operation eine Woche im Krankenhaus lag, übernachtete sie in meiner WG und genoss das schöne Leben dort. Dem Vergleich konnte mein Vater nicht standhalten. Deswegen hörte ich irgendwann auf, ihn zu ziehen. Ich machte überhaupt Schluss damit, etwas von ihm zu erwarten. Wenn er sich meldete, gut. Wenn nicht, fiel es auch nicht weiter ins Gewicht. Nur die Fragen, was er eigentlich mit seiner Zeit anstellte, die blieben.

Das ist, habe ich inzwischen gelernt, die schlimmste Frage, die man an einen Alkoholiker richten kann.

Was machst du eigentlich?

Denn die Frage nach dem Zeitvertreib bringt die Süchtigen in eine Drucksituation, einen Rechtfertigungszwang. Sie müssen sich gegenüber ihrer Außenwelt positionieren. Sie werden aufgefordert, sich als Person und Persönlichkeit zu bekennen. Für Nichtsüchtige ist das eine einfache Übung, zur Not erfindet man halt etwas, wenn sich die richtige Antwort nicht ziemt. Aber für die, die sich dem Alkohol übereignet haben, ist das eine der härtesten Prüfungen. Sie wissen, würden sie ehrlich antworten, müssten sie sich dem Problem stellen. Sie dürften sich und andere nicht mehr belügen. Gleichzeitig lässt sie die Krankheit oft auch glauben, alles im Griff zu haben, die Kontrolle eben nicht verloren zu haben. Jürgen Heckel, dessen Buch wohltuend unesoterisch und schmerzhaft ehrlich ist, nennt Alkoholismus deswegen »im Kern eine Krankheit in der Beziehung zu sich selbst und anderen«.

Mein Vater hatte, zu meinem Erstaunen und Bedauern, keine Hobbys. Aber gegen Ende der Nullerjahre fing er wohl wieder damit an, alte Beziehungen zu pflegen. Das erzählen mir die Kaugummikollegen von Wrigley, die ich im Biergarten getroffen habe, der Mann von Pfanni, mit dem ich lange telefonierte, und auch in Mails meines Vaters werde ich fündig: Gegen 2010 suchte mein Vater den Kontakt zu seinem alten Leben. Weshalb? Und warum jetzt? Hatte er von seiner Familie mit Brigitte und Katharina genug? Oder hoffte er, dass ihm die Exkollegen mit Ende 50 doch noch irgendwo irgendwie irgendeinen Job vermitteln können?

Es war wohl eine komplexe Mischung aus allem, die sich in einem traurigen Satz zusammenfassen lässt: Mein Vater war einsam. Er wollte reden und daher ein Treffen ehemaliger Kollegen organisieren. Das hatte er in den Jahren zuvor schon ein, zwei Mal für seinen Abiturjahrgang gemacht. Die Korrespondenz mit den ehemaligen Schulfreunden dazu füllt einen ganzen Ordner. Sicherheitshalber hatte er jede Mail und die Antworten dazu ausgedruckt.

Die konkretesten Erinnerungen an das Kollegentreffen hat Jörg von Wrigley. Er schreibt über meinen Vater: »Harald war der Initiator und Cheforganisator. Harald und ich saßen uns gegenüber, solange wir im Biergarten waren. Äußerlich machte er auf mich einen etwas ausgemergelten Eindruck, seine Haut war fahl. Harald sprach jetzt ruhiger und leiser als früher. Aber er erzählte mir voller Stolz, dass sich sein Leben verändert hat und er jetzt ein glücklicher Hausmann und erziehender Vater ist. Er trank Bier wie wir – auf eine Alkoholsucht wäre ich bei Harald nie gekommen.«

Das Veteranentreffen, wie Jörg es nennt, fand in der Jachenau statt, einem grandios schönen Stück Bayern zwischen Bad Tölz und Garmisch-Partenkirchen mit erklimmbaren Gipfeln, einem See so schön wie aus einem Kanada-Reiseprospekt und Wäldern so dicht wie in Schweden. Wer bei einem Besuch dort nicht wandert, hat die Jachenau nie kennengelernt. Mein Vater wagte das. Er, früher ein begeisterter Bergsteiger, verschmähte die geplante Wanderung mit den Exkollegen und blieb stattdessen im Biergarten sitzen, bis sie wieder da waren. Warum, weiß Jörg nicht mehr. Auch die beiden anderen Kollegen, die ich kennenlerne, Gisi und John, erinnern sich nicht. Aber alle drei haben eine Vermutung, jetzt, da sie wissen, wie es mit ihm zu Ende ging: Mein Vater blieb sitzen, weil er nicht anders konnte. Weil er ein Alki war, ohne Kondition und Antrieb.

Sobald man weiß, dass jemand alkoholkrank ist, kommt man nur schwer hinter diesen Wissensstand zurück. Zu tückisch ist das Gift der Unterstellung, zu schnell sind Schlüsse gezogen. Und manchmal trifft man damit auch ins Schwarze. Aber es ist auf der anderen Seite natürlich hundsgemein, posthum alles, was ein Mensch in seinem Leben erlebt, geleistet und gesagt hat, vor der Folie der Sucht zu betrachten. Ihm einen Teil seiner Fähigkeiten, seiner Vertrauenswürdigkeit und seines Urteilsvermögens abzusprechen, weil er krank ist. Vielleicht hatte mein Vater am Tag des Veteranentreffens auch schlicht keine Lust auf Wandern. Oder Knieschmerzen. Oder er fand die Route langweilig. Oder oder oder. Vieles ist denkbar. Am Ende blieb er einfach nur sitzen.

Umso mehr frage ich mich, was er sich von dem Treffen erhofft hatte. War es ein Job, hat er ihn nicht bekommen. Dafür einen wunderbaren Tag in den Bergen mit den Exkollegen erlebt. Und sonst? Ich erinnere mich an ein Telefonat aus dieser Zeit, in dem mir mein Vater mit stolzgeschwellter Stimme von dem Ausflug erzählte. Ich kann mich nicht mehr genau an seine Worte erinnern, aber weiß noch, wie merkwürdig stolz er klang. Er habe Exkollegen getroffen, deren Namen er mit einer Selbstverständlichkeit aussprach, als käme er gerade aus einem Meeting mit ihnen. Er kam mir vor, als habe er seinen Marktwert testen wollen. Schauen, wie viel von dem Harald Schottner, der er früher gewesen ist, noch übrig war. Vielleicht auch eine Trotzreaktion auf die sich verschlechternde Lage bei ihm zu Hause?

Das Ergebnis kann für ihn nur ermunternd gewesen sein. Er wurde angenommen, wie er war, nicht wie er zu sein hatte. Keiner seiner Exkollegen schöpfte Verdacht, auch das Hausmanndasein stellte ihn nicht unter ein schlechtes Licht. Ein Wellnesstag für seine geschundene Seele.

———

Manche der Geschichten, die ich im Laufe der Recherche über meinen Vater zu hören bekomme, klingen gleichzeitig plausibel und unglaublich. Plausibel, weil sie in das Gesamtgefüge passen. Unglaublich, weil sie Eigenschaften meines Vaters offenlegen, die ich mit ihm nie verbunden habe. Naivität zum Beispiel. Er kam mir immer wie ein Gegenentwurf dazu vor. Keiner, der übertriebene Risiken einging oder der blindlings in ein Abenteuer rannte. Wenn überhaupt Abenteuer, dann gut vorbereitet, Typ misstrauischer ADAC-TourSet-Besorger, nicht pfeifender Drauflosfahrer. Nicht zuletzt war er gelernter Marktforscher, wusste also, wie Menschen Entscheidungen fällen und wie sie zu manipulieren sind. Positiv formuliert: Er navigierte vorausschauend durchs Leben. Er konnte Dinge kommen sehen und war nicht überrascht von ihnen.

Der jahrelange Alkoholkonsum hat diese Eigenschaft bei ihm schleichend außer Kraft gesetzt. Er fing an, Fehler zu machen, und glaubte naiv, niemand würde sie bemerken. Vermutlich dachte er sogar, er würde das Richtige tun.

Brigitte erinnert sich an einen Tag im Sommer 2010. Es war sehr heiß, mit Temperaturen bis an die 40 Grad, einige ICEs mussten aus dem Verkehr gezogen werden, die Ostfriesischen Inseln, hieß es, hätten ein Klima wie die Costa Brava anzubieten gehabt. Brigitte erinnert sich an etwas anderes: »Wir haben da ganz gerne mal nach zwei Litern Wasser eine Weinschorle getrunken. Deswegen hatten wir immer eine Flasche Weißwein im Kühlschrank.«

Ich stelle mir das so vor: Man grillt nett am Wochenende, vielleicht kommen ein paar Nachbarn vorbei, und weil man den ganzen Tag schon im Garten gewerkelt und geschwitzt hat, *belohnt* man sich jetzt mal. Die einen nehmen dafür ein Radler, die anderen ein alkoholfreies Weißbier. Mein Vater und seine Frau griffen zu Weißwein mit Wasser. So weit kein Problem. Irgendwann, sagt Brigitte, sei ihr aber aufgefallen, dass im Kühlschrank eine andere Flasche stand als die, die sie zuletzt dort platziert hatte. Eine mit anderem Etikett. Da die Flasche nicht von ihr stammte, fragte Brigitte meinen Vater, ob er sich das erklären könnte. »Und er hat es zum einen mit einer gewissen Aggressivität in der Stimme geleugnet. Zum anderen mir vorgeworfen, dass ich mir das einbilden würde. Dass ich spinnen würde.« Brigitte sagt, das sei der Punkt gewesen, an dem es ihr »so richtig gedämmert« habe, dass er ein Problem hat. 16 Jahre nachdem sie sich zum ersten Mal gefragt hat, wieso mein Vater am Telefon so verwaschen gesprochen hat, er in Frankfurt, sie in München. Es ist der Wendepunkt.

Um besser belegen zu können, dass nicht sie diejenige war, die spinnt, ging Brigitte nicht sofort in die Offensive, sondern beobachtete meinen Vater erst einmal. Und machte eine Entdeckung: Freunde von ihr waren für ein Wochenende zu Besuch, es gab ein großes Essen, und irgendwann regte einer von den Gästen an, dass nun ein Schnaps recht wäre. »Da habe ich gesagt, ja, nichts leichter als das! Wir hatten ja immer so eine Art Hausbar. Und dann schaue ich in die Bar und sehe: Es sind zwar noch alle Flaschen da, aber in allen ist nur noch ein Minischluck drin.« Genug für die Runde mit den Freunden, aber zu wenig, um das Problem dahinter nicht gesehen zu haben.

Brigitte stellte meinen Vater wieder zur Rede. Sie nötigte ihn, sagt sie, beim nächsten Gesundheitscheck mit dem Hausarzt über das Thema zu reden. Eigentlich der richtige, der empfohlene Weg. Aber der Hausarzt, erinnert sich Brigitte, habe meinem Vater den Rat gegeben, wenn es nicht anders ginge, sollte er vormittags eben eine dünne Weinschorle trinken. Manche Frauen würden das ja auch machen, nur eben mit Prosecco. Zu allem Übel waren auch noch die Blutwerte meines Vaters ziemlich gut. Was zwar nicht heißen musste, dass er kein Problem hatte, aber das und der windelweiche Rat seines Arztes gaben meinem Vater Rückenwind: Er befand, er war nicht krank. Er brauchte keinen Entzug. Süchtig waren die anderen.

BRANDENBURG

An mir rauschte das alles vorbei. Als mein Vater auffällig wurde, habe ich in Köln gewohnt. Erster Job nach dem Studium, erstes eigenes, erstes richtiges Geld. Neue Stadt, unbekannte Leute, neues Bier. Eine erschreckende Plörre, die sich wie Watte im Kopf anfühlt. Das schafft sonst kein Bier, einen am nächsten Tag so zuverlässig schlecht aussehen zu lassen, selbst wenn man nur zwei von den Reagenzgläsern hatte. Aber was sollte man machen? Pils ist in Kölner Kneipen so selten wie Edelweiß. Und die neuen Arbeitskollegen trafen sich zum Kennenlernen nun mal am liebsten in Brauhaus.

Mein Vater hatte davon, behaupte ich, wieder mal keine Ahnung. Wir schickten uns bedrückend uninspirierte E-Mails, beide, wir nahmen uns da nicht viel. Hallotschüssliebegrüße. Immer derselbe langweilige Rotz. Der Tiefpunkt war eine Mail von ihm zu meinem 28. Geburtstag. Sie war eigentlich nett formuliert, aber mit einer Prise Chuzpe gespickt, die mein Vater seit Jahren im Repertoire hatte.

»Lieber Dominik, nach dem mündlichen Glückwunsch, jetzt auch noch der schriftliche Glückwunsch. Dein Geburtstagsgeschenk kannst du dir bei mir abholen. Viele liebe Grüße, Dein Papa.«

Das geht viel schlimmer, gewiss. Und es war, im Vergleich zu früher, auch schon ein Schritt nach vorne. Statt »Hallo« schrieb er zum Beispiel jetzt »Lieber« in der Anrede. Aber der Satz mit dem Geschenk stellte für mich den Rest in den tiefdunklen Schatten seines Egoismus und Phlegmas. Er zeigte mir, dass mein Vater immer noch nicht verstanden hatte, dass man auch mal in eine Beziehung investieren muss, auch in Blutsverwandtschaft. Dass man sich aus der eigenen Komfortzone raus- und in die des anderen reinbewegen muss, um vielleicht irgendwann eine gemeinsame zu schaffen.

Stattdessen dieser Mist: Ich musste mir mein Geburtstagsgeschenk bei *ihm* abholen. Wenn ich mal wieder in München sein und *ihn* besuchen würde, zu einer Zeit, wenn seine Frau nicht da wäre und möglichst seine Tochter auch nicht. Dazu schickte er mir ein Foto eines 100-Euro-Scheins. Wusste er nicht, dass man Geld auch überweisen kann? Warum musste ich zu ihm kommen, wenn ich doch derjenige war, der Geburtstag hatte? Wann hat er mich das letzte Mal eigentlich besucht?

Nachdem ich die Mail gelesen hatte, lehnte ich mich auf meinem klapprigen Schreibtischstuhl weit nach hinten zurück und legte die Hände auf meine Augäpfel. Das mache ich immer, wenn ich wütrig bin, wütend und traurig zugleich. Der Versuch, die Tränen durch physischen Druck zurückzuhalten. Doch es klappte nicht. Irgendwann, dachte ich, wird er mir doch wohl mal egal sein, und drückte die Ballen noch fester auf die Augäpfel.

Heute bewerte ich die Situation etwas anders. Ich bin immer

noch sauer, wenn ich die Mail lese, und entschuldige den Satz nicht. Aber ich lese darin jetzt eher einen Hilferuf. Der keiner sein wollte, weil er keiner sein durfte. Denn er, mein Vater, war ja nicht krank und hilfebedürftig. Aber er merkte wohl, dass sein Leben porös geworden war. Dass es erste Risse bekommen und er daran großen Anteil hatte. Dass seine Frau und Tochter begannen, sich von ihm abzuwenden. Dass er also mittendrin war, von der Guthaben- auf die Soll-Seite des Lebens zu wechseln. In dieser Phase erinnerte er sich wieder an seinen Sohn. An mich.

Zum Glück meines Vaters und auch zu meinem lernte ich in jener Zeit meine heutige Freundin kennen, Stine. Sie war es, die meine harte Haltung zu meinem Vater aufweichte – und mir zeigte, wie man mit Alkoholikern umgehen sollte.

Stine ist Schauspielerin und Sprecherin, unter anderem bei dem Radiosender, für den ich arbeite. Nach einer gemeinsamen Schicht fanden wir uns sympathisch genug, um miteinander auszugehen. Schnitzel essen. Kurz darauf wurden wir ein Paar. Ein halbes Jahr später bezogen wir unsere erste gemeinsame Wohnung in Köln. Und wunderten uns, denn eigentlich hatten wir beide andere Pläne gehabt. Sie wollte nach Berlin ziehen und ich nach einer langen, von mir verkorksten Beziehung alleine sein. Jetzt waren wir zu zweit in Köln und das war gut so.

Stine eröffnete mir eine Welt, mit der ich vorher nichts zu tun hatte, die ich interessant fand, aber nur aus der Ferne: Theater. Sie war Mitglied im Ensemble des Düsseldorfer Schauspielhauses. Ein anfänglich unfassbar schlecht bezahlter und trotzdem sehr begehrter Job. Den Stress, der damit einhergeht, erleichtern sich manche der Künstler mit viel Rotwein und Bier nach den Proben und Vorstellungen in der Kantine, einem der wichtigsten Orte des Theaters, lerne ich von Stine. Sie nimmt mich ein paar Mal dorthin mit. Und es stimmt: Wasser haben die wenigsten an diesen Abenden getrunken.

Stine stellte mir auch den ersten Alkoholiker meines Lebens

vor. Ihren Vater Peter. Wir waren an Weihnachten bei ihm zum Mittagessen eingeladen, in der brandenburgischen Heimatstadt von Stine. Es gab Hühnerfrikassee, und meine Socken hatten je ein Loch an den großen Zehen. Peter zerriss es fast vor Schadenfreude. Ein Wessi in kaputten Socken, das konnte er sich nicht entgehen lassen und zog mich drei Stunden lang auf. Stine sagte später: »Der mag dich!«

Sie hatte mich gut vorbereitet auf den Besuch. »Er wird dir vielleicht ein Bier anbieten«, hatte sie prophezeit. »Er hat einen etwas derben Humor«, hatte sie gewarnt. »Er ist eine ziemliche Erscheinung. Und vielleicht wird er betrunken sein«, hatte sie gesagt. Und so saß ich am zweiten Weihnachtsfeiertag 2010 neben dem Hünen Peter auf einer beige-braunen Sofalandschaft, und es kam ein Bierangebot, das ich ablehnte. Und es kamen derbe Sprüche, die ich hinnahm. Und er verhielt sich auch sonst und zu meiner Überraschung ähnlich wie mein Vater. Rang um Aufmerksamkeit, immer einen Tick zu großspurig, selbstbewusst, aber im Inneren eigentlich kurz vor dem Zerbrechen. Es schmerzte beim Zusehen, aber ich musste hinsehen, und manchmal brachte Peter mich auch zum Lachen. Darin immerhin unterschieden sich unsere Väter. Meiner riss nie Witze.

Von allen Frauen auf der Welt hatte ich also genau die getroffen, deren Vater mich fatal an meinen erinnerte – konnte das sein? Eine Brandenburger Variante von ihm, Bus- und Taxifahrer, nach der Wende Vermögensberater, ein geborenes Großmaul, von seinen Saufkumpanen Titte genannt, weil für ihn der Hafen der Ehe nur ein Ort von vielen war, den man ansteuern konnte. Einer, der das Leben in vollen Schlucken zu sich nahm, in der DDR jemand war und nach 1990 irgendwie nicht mehr so. Konnte das wirklich sein, dass mein Schwiegervater in spe und mein Vater Brüder im Geiste waren? Es konnte. Und es war gut so. Wozu, erfuhr ich erst später.

Stine hatte ihren Vater nie anders als »so« gekannt, als einen, der trank. Schon als sie und ihre Schwester klein waren, spürten sie es: »Papa hat wieder die müden Augen«, haben sie immer gesagt, wenn Peter nachmittags und am Wochenende schon mittags voll wie der Bus, den er unter der Woche lenkte, auf dem Sofa wegratzte. Komischerweise, sagt Stine, sei er mit den müden Augen immer besonders erträglich und nett gewesen. Hatte er sie nicht, konnte er ungemütlich werden. Stines Mutter ließ sich erst lange nach der Wende von Peter scheiden. Ende der 90er. Peter hatte einfach zu viel kaputtgemacht: die Ehe, die Kinder, sich, sogar ihr Elternhaus hat er im Suff verzockt. Er trank trotzdem weiter.

Als Peter uns zum Frikassee-Essen einlädt, hat er den ersten Entzug seines Lebens gerade wenige Monate hinter sich. Die Nachricht, dass er wirklich in Therapie gehen würde, hatte Stine kaum mehr für möglich gehalten. In unserem Wohnzimmer fiel sie mir weinend in die Arme: »Darauf habe ich so lange gewartet!«

Ein paar Tage später lud sie mehrere Stiegen Saft in den Kofferraum unseres kleinen Polos mit den 45 PS und fuhr von Köln zu ihrem Vater in die Klinik. Ein renommiertes Haus in Lindow am Gudelacksee, nördlich von Berlin. Fast 100 Jahre ist die Einrichtung alt, herrschaftlich, mit einem großen Park und viel Wasser. Am Ufer gegenüber wohnt ein bekannter deutscher Schauspieler, der am liebsten sich selber spielt. Peter hingegen versuchte, von sich selbst loszukommen und nie wieder dahin zurückzukehren. Würde er das 18 Monate lang schaffen, betrug das Risiko für einen Rückfall nur noch 3 Prozent pro Folgejahr.

90 Prozent der Süchtigen werden im ersten Jahr nach einem Entzug rückfällig. Damit ist gemeint, dass die Süchtigen hinter ihren selbst gefassten Entschluss zurückfallen. Dieser muss nicht zwingend Abstinenz bedeuten, sondern kann auch heißen: weniger oder kontrolliert trinken. Es muss also nicht automatisch ein Rückfall sein, wenn jemand nach einem Entzug ein Bier trinkt. In seiner *Suchtfibel* schreibt der Psychologe Ralf Schneider: »Die

Rückfallprophylaxe baut auf dem persönlichen Vorsatz des Einzelnen auf. Dabei ist es egal, wie der Vorsatz inhaltlich lautet. [...] Hauptsache, der Vorsatz ist klar formuliert, von der betreffenden Person umsetzbar und von ihrem festen Willen getragen.«

Nach diesem Prinzip formulierte auch Peter einen Vorsatz: Er wollte gar keinen Alkohol mehr trinken. Nach wenigen Monaten, keinem halben Jahr, war er dahin. Er verlachte die Psychologin, die ihn betreute. Er traf die alten Freunde wieder, mit denen er früher schon gesoffen hatte. Statt eines richtigen Jobs bekam er nur einen 1-Euro-Job als Aufsichtskraft in einer Schule. Dort saß er in einem Raum, in den die Schüler geschickt werden, die aus der Reihe tanzen. Denen erzählte er dann, wie man sich in der Schule zu benehmen hat. Er hatte Freude daran, und die Schüler respektierten ihn. Doch bald schon war er wieder raus aus dem Schutzraum, den er sich selbst geschaffen hatte. Die Gelegenheit war günstig, und er griff wieder zu den Flaschen, ermuntert von den alten Kumpels: »Trink doch einen mit!«

Im Sommer 2013 stirbt Peter, einen Tag bevor ihm ein Zugang für die Dialyse gelegt werden sollte. Seine Leber funktionierte kaum noch. In seiner Wohnung finden Stine und ihre Geschwister beim Ausräumen den Grund: mehrere Plastiktüten eines Discounters, gefüllt mit nichts als Wodkaflaschen. Peter wollte nicht mehr.

Nach Peters Tod schickte ich meinem Vater eine E-Mail:

Lieber Papa,
am Wochenende ist Stines Vater gestorben. Peter hat sich im wahrsten Sinne des Wortes abgeschossen mit Alkohol.
Meine Bitte an dich deswegen: Lass mich nicht mit knapp über 30 ohne Vater dastehen, so wie er es bei Stine und ihren Geschwistern gemacht hat.

Liebe Grüße
Dominik

Mein Vater antwortete:

Lieber Dominik,
keine Sorge, ich werde mich nicht mit Alkohol »abschießen«.
Ich habe jetzt ganz andere Sorgen: Scheidung (evtl.), neue
Wohnung, etc.
Liebe Grüße
Papa

SCHLECHTES VERSTECK

Die Norgerl in den Flaschen waren verschwunden. Keine Anstands-
reste, nirgends. Mein Vater hat sie aufgegeben. Seit Brigitte entdeckt hatte, dass er mehr trinkt, als sie gut findet, schlängelte sich
sein Leben einen steilen Pass den Berg hinunter. Und es war nicht
klar, was ihn unten im Tal erwartet. Läuterung? Scheidung?

Mein Vater wusste, dass er beobachtet wurde. Oder zumindest
hätte er es wissen können, denn Brigitte hat ihm ja gesagt, dass
sie bemerkt hatte, wie schnell sich die Flaschen leerten. Aber
seine Naivität war offenbar riesig. Der vom Alkohol befeuerte
Glaube, dass er cleverer sei als die anderen, dass wir nichts merkten, zu sehr in Liebe seien, um hinzuschauen, brachte ihn dazu,
wie ein kleines Kind zu handeln. Er fing an, die Flaschen mit dem
Alkohol zu verstecken. In seinem eigenen Haus.

Sein Kind entdeckte sie als Erste. Oben in seinem Arbeitszimmer, wo er stundenlang am Computer saß und Solitär spielte,

legte er eine Flasche Wodka hinter den Schreibtisch, mitten rein in den Kabelsalat, als wäre es ein Nest, warm und vor den Blicken der anderen geschützt. Dasselbe Versteck, das Katharina auch für ihre Schokolade benutzte. Sie erzählt, sie habe sie im ganzen Haus verteilt, »weil ich lange Wege scheue«. War das auch sein Plan, schnellen, unkomplizierten Zugang zum Stoff zu haben?

Vater und Tochter teilten sich ab da die Verstecke. Bettkasten, Kleiderschrank, Handtuchschrank, Fernsehrack, Drempel. Wo es die beiden gelüstete, richteten sie sich einen Versorgungspunkt ein. Und dann kam der andere und schubste den Konkurrenten wieder aus der Nische. Wortlos, denn die beiden redeten nicht drüber. Ihrer Mama erzählte Katharina erst später davon. Und die riet ihr, als sich die Situation zu Hause verschärfte, alles zu dokumentieren: Fotos von den Verstecken und den Flaschen zu machen. Wer weiß, wofür es noch mal gut sein würde. »Wofür sollte es denn gut sein?«, frage ich Katharina. »Keine Ahnung, die Mama hat nie danach gefragt.«

Katharina hat den Rat ohnehin nicht befolgt und nichts dokumentiert. Vielleicht aus Loyalität zum Vater, vielleicht aus Selbstschutz. Denn wer weiß, was passiert wäre, wenn er sie erwischt hätte, wie sie gerade ein Foto von einer Flasche im Handtuchschrank macht und sich auf einen Zettel schreibt, was sie sieht: »12.11., 11:43 Uhr, Ouzo, halb leer.« Vielleicht hätte er sie, wie angeblich in der Grundschule, geschlagen und die Treppe runtergestoßen. Ich will es mir gar nicht vorstellen.

Kaum vorstellbar ist für mich aber auch, in welchem psychischen Zustand unser Vater damals gewesen sein muss. Im Innersten haltlos, würde ich es nennen, führungslos sich selbst gegenüber, ohne innere und äußere Struktur. Kein Wunder eigentlich, er war jetzt mehr als ein Jahrzehnt ohne Job. Einer von mehr als einer Million Langzeitarbeitslosen in Deutschland. In unseren Berichten verwenden wir Journalisten für Menschen wie ihn das Wort »abgehängt«. Es klingt, als müsste man sie nur wieder ankoppeln, dann ginge das schon. Aber in Wahrheit ist das Wort nichts anderes als ein Todesurteil. Tod durch Verstoßenwerden aus der Gesellschaft.

Die Arbeitsagentur tat freilich so, als würde sie versuchen, genau das zu verhindern. Sie verrichtete unbeirrt ihren Job. Schickte meinem Vater regelmäßig Schreiben mit Listen, die ihm seine Lage in Tabellenform aufbereiteten. *Sozialversicherungspflichtig beschäftigt von bis. Erwerbslos von bis.* Jedes Wort war ein Schlag auf die Zwölf, jede Einladung zum Gespräch über seine Jobperspektiven der reine Hohn. »Bringt doch eh nichts«, sagte er zu mir und regte sich dann darüber auf, dass für ihn Steuergelder verschwendet würden. Die Termine ließ er immer häufiger sausen, irgendwann ging es auch per Telefon. Das Thema Job war jetzt keines mehr.

Nur meine Oma wollte sich damit nicht arrangieren. Wenn ich sie besuchte und wir an dem kleinen wachsbetuchten Tisch in ihrer Küche frühstückten, schüttete sie mir ihr Herz aus. »Das geht doch an einem Mann nicht spurlos vorbei!«, klagte sie immer wieder. Die einst so stattliche Frau war klein geworden, ihre Blessuren aber größer. Immer noch griff sie jeden Tag in die alte Lebkuchenschachtel und schmiss sich eine Handvoll Pillen in den Rachen, nahm einen Schluck Wasser aus einem alten Senfglas und lehnte sich mit einem lauten Stöhnen zurück. Was fühlt eine Mutter, die ihrem Sohn dabei tatenlos zusehen muss, wie er sein Leben in den Sand setzt? Hatte sie Schuldgefühle? Empfand sie Abscheu? Enttäuschung? Dachte sie an ihren Mann, den Vater meines Vaters, und was der für ihn war: Vorbild oder Hassfigur? Sie hat ja auch immer gesagt, dass die Scheidung meiner Eltern Gift für mich gewesen sei. Dachte sie das auch über die damalige Situation?

Sie ließ sich nicht viel entlocken. Selbstreflexion war nicht ihre Sache. Aber ich glaube, sie wusste um ihre Rolle in der Angelegenheit. Sie wusste, dass sie eine der wenigen war, die Zugriff auf meinen Vater hatten. Nur, sie nutzte ihn kaum.

Abgesehen von der Getränkemarktidee. Regelmäßig schlug meine Oma ihrem Sohn nämlich vor, er sollte doch einen Getränkemarkt eröffnen. Das wäre schnell gemacht, rechnen könne er ja, und trinken würden die Leute immer, das sei doch ein gutes Geschäft. »Ich hab dir das schon immer gesagt!«, tadelte sie. Aber er – winkte ab. »Mutter!«, sagte er mit Nachdruck, aus Anstand, dann schwiegen sie beide. Ein Getränkemarkt, das wusste mein Vater, war das Letzte, was er brauchte. Aber *was* er brauchte, was er *konnte*, was er *wollte*, das schien er nicht mehr zu wissen. Sein Anspruch, es der Welt zeigen zu wollen, löste sich in Hochprozentigem auf. Das Leben schlich aus ihm aus, so, wie man Medikamente Schritt für Schritt absetzt, in der Hoffnung, irgendwann ohne sie zu leben.

Sein Rückzug aus dem Leben war umfassend. Bereich um Bereich wurde abgewickelt. Nach der Arbeit kam die Freizeit. Für eine kurze Zeit rückte mein Vater in den Vorstand einer kleinen Partei auf, der VfW, für die meine Mutter einst im Gemeinderat gesessen hatte. Ich fand das skurril und schön zugleich. Es bescherte mir einen kurzen, warmen Moment mit meinen Eltern, Jahre nach ihrer Scheidung. Drei Jahre später hätte er, wie sie, fast in den Gemeinderat einziehen können. Ein Parteifreund war für eine Kolumne im Ortsblättchen einmal auf der Maus abgerutscht, sah seinen Fehler aber nicht ein und bekam im Rat mächtig Zunder. Mein Vater schrieb mir damals eine Mail: »Ich hoffe nicht, dass er zurücktritt, sonst wäre ich als nächster Nachrücker dran.« Warum hatte er sich dann überhaupt bei der Wahl aufstellen lassen? Als Zählkandidat oder weil es ihm schmeichelte? Schreckte ihn die Verantwortung?

Bei der Tafel war es ähnlich: Mit unserem ehemaligen Nachbarn Rühl klapperte mein Vater mittwochs eine Zeit lang eine Runde Supermärkte ab, überschüssige Ware einsammeln und sie an Bedürftige verteilen. Er, der selbst seit vielen Jahren erwerbslos war, engagierte sich für sozial Schwächere, weil er es sich leis-

ten konnte. Weil seine Frau die Familie finanziell trug. Irgendwann ertrug er auch das nicht mehr und hörte auf. Er ging einfach
nicht mehr hin.

Er hatte ab dem Zeitpunkt eigentlich nur noch freie Zeit. Niemand wusste, was er mit ihr genau machte. Brigitte berichtet,
dass es nicht der Haushalt gewesen ist. »Da hat er nur noch das
Minimum erledigt.« Wenn eine Wand gestrichen werden musste,
forderte er die Maler an. Die Hausaufgabenbetreuung wurde aus-
gelagert. Dreimal die Woche half eine Studentin Katharina dabei
und gab ihr Nachhilfe. Eine Putzfrau hielt das Haus sauber, Gärtner den Garten. Brigitte kümmerte sich am Abend nach der Arbeit
um die Wäsche und bezahlte den Rest. Mein Vater saß vor der
Glotze, sagt Katharina, und zog zwischen drei und fünf Gläser
Wein runter, nachdem er zum Abendessen Bier getrunken hatte.
Es klingt wie früher bei uns zu Hause.

Und trotzdem bewegte sich nichts. Katharina vermutet, dass
es an den vielen Urlauben lag, in die die Familie fuhr und flog. Sie
seien der Grund gewesen, warum es so lange gedauert habe, ehe
ihre Mutter die Krankheit ihres Mannes als solche registriert
habe. »Im Urlaub konnte er sich immer gut kontrollieren. Wahrscheinlich dachte sie deswegen, das Problem sei nicht so groß!«
Andere fahren in den Urlaub, um sich volllaufen zu lassen. Bei
meinem Vater war im Urlaub große Zurückhaltung angesagt. Es
zerreißt mir das Herz, als mir klar wird, wieso: Endlich hatte
jemand Zeit für ihn. Endlich hörte ihm jemand zu, wenn auch
vielleicht widerwillig. Endlich musste er nicht mit Alkohol den
Tag füllen, weil sonst niemand da war. Sondern der Tag füllte sich
von alleine mit Ausflügen und Fahren und Lesen und Entspannen
und Familie. Mein Vater war sogar derjenige, erinnert sich Katharina, der fast immer fuhr, wenn sie ein Auto oder Wohnmobil mie-
teten. Das ging in den Ländern, in denen sie unterwegs waren,
nur mit null Promille.

IM TAL

Mein Vater ist nicht der Einzige in seiner Familie gewesen, der Alkohol trank. Natürlich nicht, es war ja eine normale Familie. Also trank auch Brigitte manchmal etwas. Abends, wenn sie von der Arbeit in München zurück in die Vorstadt gefahren war, nahm sie gelegentlich einen Schluck Wein oder am Wochenende auch mal einen Cocktail zu sich. Runterkommen, Stressabbau, vielleicht das häufigste Motiv, Alkohol zu trinken. Aber nach einem, vielleicht zwei Gläsern hörte Brigitte auf, und es war gut. Bis zu ihrem nächsten Schluck konnten Tage, mitunter auch Wochen vergehen. Wann immer es eben schmecken und passen könnte, nicht wann es sein müsste.

Brigitte glaubte, dass man das lernen könnte: kontrolliertes Trinken, kurz kT. Das hat sie im Herbst 2011 in der Zeitung gelesen, erzählt sie mir am Telefon. In München gebe es da eine Einrichtung, passenderweise heißt die Adresse »Im Tal«, da könne man so einen Kurs dazu belegen. Das habe sich alles sehr schlau angehört, was da in der Beschreibung auf der Internetseite gestanden habe: »Für mich war das einleuchtender als so eine totale Abstinenz. Ich habe mir gedacht, dass das in unserem Kulturkreis und Umfeld halt schon bissle schwierig ist, wenn du jahrein, jahraus nur an Wasser und Saft klebst.«

Mein Vater teilte diese Ansicht. Und er willigte tatsächlich ein, den Kurs zu belegen. Woran er aber wohl nicht gedacht hatte, war, dass er vorher noch einmal zu seinem Hausarzt musste, wegen der Blutwerte. Zu dem Arzt, der ihm geraten hatte, gegen das Zittern eine verdünnte Weinschorle zu trinken, was ganz offensichtlich nicht geklappt hat. Jetzt fürchtete mein Vater, sich vom Arzt eine Rüge einzufangen, weil die Werte nicht nach verdünnter Weinschorle, sondern nach Dutzenden Litern Wodka aussehen könnten. Aber der Arzt machte deswegen kein Fass auf, sondern ermutigte meinen Vater, den Kurs zu belegen. Damit entledigte er sich des Problems zwar auf eine denkbar elegante Weise, und es war allemal besser, als zu einer verdünnten Weinschorle zu raten. Aber trotzdem frage ich mich, ob nicht etwas mehr Vehemenz und vielleicht auch Problembewusstsein hilfreich gewesen wären.

Das Konzept des kontrollierten Trinkens wurde in den 1960ern in den USA und Australien entwickelt. Der Nürnberger Psychologe Joachim Körkel verbreitete die Methode erst drei Jahrzehnte später in Deutschland. Kerngedanke ist, den Alkoholkonsum Regeln oder einem Plan zu unterwerfen. »Ich trinke jetzt nur noch an drei Tagen in der Woche je zwei große Glas Bier.« Oder: »Ich trinke nur noch in Gesellschaft, und dann auch nicht mehr als fünf Gläser Wein.« Das soll langfristig zu einer Verringerung des Alkoholkonsums führen.

Obwohl das Konzept im angelsächsischen Raum mit einigem Erfolg angewendet wird, steht es in Deutschland immer noch in der Kritik. Gerade Mediziner sehen darin kein probates Mittel, um Suchtabhängigen zu helfen. Wilhelm Feuerlein formulierte stellvertretend: »Gründe für das Versagen des Prinzips des kontrollierten Trinkens sind vor allem die Entwicklung einer psychischen Abhängigkeit, bedingt durch das hohe Abhängigkeitspotenzial des Alkohols, und das Suchtgedächtnis des Betroffenen.« In anderen Worten: Wer, wie mein Vater, seit Jahren oder Jahrzehnten kaum ein Maß kennt und selten eine Mass stehen lässt, für den ist kontrolliertes Trinken keine Lösung. Für andere Trinkergruppen, konstatiert Feuerlein, könnte es aber sinnvoll sein: »Der Versuch des kontrollierten Trinkens gelingt eher bei Personen, die noch nicht abhängig geworden sind.«

Die kT-Vertreter sehen das natürlich anders. Sie argumentieren, dass kT die Autonomie des Abhängigen wahre, indem dieser selbst das Ziel bestimme, statt es sich von einem Mitarbeiter der Suchthilfe aufoktroyieren zu lassen. Und nicht ganz zu Unrecht reklamieren sie für sich, dass ein Angebot wie kT Menschen, die vom Dogma der Abstinenz abgeschreckt sind, in die Suchthilfe holen und sie möglicherweise auch zu einer weiteren Behandlung motivieren kann. Also denjenigen eine Stütze sein kann, die tatsächlich Angst haben, den Alkohol zu verlieren und damit einen Teil ihres Lebens. So wie mein Vater.

Dass er einwilligte, zu den zehn Gruppentreffen nach München zu fahren, war ein kleiner Erfolg. Er sah sich zwar nach wie vor nicht als Suchtkranken und fand im Kern auch seinen Konsum nicht problematisch. Aber genau das ist auch schon Teil der Krankheit: die Verkennung der eigenen Lage, die sture Selbstbehauptung bis zur körperlichen Aufgabe. Dass er also Woche für Woche ins Tal fahren wollte, um zu lernen, wie man kontrolliert trinkt, war ein Zeichen dafür, dass er sich noch nicht ganz aufgegeben hatte.

Eine Anforderung des Kurses war es, nüchtern zu den Sitzungen zu erscheinen. Logisch. Aber das schaffte mein Vater nach wenigen Wochen nicht mehr. Er schrieb es sogar in das kleine

Trinktagebuch rein, das er führen musste. Die zweite Anforderung des Kurses, damit die Teilnehmer überhaupt ein Gefühl dafür zu bekommen, wie viel sie trinken. Als ich das Büchlein finde und durchblättere, lache ich traurig in mich hinein. Was mein Vater dort als Konsum notiert hat, ist so gering, dass unsichtbar über jeder Seite dick und fett »GESCHUMMELT« drübersteht.

Montag (20 Uhr): 0,5 l Bier, 2 × 0,2 Rotwein zu Hause
Dienstag (18 Uhr): 2 Bier, 2 × 0,2 l Rot
Mittwoch (20 Uhr): 1 Bier, 1 × 0,2 Rot
Donnerstag (18 Uhr): 2 Bier, 2 × 0,2 Rot
Freitag (21 Uhr): 1 Bier, 2 × 0,2 Rot
Samstag (18 Uhr): 2 Spritz, 2 × 0,2 Rot
Sonntag (18:30 Uhr): 2 Prosecco, 3 × 0,2 Rot

Sechs Wochen lang kritzelte er so mit Bleistift die Seiten voll. Die Spalte »Art und Menge« füllte er ganz aus. Nur Wodka oder Ouzo stehen nicht in der Liste. Dabei fand Katharina davon die meisten Flaschen zu Hause, neben Rotwein. Die Spalten »Anzahl Ist/ Plan«, »Ort/anwesende Person« und »Auslöser« ließ mein Vater bis auf einmal komplett frei, auch seinen Namen schrieb er nicht in das Buch. Ich kann seinen Unwillen, sich dem Kursziel zu widmen, durch dieses Papierheftchen förmlich spüren. In der Woche seines 60. Geburtstags beendete mein Vater das Tagebuchschreiben. Und den Kurs.

Seine Verweigerung hat unbewusst die große Schwachstelle von kT offengelegt. Kontrolliertes Trinken setzt auf die unbedingte Selbstmotivation der Abhängigen. Ausgerechnet auf die Fähigkeit eines Menschen also, die unter dem fortwährenden Alkoholmissbrauch mit am meisten leidet. Das Ziel ist, so habe ich es verstanden, den Abhängigen bei der Ehre zu packen, am Krawattl, wie man in Bayern sagt, damit er irgendwann sich auf die Brust trommelnd und brüllend durch das Leben geht und allen verkündet, wie selbstbestimmt und nachhaltig er jetzt seinen Konsum kontrollieren kann. Eigentlich war klar, dass das bei meinem Vater nicht funktionieren konnte. Der Versuch, kontrolliertes Trinken zu lernen, kam für ihn zum falschen Zeitpunkt. Kam zu spät. Er hatte seine Motivation für fast alles vorher gegen ein paar Prozent aus Flaschen eingetauscht.

Möglicherweise wären die Anonymen Alkoholiker die bessere Wahl für meinen Vater gewesen. Gerade weil sie eine Selbsthilfegruppe sind, gerade weil er dort mithilfe des berühmten Zwölf-Punkte-Programms immer wieder auf seine Selbsttäuschung gestoßen worden wäre. »Selbsthilfeprogramme sind Programme der Zeugenschaft«, schreibt der Journalist Daniel Schreiber in seinem Buch *Nüchtern*. »Man wird dazu angehalten, die eigene, wahre Geschichte zu erzählen, die schambesetzte Geschichte, die man als Trinker schon nicht wahrhaben wollte und niemandem erzählt hat.« Schreiber selbst hat mit dem Besuch der AA-Meetings den Weg aus der Abhängigkeit geschafft – hätte mein Vater das nicht auch erreichen können? Er hätte, auch wenn es ihm viel abverlangt hätte.

Aber nach meiner Kenntnis hat ihm niemand aus seinem Umfeld je vorgeschlagen, zu den AA zu gehen. Mehr noch: In all den Recherchegesprächen, die ich für dieses Buch geführt habe, werden die AA nicht ein einziges Mal erwähnt, von deutschen, oft konfessionell geprägten Selbsthilfegruppen wie den Guttemplern, dem Blauen Kreuz oder dem Kreuzbund ganz zu schweigen. Weder Brigitte noch Katharina, auch nicht Volker, meine Mutter, meine Oma, sein Hausarzt in Rothenburg, meine Verwandten, vor allem aber: ich erwähne sie nicht. Ich habe bis heute keine Erklärung, warum das so ist. Ich weiß nur eines: Diese Anschubhilfe hätte mein Vater gut gebrauchen können. Von alleine wäre er nie darauf gekommen.

Wenige Wochen nach dem kT-Desaster stirbt meine Oma. Sie war 92. Ihre letzten Tage verbrachte sie im graugrünen, mittelprächtigen Kreiskrankenhaus in Rothenburg. Ich weiß nicht, ob es möglich gewesen wäre, dass sie zu Hause ihre letzte Ruhe findet, ob ihr Zustand zugelassen hätte, sie zu transportieren. Aber ich weiß, dass der eine, der am meisten Zeit von allen hatte, zu meinem und Brigittes Erstaunen wenig von dieser Zeit in die Pflege seiner Mutter investierte. Als hätte jemand auf der Fernbedienung »mute« gedrückt und alle Regungen meines Vaters stummgeschaltet. Man sah ihn noch handeln, aber die Gefühlsspur war stumm. Ab und zu setzte er sich in den Zug und fuhr von München nach Rothenburg, blieb ein paar Tage, wurschtelte rum, aber etwas schien ihm abzugehen. Wille.

Meine Oma ist lange der *missing link* gewesen, das fehlende Glied zwischen meinem Vater und mir. Unser beider Sprachrohr, das übersetzte, ausglich und auch mal rügte, wenn sie es für angemessen hielt oder einer von uns sie darum bat. Ohne sie hätten wir wahrscheinlich schon längst keinen Kontakt mehr. Nach ihrem Tod waren wir auf uns gestellt.

Mein Vater zog daraus einen Schluss, der meine Familie und mich viele Nerven kostete: Er meldete sich jetzt mehrmals pro Tag auf allen verfügbaren Kanälen. Meist ging es vormittags los, gegen elf vielleicht. Wenn wir nicht zu Hause waren, weil wir vielleicht gerade mit dem Kind spazieren gingen oder arbeiteten, hinterließ er eine Nachricht auf dem Anrufbeantworter. Danach versuchte er, mich auf meinem Handy zu erreichen, und wenn ich auch da nicht ranging, weil ich gerade im Radiostudio stand und in ein Mikrofon sprach, rief er wieder auf dem Festnetz an, schickte aber parallel noch eine E-Mail, in der er vorwurfsvoll fragte, wo ich schon wieder sei. Auf dem Anrufbeantworter hinterließ er, je nach Tageszeit, einen sauberen oder einen besoffen-verwaschenen Text und probierte es ein paar Stunden später noch mal, meistens gegen Abend. Ganz selten wählte er auch die Nummer meiner Freundin. Die hatte selbst einen regelmäßigen Anrufer, ihren Vater. Er und mein Vater belegten gemeinsam die freien Minuten unseres Anrufbeantworters.

Manchmal hob ich aber auch das Telefon ab. Nicht damit das Klingeln endlich aufhört, sondern weil ich natürlich auch wissen wollte, wie es meinem Vater geht. Nur eben nicht sieben Mal am Tag. Einige der Telefonate musste ich direkt wieder beenden. Er lallte. Und wenn er lallt, hat mir meine Freundin eingetrichtert, spreche ich nicht mit ihm. »Sag ihm, du hörst, dass er was getrunken hat! Wenn er wieder nüchtern ist, könnt ihr wieder reden. Aber bis dahin: Tschüss!«

Es war mir egal, ob das, was sie mir riet, auch wirklich ein Rat ist, den Experten geben würden. Andererseits: Sie ist Expertin. Sie hat jahrelange Erfahrung damit, mit einem betrunkenen Vater zu kommunizieren. Sie weiß, wann es gut ist zuzuhören und wann man ein Gesprächsangebot ablehnt, weil es nur eine verkappte Einladung zum Anhören eines Monologs ist.

Doch den Rat umzusetzen ist nicht einfach. Betrunkene interessieren sich kaum für die Grenzen, die man ihnen steckt. Als ich das erste Mal probiere, meinem Vater seine aufzuzeigen, komme ich gerade von einer Frühschicht beim Radio. Um 2:53 Uhr war ich aufgestanden, ab vier Uhr habe ich sieben Stunden lang Nachrichtenmeldungen in einem Großraumbüro geschrieben, alle halbe Stunde eine Sendung, keine Pause, Essen am Platz, es ist irre anstrengend. Auf dem Nachhauseweg lässt mein Sehvermögen nach, das Rot der Ampel verschwimmt mit dem Gelb zu Orange. Jede Sekunde zerfällt meine Konzentration in kürzer und poröser werdende Einheiten, bis ich gegen zwölf Uhr mit einer Art Jetlag auf dem Sofa in einen nervösen Halbschlaf wegdämmere.

Um halb eins weckt mich das Klingeln des Festnetztelefons. Es ist so fremd, dass ich erst Orientierungsschwierigkeiten habe. Ist das ein Traum, oder passiert das gerade in echt? Auf dem Display erkenne ich durch den Schleier meines Jetlags eine Münchner

Nummer. Mein Vater. Der ist echt. Ich hebe ab – und ich weiß trotz Jetlags nach wenigen Silben, dass er betrunken ist.

»Ja, hallo … hier sser Pabba. Ichwllt nur mal hörn, wie's euch so geht.«

Das wäre der Punkt für meinen Spruch. Aber ich traue mich nicht. Ich kann nicht so hart zu meinem Vater sein, wie er es jahrelang mit mir war. Ich kann nicht einfach auflegen und darauf hoffen, dass er nicht verärgert ist. Also gehe ich auf ihn ein. Es wird ein belangloses Gespräch. Er hat eigentlich nichts zu erzählen, und das bohrt sich schon in dem Moment in mein Herz, da er seine Begrüßung beendet hat. Wer jeden Tag anruft, um nur mal zu fragen, wie es anderen so geht, ist einsam.

Ich möchte mich trotzdem freuen können über den Anruf meines Vaters, ihm das Neueste aus meinem Leben erzählen und dass er es auch macht. Möchte mit ihm nicht ganz ernst gemeint über Fußball fachsimpeln und ihm übertrieben genau davon berichten, wie weit sich sein Enkel schon drehen kann, ihn an unseren Überlegungen teilhaben lassen, aufs Land zu ziehen, und mir seine Meinung dazu anhören. Ich möchte ihn einfach um Rat fragen können und einen ernst zu nehmenden von ihm bekommen.

Manchmal funktionierte das. Manchmal endete es aber nur in trauriger Wortlosigkeit, die wie ein Marker für seine schleichende Entkopplung von der Welt war. So wie einmal, als ich mich über die Rechnung meines Steuerberaters echauffierte, und mein Vater mir als Reaktion darauf den Link zu einer sehr bekannten Steuersoftware eines deutschen Fernsehsenders mailte. Die benutze er immer, schrieb er, damit könne nichts schiefgehen. Eigentlich keine schlechte Idee, aber bei ihm war die Steuererklärung schließlich schnell gemacht, wenn man bei Einkommen seit Jahren null angibt.

Das waren noch die guten Tage.

Die schlechten waren wie der nach der Frühschicht, wenn alles Gesagte hinter seiner mäandernden Stimme verschwand, diesem verwaschenen Lallen des Betrunkenen, diesem Sprachbrei, in dem ab und zu ein Brocken Verständliches lauerte.

Ich fragte ihn direkt: »Hast du getrunken?«

Aber er verstand die Frage nicht. Er wollte sie nicht verstehen. Er regte sich künstlich auf. *Ichdonnich. Habschlechtschlafen. HöllischeSchmerzengehabt.*

Zum Frusttrinken kam spätestens ab 2012 auch noch Schmerzverarbeitungstrinken hinzu. Da war zum einen der seelische Schmerz über den Tod seiner Mutter, den mein Vater spürte, aber nicht zeigen wollte. Und zum anderen körperliche Schmerzen. Immer wieder plagten ihn das Knie und der Rücken, der Bauch sowieso schon immer. Das Bild, wie mein Vater sich am Abendbrottisch plötzlich nach vorne beugt, den rechten Arm um seinen Unterbauch legt und mit schmerzverzerrtem Gesicht ein, zwei, drei Sekunden ausharrt und sich dann erleichtert wieder zurück in den Stuhl lehnt, dieses Bild gehörte schon immer zu ihm dazu. Ich habe mich immer gefragt, was ihn da schmerzt.

MALLORCA

Die Sache mit Mallorca, das war die Idee meines Vaters gewesen. Zwar hatte ich zu ihm gesagt, komm, lass uns mal wieder gemeinsam in den Urlaub fahren, Südtirol, Tessin, irgendwas in Autoentfernung, Selbstverpflegung, Ferienwohnung, alles eher spartanisch halten: »Es geht doch um die Zeit miteinander, oder?«

Aber er tönte, nein, ich zahle, Geld spielt keine Rolle, ich will Sonne, ich will mich nicht kümmern, ich will Urlaub. Und er sagte, ich buche das jetzt. Ein paar Tage später kam per Mail die Bestätigung: eine Woche Wandern auf Mallorca. Eine Gruppenreise.

Und so sitze ich hier, in einem Café im Flughafen von Palma, gleich hinter dem Gepäckband, im Herbst 2012. Die Klimaanlage ist gnadenlos, mehr als 18 Grad lässt sie nicht zu. Ich friere vor Kälte. Es ist dieses Nach-Schwitzen-Frieren, wenn der Körper noch überhitzt ist, die Haut aber nur Kälte wahrnimmt. Eben noch bin ich auf dem Rollfeld durch die Hitze gelaufen, habe in der prallen Sonne auf den Shuttle gewartet. Nach wenigen Minuten klebte das T-Shirt an meinem Rücken. Jetzt ziehe ich einen Fleecepulli aus meinem Rucksack und über meinen Kopf.

Hinter der großen Fensterfront, vor der ich sitze, zeigt ein digitales Thermometer 30 Grad an, mitten im Oktober. Draußen auf dem Rollfeld flimmert die Luft, dahinter leuchten Schaumkronen auf dem tiefblauen Meer. Zum ersten Mal kann ich verstehen, wieso manche Leute im Herbst Deutschland verlassen und mit den Vögeln nach Süden ziehen. Wieso sie überwintern, anstatt winterfest zu sein. Und ich ahne, was einige von ihnen nach Mallorca zieht: Vieles hier ist vertraut, die Läden, die Zeitungen, die Leute. Doch weil vertraut vor einer spanischen Tapete stattfindet, ist es zugleich etwas Besonderes: Port de Sóller statt Paderborn.

Meine Augen fixieren derweil das Gepäckband. Von dort muss er kommen. Noch ist nichts zu sehen, das Band steht still. Eine Wolke schweren Parfüms dringt in meine Nase. Zwei ältere Damen nehmen neben mir Platz, Ende 50 sind sie vielleicht, auch sie im Fleece, teure, figurbetonte Outdoorjacken aus Norwegen, die eine lila, die andere dezent mintgrün. Auch die Frauen sehen aus, als würden sie frieren. Ihre schlanken Beine stecken in dunkelblauen Cargohosen, die Füße in leichten Wanderschuhen, auf ihren Rücken tragen sie Trekkingrucksäcke, an die Teleskopwanderstöcke geschnallt sind. Um meine Nervosität runterzufahren, lausche ich ihrem Gespräch. Sie kommen aus der Nähe von Düsseldorf und sind zum ersten Mal auf Mallorca. Wanderurlaub, eine Woche oben im Nordwesten der Insel, soll ja ganz wunderschön sein, so anders als der Süden mit dem Ballermann und den Engländern und den Deutschen und den ganzen jungen Menschen. Nach Palma wollen sie aber trotzdem mal, da ist ja wohl eine sehr schöne Kirche, so eine richtige Kathedrale, vielleicht geht sich das ja an einem Ruhetag aus.

Mir wird bewusst, dass ich eigentlich gar nichts über Mallorca weiß. Ich habe mich nicht vorbereitet auf diese Reise, keine Zeile gelesen, keine Minute darauf verwendet, mir ein Bild von der Insel zu machen oder wenigstens von dem Hotel, in dem wir unterkommen. Alles, was ich von der Woche erwarte, ist, ein wenig Zeit mit meinem Papa zu verbringen. Mal wieder miteinander zu reden. Überhaupt mal miteinander zu reden. Denn das haben wir 20 Jahre lang nicht getan.

Dass wir jetzt miteinander verreisen, hat mit dem Tod meiner Oma zu tun. Sie hat ihn und mich lange zusammengehalten, sie war die Bande, über die wir gespielt haben. So habe ich das in meiner kurzen Rede auf ihrer Trauerfeier formuliert, und ich glaube, mein Vater hat verstanden, was ich damit sagen wollte: dass wir jetzt selber zusehen müssen, im Gespräch zu bleiben. Als von ihm in den Monaten nach der Beerdigung nichts kommt, frage ich ihn schließlich, ob wir verreisen wollen, nur er und ich. Er will. Seitdem denke ich an wenig anderes.

Ein älterer Herr hebt vom Gepäckband einen alten grauen Koffer, der ramponiert ist von vielen Reisen und nur von einem bunten Gurt zusammengehalten wird. Der Mann schleicht los, in unsere Richtung, alleine. Irgendwas zieht ihn runter, er geht ein wenig gebückt. Seine Jeans sitzt einen Tick zu hoch, vom vielen Waschen ist sie ausgebleicht, sonst aber erscheint sie mir tadellos, keine Fransen, keine Löcher, die Form passt auch. Ein unaufgeregter, gerader Schnitt. Dazu trägt er ein weißes Polohemd, das er ordentlich in die Hose gesteckt hat. Aus dem Ausschnitt des Shirts lugt ein weißes Unterhemd hervor. Kein Bauchansatz. Ich bin erleichtert.

Auch der Mann hat einen Rucksack dabei, aber statt Wanderstöcken steckt eine *Süddeutsche* in den Seitenschlaufen. Auf seiner Stirn glänzt der Schweiß, die Haare kleben im Nacken, um den Hals hat er sich ein Handtuch gelegt, wie auf einer Wanderung durch die mallorquinische Mittagshitze. Auf den paar Metern zwischen dem Gepäckband und dem Café wischt er sich damit sicher drei Mal über sein Gesicht. Der Mann keucht und flucht. Und tritt schließlich an meinen Tisch.

»Hallo, Papa«, sage ich und umarme ihn. »Ist das heiß!«, stöhnt er, löst sich aus meiner Umarmung und lässt sich in den Stuhl direkt neben mir fallen. Ich reiche ihm meine Wasserflasche. Unser Hotel liegt in Port de Sóller im Nordwesten der Insel. Eine gute halbe Stunde Fahrt vom Flughafen entfernt und, wichtiger, vom Ballermann. Von dem kriegt man im Hotel zum Glück gar nichts mit, den schroffen Bergen des Gebirgszugs Serra de Tramuntana sei Dank. Dafür ärgere ich mich über das Zimmer, das mein Vater und ich uns teilen. Es ist klein, für ein Hotel dieser Preisklasse zu spartanisch eingerichtet, und die Betten sind zu kurz. Ich frage mich, wohin das ganze Geld für die Reise fließt.

Mein Vater lässt sich nichts anmerken. Er ist jetzt entspannt. Frisch geduscht, die Haare akkurat gelegt, ein frisches Polo und eine neue Jeans hat er auch angezogen. Fehlt nur noch der Duft, aber auf den verzichtet er. Wir müssen los, der erste Gruppenpflichttermin steht an: das Kennenlernen.

Wir versammeln uns in einem schummrig beleuchteten Raum des Kellergewölbes. Wir sitzen auf Hockern aus grob gearbeiteten Baumstümpfen an schweren Tischen mit vielen Kerzen. Die Düsseldorfer Damen vom Flughafen sind auch da, Renate und Marianne. Beide sind Lehrerin, die eine macht ein Sabbatical, die andere Herbstferien. Sie finden es interessant, dass ich mit meinem Vater reise, nein, »ganz toll!«, verbessert Marianne schnell, »ganz toll!«. Sie hebt die Daumen in meine Richtung.

Die Vorstellungsrunde läuft. Fast alle sind Akademiker, ein paar im Ruhestand. Einer vertreibt diese orangefarbenen Stabilo-Stifte, eine Frau ist Coach für irgendwas, ich verstehe es nicht ganz, ihr Lachen erscheint mir künstlich.

Dann ist mein Vater dran. Was wird er sagen, blitzt es durch meinen Kopf, welchen Job denkt er sich aus, welchen Arbeitgeber? Wird er sagen, dass er seit mehr als 15 Jahren arbeitslos ist? Dass seine Tage zäh sind? Nein. Harald, 60, Volkswirt und Hausmann, sagt: »Hallo, ich bin der Harald, 60 Jahre alt, Volkswirt und

Hausmann.« Das N vom Mann ist kaum raus, da räuspert er sich in die Stille hinein. Und noch mal. Dann bin ich dran.

Ich muss ihn retten.

»Dominik, hallo! 31, Journalist.« Ich mache noch einen schlechten Witz zum Durchschnittsalter der Gruppe, das ich ja senken würde. Alle lachen. Mein Papa ist *safe*.

Am nächsten Tag die erste Wanderung. In Gluthitze. Keine Ahnung, wie die Sonne über Malle das macht, aber sie steht auch im Oktober noch gefühlt senkrecht, es sind bestimmt 30 Grad im Schatten. Als wir nach zwei Stunden Rast machen in einem Gasthof, ziehen wir eine kleine Tropfspur bis zu unserem Tisch hinter uns her. Mein Vater ist klatschnass. Noch im Stehen bestellt er sich ein großes kaltes Bier. Als es kommt, stürzt er es in einem Zug runter. Ich trinke Wasser wie der Großteil der Gruppe, nur zwei andere Männer ordern auch Bier. Damit ist mein Vater *safe*, mal wieder.

Es ist kurz nach eins, und vor uns liegen noch ein paar Kilometer bergan. Papas Kondition ist mäßig. Das hat er mir vorher schon per Mail angekündigt. Aber die Wanderungen sind von der ganz einfachen Sorte, Spaziergänge mit Widerstand, sanfte Anstiege, keine Kletterpassagen, und wenn doch, sind sie kurz und einfach. Sollte zu schaffen sein für ihn. Schafft er auch, auch mit zwei Bier und was weiß ich noch, was mir entgeht, wenn er eine seiner häufigen Pinkelpausen macht.

Ich bemühe mich, nicht voranzupreschen. Stattdessen passe ich mich dem Tempo meines Vaters an. Wir wollen schließlich reden. 20 Jahre haben wir kaum je länger als zwei Stunden am Stück miteinander verbracht, jetzt teilen wir uns eine Woche lang ein kleines Zimmer, sitzen beim Frühstück, beim Mittagessen, beim Abendessen und danach noch zusammen. Vielleicht, hoffe ich, vielleicht stellt er ja jetzt mal die Fragen, die er so lange nicht gestellt hat. Vielleicht erklärt er mir, was aus seiner Sicht in der Ehe meiner Eltern schiefgelaufen ist. Wieso er mich während meines sieben Jahre dauernden Studiums in Leipzig nur einmal 45 Minuten lang besucht hat, dafür aber ständig nach Rothenburg gekachelt ist, um dort die Schwiegereltern zu besuchen und zum Friseur zu gehen. Wieso ich eigentlich so wenig über ihn und er so wenig über mich weiß. Vielleicht klären wir das jetzt alles. Oder wenigstens ein bisschen was davon.

Aber es passiert nichts. Wenn wir reden, geht es um die Landschaft (überraschend schön), das Essen (okay) oder die beschissenen Betten (beschissen). Damit kriegen wir den Großteil der wertvollen Zeit gut rum, den Rest verbringen wir mit Wandern und Schlafen. Sonst nichts.

Mein Vater schnarcht sehr laut und wirft sich jede Nacht wild träumend und brabbelnd im Bett herum. Ansonsten aber wirklich: nichts. Keine Fragen, kein Small Talk übers Leben, weder seines noch meines, keine Fachsimpeleien über Fußball, nicht mal Herrenwitze. Einfach nur: nichts. Mit jedem Tag wird meine Hoffnung verzweifelter.

An Tag vier sind wir eingelaufen. Auch mein Vater hinkt jetzt nicht mehr so arg hinterher wie noch am Anfang. Wir trampeln auf dem GR-221 herum, einem Fernwanderweg durch den Gebirgszug Serra de Tramuntana. Die Sicht ist atemberaubend. Links vom Kamm, auf dem wir uns befinden, das Mittelmeer, sattblau, ein paar Schaumkronen, rechts fällt das Gelände leicht ab, schroffe Felsen, dichte Grasbüschel dazwischen, der Weg gesäumt von einer Natursteinmauer. Die Gruppe vereinzelt sich. Großes Fotografierbedürfnis, vor allem bei meinem Vater.

Er hat ein gutes Auge, immer schon gehabt. Spektakulär sind seine Bilder nicht, eher solide-gut. Er steht nicht für perfekte Lichtverhältnisse in aller Herrgottsfrühe auf, das nicht. Aber er hält auch nicht einfach drauf und drückt ab. Er sucht und findet, und dann macht es klick, und das Ding ist im Kasten.

Als mein Vater wieder einmal anhält, um das Mittelmeer zu fotografieren, stellt sich eine Frau aus unserer Gruppe neben ihn und mich: Evelyn. Mein Vater schwitzt fürchterlich, hat das Wanderhemd schon ausgezogen und läuft jetzt im Unterhemd durch die Berge. Es stört sie nicht. Ob sie denn vielleicht die Fotos hinterher mal sehen dürfe, fragt sie, und ob es vielleicht die Möglichkeit gebe, dass wir alle Fotos von der Reise austauschen, vielleicht über die Dropbox, oder man könne sich ja auch CDs schicken, auf jeden Fall wäre das doch schön, es ist doch so eine tolle Gruppe. Mein Vater stiert durch seine Kamera aufs Meer.

Klick, im Kasten.

Dann wischt er sich den Schweiß von der Stirn und dreht sich zu Evelyn. Ja, guude Idää, ich richte dann da am besten mal was ein, bei Guhgl, ich hab da, wissen Sie, äh, weißt du, ich hab da Speicherplatz. Da habe ich auch immer die Fotos von den Reisen nach Neuseeland und Australien und den USA draufgepackt, das ist ganz einfach, klar, mache ich.

Dann zieht er seine Hose hoch und schiebt die Brille zurück auf Position. Der Hauch eines charmanten Lächelns mogelt sich auf sein Gesicht. Aber es wackelt, kann jeden Moment wieder verschwinden hinter Schweiß, Unsicherheit und Unfähigkeit zum kleinen Flirt.

Er tut mir leid. Ich spüre, wie er versucht, in seinen alten Angebermodus zu schalten. Den, mit dem er früher so erfolgreich war bei den Frauen und im Beruf. Eigentlich hasse ich diesen Wesenszug an ihm, dieses Checkertum, diese Selbstgefälligkeit, aber jetzt würde ich ihm wünschen, dass er sich wieder an ihn erinnert. Er schafft es aber nicht. Evelyn lässt uns wieder alleine.

Nie zuvor habe ich meinen Vater flirten gesehen. Er war immer verheiratet, genauso wie er immer einen Bart hatte. Ich habe ihn aber auch nie saufen gesehen, das muss also alles nichts heißen.

Der vorletzte Abend unserer Reise. Die Gruppe ist schon im Bett, morgen steht noch einmal eine letzte Wanderung an. Da wollen alle fit sein. Nur mein Vater und ich sind noch in der Bar des Hotels.

Der Barmann hat Feierabend gemacht und uns mit dem Zapfhahn alleine gelassen. Ich schaue kurz rüber zu meinem Vater, er nickt, ich erwidere sein Nicken. Dann stehe ich auf, gehe hinter die Bar und zapfe zwei große Bier. Dünne Plörre, aber was soll's. Die nächste Runde ist mein Vater dran. Ich, er, ich, er, ich. Wir überlegen, ob wir Geld hinlegen sollen, entscheiden uns aber dagegen. Wir fühlen uns gut.

Kurz bevor bei uns die Lichter auszugehen drohen, fängt mein Vater plötzlich an zu weinen. Ganz dolle, hätte ich als Kind gesagt, ganz dolle weint er. Aber ich bin jetzt nicht mehr das Kind und er nicht mehr Vater. Die Rollen sind vertauscht. Er lehnt sich zu mir rüber, sein Kinn schrammt an meiner Schulter hinab, berührt mein Schlüsselbein und bleibt auf meiner Brust liegen. Er weint immer weiter, schluchzt, fängt sich, nur um gleich noch heftiger loszuheulen. Ab und zu drängeln sich ein paar Worte dazwischen. Brigitte, scheiße, warum, Schuld, ich. Dann wieder: Heulen, ganz dolle. Ich lege den Arm um meinen Papa und drücke ihn fest an mich. Er riecht wie damals am Morgen, wenn er mich gedrückt hat, bevor er in die Arbeit gegangen ist. Eine Mischung aus einem sehr schweren Herrenduft, Tabak, Pfefferminze. Und Alkohol. Die vierte Komponente.

Es ist unser erster und einziger gemeinsamer Rausch. Ich bin 31, er 60.

GANZ UNTEN

Im Juni 2013 ist mein Vater am Tiefpunkt angelangt. Jürgen Heckel, der trockene Alkoholiker, dessen Buch *Sich das Leben nehmen* nochmal ausdrücklich empfohlen sei, beschreibt diesen Punkt so: »*Wie ein Kletterer in einer Felswand hatte ich mich in meinem Leben verstiegen. Ich saß fest, war bewegungsunfähig. Klettere ich weiter nach oben, stürze ich ab, klettere ich zurück, dann falle ich auch. Mit Alkohol konnte ich nicht leben, aber ohne ging es auch nicht. Alle Fluchtwege waren versperrt, der Absturz war nur noch eine Frage der Zeit.*«

So war es auch bei meinem Vater: Er hatte das kontrollierte Trinken nicht erlernt, aber eine andere Art, vom Alkohol loszukommen, wollte er auch nicht probieren. Seine Mutter lag im Sterben, nur den Willen, sie zu pflegen, konnte er nicht aufbringen. Als seine Mutter für immer ging, zog es ihm den Boden unter den Füßen weg. Er musste sein Elternhaus verkaufen. Seine einzige familiäre Verbindung nach Rothenburg waren danach nur noch seine Schwiegereltern, denen er in herzlicher Abneigung verbunden war. Und das Schlimmste war: Seine eigene Familie wendete sich von ihm ab, weil das Zusammenleben durch seine Krankheit zur Hölle wurde. Er bedrohte seine Frau beim Abendessen mit einem Messer, nur das Eingreifen von Katharina verhinderte Schlimmeres. Er fiel mehrfach sturztrunken vor der Garage vom Rad und sah danach aus, als hätte er sich geprügelt. Er entdeckte das Unterhemd und die Unterhose als vollwertige Kleidungsstücke und schloss die Haustür von innen zu, wenn seine Tochter von der Schule nach Hause kam. Und am 15. Juni hatte er einen Krampfanfall. Ein Samstag.

Er sitzt mit Brigitte und Katharina mittags auf der Terrasse, es ist sehr heiß, 29, vielleicht 30 Grad. Sie grillen, mein Vater hat sich dazu ein Pfeifchen gestopft. Mag die allgemeine Lage nicht so toll sein, jetzt gerade ist sie es. Und in sechs Wochen fahren sie auch noch alle zusammen in den Urlaub. Vier Wochen Kanada. Mit dem Wohnmobil von Toronto aus durch den Osten des Landes, vielleicht rüber nach Neuengland und wieder zurück. Wie schön.

Vom Grill weht der Geruch leicht verbrannten Schweinenackens zum Tisch rüber. Auf den Kohlen dampfen ein paar in Alufolie eingewickelte Fetaschiffchen Knoblauch aus, mein Vater hält in seiner Hand ein Glas alkoholfreies Bier. Vor zwei Tagen hat er den Beschluss gefasst, jetzt wirklich aufzuhören. Und er setzt es um. Von heute auf morgen entzieht er dem Körper seinen Suchtstoff. Trinkt keinen Schluck mehr. Außer Wasser und alkoholfreies Bier.

Doch sein Körper ist nicht einverstanden. Und das teilt er ihm jetzt auf der Terrasse mit. Plötzlich sackt mein Vater zusammen und fällt vom Stuhl auf den Terrassenboden. Sein Körper spannt sich an, als wäre er auf einer Streckbank, Beine und Arme werden ganz starr. Dann zucken sie von einer Sekunde auf die andere unkontrolliert umher, aus seinem Mund läuft etwas Schaum, die

Augen sind verdreht, der Kopf schnellt immer wieder nach hinten. Um ein Haar verfehlt er einen Holzpfeiler, der das Vordach trägt. Brigitte springt auf, rennt um den Tisch und packt meinen Vater am Oberarm. »Harald!«, ruft sie laut, »Harald!« Aber er reagiert nicht. Zuckt weiter. Ewig erscheinende Minuten lang. Katharina schreit jetzt, sie hat auf einmal Angst um ihren Vater. Stirbt er gerade? Sie hatte zwar gesagt, dass sie ihn manchmal hasst, aber muss das gleich so enden?

Jetzt schaut auch der Nachbar, ein Polizist, über den Zaun. Was los sei, ruft er, und als er seinen Blick gen Boden richtet, springt er über die Begrenzung, rennt zu meinem Vater hin und übernimmt von Brigitte. Mein Vater zuckt weiter. Zehn Minuten später ist es vorbei, der inzwischen herbeigerufene Rettungsdienst fährt ihn ins Krankenhaus. Gegen seinen Willen. »Laut Rettungsdienst agitiert und uneinsichtig, wollte nicht ins Krankenhaus«, notiert die Klinikärztin in ihrer Diagnose.

Mein Vater hat Glück gehabt. Er erinnert sich zwar an nichts mehr. Aber sein Körper hat kaum Schaden genommen. Kein Bruch, keine Blutung, keine Hinweise auf einen Schlaganfall. Nur einige Werte im Blutbild zeigen das an, wovor sich mein Vater schon im Vorfeld des Kontrolliert-Trinken-Kurses gefürchtet hatte: Wodka statt verdünnte Weinschorle. Die Ärztin erteilt ihm ein halbjähriges Autofahrverbot und verschreibt Thiamin, Vitamin B1. Dann entlässt sich mein Vater gegen ihren ausdrücklichen Rat selbst aus dem Krankenhaus und geht nach Hause. Den Urlaub in Kanada müssen sie stornieren.

Von außen, von meiner Position aus betrachtet, war das der Tiefpunkt in den letzten Jahren meines Vaters. Hilflos und dem eigenen Körper ausgeliefert, der ihm die Grenzen des Machbaren aufzeigt just in dem Moment, da er beschließt, auf Alkohol zu verzichten. Ich könnte verstehen, wenn er in dem Moment geglaubt hätte, es sei doch ohnehin zweck- und sinnlos, mit dem Trinken aufzuhören, wenn der Körper sich so dagegen wehrt.

Andererseits schreibt Jürgen Heckel, der »Tiefpunkt im Leben eines Alkoholikers ist ein Ereignis im Innenleben des Betroffenen. [...] Auf keinen Fall ist er ein Augenblick, in dem Veränderung unvermeidlich ist. Er führt nur einen günstigen Augenblick für Veränderung herbei.« Und das schien tatsächlich so zu sein. Das Innen und das Außen schienen endlich zusammenzufinden. Er bestellte sich Informationsmaterial von zehn Entzugskliniken, verteilt auf ganz Bayern. Auf manchen notierte er »Nur DZ!«, nur Doppelzimmer. Andere sind sehr zerlesen, die fand er wohl gut. Vier Wochen nach dem Krampfanfall füllte mein Vater dann endlich einen Aufnahmebogen für eine ambulante Suchttherapie in Grafing aus, rund 30 Kilometer entfernt von seinem Wohnort. Eine der Fragen darauf ist: »Welche Wünsche haben Sie für sich und Ihr Leben?« Er schreibt darunter:

Dass ich durch eine Therapie mein Leben wieder in den Griff bekomme und damit meine Frau überzeugen kann, dass unsere Ehe weitergeführt wird.

Er trat die Therapie nie an. Er fuhr nie mit der Bahn nach Grafing, stellte sich vor und sagte »Ich habe ein Problem, bitte helfen Sie mir!«. Er schwitzte nie, weil ihm der Alk fehlte, er litt und krampfte nicht infolge der Abstinenz, er geriet auch nicht in Versuchung, konnte ihr nicht widerstehen und sich an diesem Erfolg aufrichten. Er versuchte es einfach nie. Den Tiefpunkt als Wendepunkt sah er nicht, die Chance, die darin auch hätte liegen können, ergriff er nie. Er machte weiter wie vorher, weil er nicht anders konnte.

Oder weil ihm der unbedingte Rückhalt seiner Familie fehlte. Die Suchtambulanz, in der sich mein Vater bewarb, schreibt auf ihrer Website, Voraussetzung für die Behandlung sei ein unterstützendes Umfeld. Nur: Wo war das? Und wer gehörte zu diesem Umfeld? Seine Frau, seine Tochter, seine Freunde? Ja. Und ich. Nur: Ich war weit weg, fast 600 Kilometer. Ich habe einen Job, eine Familie. Das taugt nicht für eine Ausrede. Aber wer weit weg ist, kann niemanden mal eben zur Therapie fahren, ohne andere zu vernachlässigen. Die Frage ist weniger, ob ich das wollte, eher ob ich das konnte. Mein Sohn wurde in die Kita eingewöhnt, meine Freundin drehte viel als Schauspielerin. Und dann starb in dieser Phase auch noch ihr Vater. Plötzlich sahen wir überall nur noch Alkohol und Krankheit und Tod.

In der Hoffnung, ihn damit zu motivieren, schickte ich meinem Vater die E-Mail, in der ich ihn bat, sich nicht wie Peter zu ersaufen. Doch er wischte meine Bedenken weg. Er hätte jetzt gerade Wichtigeres zu tun, Umzug, Scheidung, ich sollte mir keine Sorgen machen. Er täuschte Stärke vor und war doch nie schwächer gewesen. Anscheinend haben sich nämlich einige für ihn extrem ungünstige Entwicklungen überschnitten. Erst der Krampfanfall und das Fahrverbot. Dann gab mein Vater im Fragebogen für die Suchtambulanz an, seine Frau möchte, dass er aus dem gemeinsamen Haus auszieht. Etwa zeitgleich bat auch Katharina ihre Mutter darum, nicht mehr mit ihm unter einem Dach leben zu müssen. Und der finale Schlag kam von Brigittes Anwalt. Der forderte meinen Vater mit rechtsanwaltlicher Herablassung schriftlich auf, auszuziehen. Ach ja, und im Übrigen werde die Scheidung angestrebt. Das war das Umfeld, in dem mein Vater seine Therapie beginnen sollte. Unterstützung sieht anders aus.

Und trotzdem: So viel Distanz ich zwischen mich und Brigitte all die Jahre gebracht habe, so wenig darf ich ihr jetzt einen Vorwurf machen. Mein Vater hat nicht nur sein, sondern vor allem auch Katharinas Wohl jahrelang riskiert. Er hat sich, gut abgesichert und gesellschaftlich toleriert, eine Parallelexistenz aufgebaut. Und er wusste das, er war ja nicht auf den Kopf gefallen. Im Gegenteil: Ich glaube, er war sich seiner Lage immer voll bewusst. Er war darin gefangen, aber hat nie von innen gegen die Scheibe seines gläsernen Käfigs geklopft und gesagt: Ich will hier raus.

Umso erstaunlicher, als er mich im Spätsommer 2013 anrief und verkündete, er würde aus diesem Käfig nun ausbrechen. Alles hinter sich lassen und 250 Kilometer Richtung Nordwesten ziehen. Nach Rothenburg ob der Tauber. In seine alte Heimat, wo die alten Freunde wohnen. Er klang fast euphorisch, standhaft, wie jemand, der einen Plan hat und ihn durchziehen wird. Und vor allem schien er nüchtern zu sein. Mein Herz machte sich bereit, zu springen. Gleich würde es so weit sein. Nur noch eine Frage, die jahrelang antrainierte Skepsis forderte das:»Bist du sicher, dass du nicht in der Nähe von München bleiben willst, wegen Katharina? Und vielleicht doch auch wegen eines Jobs?« Nein, sagte er barsch, Katharina sei ja auch ständig in Rothenburg bei ihren Großeltern, da könnte sie ihn ja auch besuchen. Und Job, ja mei, Job, er bekomme ja Unterhalt von Brigitte.»Wenn sie mich schon rausschmeißt, soll sie richtig bluten«, sagte er.

HEIMAT

Die Wochen bis zum Umzug unterschieden sich kaum von denen davor: Dutzende Anrufe, Vorwürfe, wieso ich nicht ans Telefon ginge. Und Mails, immer wieder Mails, sehr viele Mails, etliche davon mit Wohnungsangeboten. Der Überfluss in unserer Kommunikation wird zum Normalfall. Ich gewöhnte mich daran. Und fing an, mich zu sorgen statt tief durchzuatmen, wenn mein Vater nicht drei, vier Mal am Tag anrief.

Anfang Dezember packte er seine Sachen. Nein, natürlich ließ er packen. Brigitte erwies ihm tatsächlich noch einen letzten Dienst und verfrachtete seine Habseligkeiten aus den vergangenen 60 Jahren in Kisten, während er danebenstand und glotzte. Das Schleppen der Kartons ließ er von einer Firma erledigen. Mein Vater brach in seinen neuen Lebensabschnitt so auf, wie er die vergangenen Jahre gelebt hat: Irgendwie dabei, aber Verantwortung übernahm er nicht.

Katharina erinnert sich kaum an den Tag. Sie war da, erzählt sie mir am Telefon, das wisse sie noch. Aber ob sie sich verabschiedet haben? »Keine Ahnung. Vergessen.« Fünf Tage nach dem Auszug wurde sie 16. Ich habe mich damals über das Alter gefreut. Endlich Alkohol! Aber das interessierte sie nicht sonderlich, natürlich nicht. Sie liest und schreibt viel. In Fantasyforen im Netz, Fanfiction, eine andere Welt, auch bei Twitter ist sie, »aber das ist ein anderes Twitter als deines«. Früher ist immer eine rastlose Wucht in ihrer Stimme gewesen, die mich an unseren Vater erinnert hat, nur jugendlicher, pubertärer. »Als er ausgezogen ist, war ich zuerst froh, weil das Böse endlich aus dem Haus war. Aber dann nach 'ner Weile habe ich gemerkt: Da fehlt was. Ich hatte im letzten Jahr zwar kaum mehr Kontakt zu ihm, obwohl wir im selben Haus gewohnt haben. Aber ich wusste immer: Er ist da. Und auf einmal war er weg.«

In Rothenburg bezog unser Vater eine reizende Dreizimmerwohnung. 80 Quadratmeter mit einem riesigen Balkon, von dem aus man die Türme der prächtigen Innenstadt sehen kann. Sie liegt im zweiten Stock eines alten Hauses mit nur sechs Parteien. Für die behutsame Renovierung gab es von der Stadt eine Auszeichnung. Mein Vater platzte fast vor Stolz, als er dort einziehen durfte.

In den ersten Wochen strafte er meine Skepsis Lügen. Ich hatte befürchtet, dass er in Einsamkeit versinken würde. Seine alten Freunde, auf die er so viel setzte, haben anders als er schließlich kein Problem mit Alkohol, arbeiten noch und haben Familie. Sie sind, im guten Sinne, zu beschäftigt, um meinen Vater zu bespaßen. Er würde sich also doch nur wieder langweilen. So hatte ich gedacht und ihn gewarnt. Aber irgendwie schaffte er es, aus dem Rausschmiss Energie zu ziehen und nach Rothenburg mitzunehmen.

Er besorgte sich helle neue Möbel, ein Doppelbett, einen großen Schrank für zwei Personen, eine gemütliche Couch. Für seine

Lastwagenmodelle ließ er sich einen Displaykasten bauen, für sich selbst kaufte er ein völlig überteuertes Auto, einen VW Sharan, eine Familienkutsche. Er meldete sich auch im Fitnessstudio an und trat einer kleinen Wählervereinigung bei. Für die tritt er, als Zählkandidat, bei der Stadtratswahl an und wird mit 167 Stimmen Vorletzter. Egal, die wöchentlichen Parteitreffen waren für ihn das Wichtigste. Am Telefon klang er jetzt nicht mehr verwaschen, sondern aufgeräumt und fast lebensfroh. Alle Zeiger standen auf Optimismus.

———

»In 200 Metern rechts abbiegen.« Das Navi ist eigentlich nicht notwendig. Rothenburg ist auf meiner inneren Landkarte ein Fixpunkt, den Weg von München dorthin finde ich auch ohne Hilfe vom GPS. Aber meine Freundin fährt, und die kennt den Weg noch nicht so gut. Als meine Oma noch lebte, waren wir nur zwei-, dreimal hier. Aber das wird sich nun hoffentlich ändern. Mein Vater wohnt schließlich wieder da.

Es ist der zweite Weihnachtsfeiertag 2013, und unser Plan ist, ein paar Stunden bei meinem Vater haltzumachen auf dem Weg von München nach Köln. Das erste Weihnachtsfest, das er alleine feiert, ohne seine Eltern, ohne seine Familie. Na ja, nicht ganz, wir sind ja jetzt da. Aber an Heiligabend war er eben alleine. Eigentlich wollte er zu meinem Großonkel Hermann und dessen Familie fahren. Hat er dann bleiben lassen: »Zu viel Stress mit dem Umzug.«

Als wir in den Hof hinter seinem Haus einbiegen, winkt mein Vater von seinem Balkon herunter. Frisch sieht er aus, fällt mir auf, dünn zwar, aber frisch. Meine Freundin parkt das Auto kurz vor einem Blumenkübel, und wir steigen aus. Grober Kiesel bohrt sich in die Sohlen. Zur Begrüßung schaue ich nach oben und winke. »Gut, oder?«, ruft mein Vater runter, »guter Parkplatz, nicht wahr? Ich hab mit denen von der Gärtnerei geredet. Ist okay, wenn ihr hier steht!« »Okay, super«, sage ich und hebe meinen Sohn aus dem Kindersitz. Auf ihn hat sich mein Vater besonders gefreut. E-Mails hat er schon vor seiner Geburt oft mit »Hallo, ihr Drei« begonnen und mit »Liebe Grüße, Opa« beendet. Es dürfte erst das zweite oder vielleicht dritte Mal sein, dass er ihn sieht.

Wir wollen essen gehen mit meinem Vater, zu seinem Lieblingsitaliener. Vorher sollen wir aber noch die Wohnung anschauen. Mit großer Geste öffnet er uns die Tür und drückt jeden von uns lang und innig. »Da lang, bitte«, sagt er und weist den Weg durch den kurzen Flur. Überall stehen noch Kisten herum. Manche sind offen und Papier quillt heraus, andere schon wieder zusammengelegt. Auf dem Weg ins Wohnzimmer werfe ich einen kurzen Blick in die anderen Räume. Alle sind schon möbliert, nur ein Sessel vor dem Fernseher fehlt noch. An der Stelle behilft sich mein Vater mit einem Gartenstuhl. Und natürlich der Fernseher, den hat er jetzt schon zum zweiten Mal mit umgezogen. Den gab es schon in unserem alten Haus.

In der Luft hängt der typische Geruch meines Vaters, die Mischung aus Tabak, einem schweren Männerduft, Minze und Komponente Nummer vier. Alkohol. Der Geruch ist so gewohnt, dass ich ihn kaum wahrnehme. Erst meine Freundin macht mich mit Handzeichen darauf aufmerksam. Trinkt mein Vater doch wieder mehr?

»Schade, dass ihr nicht länger bleiben könnt«, sagt er und öffnet kurz die Tür zum Arbeitszimmer. »Hier wäre Platz auf der Schlafcouch.«

Ich antworte verschämt: »Beim nächsten Mal, Papa, okay?«

Wie oft habe ich das eigentlich schon zu ihm gesagt? Und wie oft habe ich es nicht eingehalten? Nimmt er mir das eigentlich ab? Ich nehme mir vor, mein Versprechen dieses Mal nicht zu brechen, auch wenn Rothenburg von Berlin, wo wir im neuen Jahr hinziehen werden, noch weiter weg ist als von Köln. Immerhin näher als München. Und seine Frau ist auch nicht mehr da.

Nach der Wohnungsbesichtigung gehen wir beim Stammitaliener meines Vaters mittagessen. Man begrüßt ihn mit Handschlag. Er isst mehrmals die Woche hier, weil er noch keine Küche in seiner neuen Wohnung hat. Aber auch, weil er von Brigitte so viel Unterhalt bekommt, dass er in Rothenburg davon locker jeden Tag essen gehen kann. Sparen kommt für ihn nicht infrage, »sie soll bluten« lebt er jeden Tag aus. Deswegen lädt er uns natürlich auch ein, inklusive Vor- und Nachspeise. Für sich bestellt er einen teuren Wein. Als Weihnachtsgeschenk überreicht er mir später einen Umschlag mit 100 Euro. Manche Dinge ändern sich nie.

––––

Die Freunde meines Vaters in Rothenburg wissen nichts von seiner Krankheit, als er wieder in die Heimat zieht. Seine neuen Nachbarn natürlich auch nicht, einen Hausarzt, dem es auffallen könnte, brauchte er noch nicht. Und so gerät die Sucht schnell wieder aus dem Fokus.

Im Frühsommer 2014 lernte er eine Dame kennen, Irmgard. Sie war erst vor Kurzem nach Rothenburg gezogen und kannte noch niemanden. Wo er sie aufgabelt hat, erzählte er mir nie. Dafür schickte er mir ein Foto von ihr. Als ich antwortete, sie sehe ja aus wie meine Mutter, gab er den Ahnungslosen. Das könne er jetzt nicht erkennen, er habe meine Mutter ja auch schon lange nicht mehr gesehen.

Er unternahm mit Irmgard einen Ausflug nach Würzburg, seine Studienstadt, sie gingen spazieren und tauchten gemeinsam in das mittelalterliche Lagerleben an Pfingsten ein. Doch so schnell, wie sie in sein Leben trat und ihm ein paar Schmetterlinge im Bauch bescherte, so schnell war sie auch wieder verschwunden. »Biste traurig?«, fragte ich ihn am Telefon. »Nee«, sagte er mit fester Stimme, »die war mir eh zu esoterisch.«

Vor allem aber konnte er mit ihr wohl nicht Fußball gucken. Nach dem 7:1-Sieg von Deutschland im WM-Halbfinale gegen

Brasilien schrieb mein Vater Katharina und mir nachts um halb eins eine Mail mit dem Ergebnis in großen roten Buchstaben und folgendem Text darunter:

Der absolute Wahnsinn.

Ich hoffe, ihr habt es gesehen.

Liebe Grüße

Papa

Eine Woche später fahre ich mit meinem Sohn nach Rothenburg. Deutschland ist inzwischen Weltmeister, auf der Autobahn kommt uns der Siegerbus entgegen, und jedes zweite Auto hat eine Fahne am Heck. Auch mein Vater hat auf seinem Balkon ein Fähnlein aufgestellt. Er, der früher die *konkret* las und sich, soweit ich mich erinnern kann, nie affirmativ zu Deutschland geäußert hat. Ich bin überrascht und wundere mich. Aber ich beschließe, es als Zeichen für Lebensfreude zu werten, als Gesprächsangebot für die Nachbarn in diesem WM-Sommer.

Mein Sohn und ich bleiben über Nacht. Auch weil ich das Versprechen einhalten will, das ich meinem Vater an Weihnachten gegeben habe. Er hat sogar Kinderbettwäsche aufgetrieben und Kindergelbwurst gekauft. Mein Vater zeigt sich von einer lange versteckten Seite: der herzlichen.

Ohne großes Zögern schnappt sich der Opa nach unserer Ankunft seinen Enkel und führt ihn an der Hand zum Schaukasten mit den Modellautos. Eine Weile stehen der kleine dicke Junge und der große, dürre Alte wortlos davor. Mein Vater schnauft schwer, mein Sohn patscht immer wieder mal mit seinen Händen an die Glasscheibe. Er will ran an die Karren. Schließlich öffnet der Opa den Kasten und holt ein paar der Wagen heraus. Es sind offensichtlich Werbegeschenke von Brauereien, die man erhält, wenn man ihre Bierkisten kauft.

»Aber nicht kaputtmachen, okay?«, mahnt mein Vater.

Der Kleine nickt und zerrt an einem Anhänger. Da geht mein Vater in die Hocke, setzt sich neben seinen Enkel auf den Boden, und ich fürchte schon eine Rüge, aber es kommt anders. Ganz anders. Die beiden spielen zusammen mit den Autos. Vor, zurück, einparken, ausparken, einladen, ausladen, *brrrrrrrmmmmm*, *ffffffftttttt, Achtung, Unfall!, dfffffftttttt.*

10, 15 Minuten vertiefen sie sich, der Flur wird zur Autobahn und zum Parkplatz. Sie spielen, als sähen sie sich nicht zum dritten, sondern schon zum 30. Mal.

Ich beobachte sie still. Und bekomme eine Ahnung davon, wie mein Vater früher gewesen sein könnte, als ich ein kleiner dicker Junge war. Zugewandt und liebevoll, interessiert und auf Augenhöhe des Kindes, ohne in Babysprache zu verfallen, zuweilen sogar ein bisschen albern.

Mein Vater verhält sich an diesem Tag so anders als der Papa, den ich in den vergangenen gut 20 Jahren erlebt habe. Seine Härte ist raus, die Unzugänglichkeit, das Schroffe. Er wirkt weich und trotz seiner groben Motorik sanft und behutsam. Wie der Papa aus meiner Kindheit, den ich in Erinnerung behalten wollte, der aber dann überdeckt wurde von dem, der mit dem Aktenkoffer eine Kuhle in den Esstisch geschlagen hat.

Ich habe Fotos von dem Besuch gemacht. Opa und Enkel vor dem Schaukasten. Opa und Enkel beim Schaukeln. Opa und Enkel beim Vorlesen. Ein Dutzend Bilder, über die ich mich heute sehr freue, denn andere von den beiden zusammen gibt es nicht. Aber wenn ich jetzt genau hingucke, sehe ich vor allem Folgen der Sucht meines Vaters. Seine geschwollenen Augenlider oder die Tränensäcke, die anklagend herunterhängen. Die fahle, teilweise gerötete Haut, die vom vielen Rauchen bräunlich eingefärbten Barthaare unter der Nase, seine spitz heraustechenden Schulterknochen, der gebückte Oberkörper, die schlackernden, ausgebleichten Klamotten. Alles sieht nach Einsamkeit und Saufen und Perspektivlosigkeit aus. Nicht nach dem Optimismus, den ich meinem Vater wenige Monate zuvor noch zugeschrieben hatte.

Warum habe ich das nicht gesehen?

Weil ich mich darüber gefreut habe, wie gut sich der Opa mit dem Enkel versteht. Weil es eine Regung meines Vaters war. Gefühle. Dabei wollte ich ihm einfach zusehen.

EPILOG

Der Tod meines Vaters hat sich wie ein Filter vor meine Wahrnehmung gelegt. Seit dem 8. Dezember 2014 sehe ich jeden Tag und überall Alkohol. Schlage ich die Zeitung auf, bleibt mein Blick an der Anzeige für das Weinabonnement hängen, nicht an der herausragenden Überschrift daneben. Verlasse ich das Haus, trete ich in die Scherben einer zerbrochenen Bierflasche, nicht in die Morgensonne. Muss ich auf dem Weg ins Büro an einer roten Ampel halten, läuft mir ein Alki mit Korn in der Hand über den Weg, nicht der Vater mit dem Baby im Tragetuch. Im Büro angekommen, sticht mir der Berg leerer Weinflaschen ins Auge, nicht der Kuchen, den ein Kollege anlässlich seines Geburtstags mitgebracht hat. Und bei Twitter bleibe ich eher bei den Tweets der Journalisten hängen, die stolz ihr Feierabendbier mit der Welt teilen, als bei denen, die auf einen guten Artikel hinweisen. Sie ist bescheuert, aber ich werde sie nicht los: meine Alk-Filterblase.

Bei Lichte betrachtet ist der Filter überflüssig. Man muss nicht erst den eigenen Vater an den Alkohol verlieren, um diesen Teil der Realität zu sehen. Er ist so omnipräsent, dass es eigentlich nur eines kleinen Anstoßes bedarf. Wer sich anstoßen lässt, der wird in rasender Geschwindigkeit gewahr werden, dass sich der Alkohol in jede Ritze des Lebens zwängt. Dass er überall ist, zu jeder Tages- und Nachtzeit, im Sommer, Herbst, Winter und Frühling. Dass drinnen und draußen getrunken wird, von Menschen mit viel und sehr wenig Geld, die dabei lachen und weinen, gehen oder stehen. Dass Alkohol in fast jeder Farbe erstrahlt und viele Umdrehungen hat oder fast gar keine. Dass er in Flaschen, Gläsern, Schläuchen und Kartons daherkommt und auf Namen wie Kalte Muschi oder Munich Mule hört. Dass Alkohol die Universaldroge der Welt ist, gesellschaftlich fast überall akzeptiert, auch von denen, die es besser wissen könnten, wie Ärzten.

Mit Alkohol lässt sich auch immer noch viel Geld verdienen, obwohl er für die Verbraucher in den vergangenen Jahren immer günstiger geworden ist. Und Alkohol ist eine feste Größe in der Politik: Wer wie die ehemalige Drogenbeauftragte der Bundesregierung, Sabine Bätzing-Lichtenthäler, seine zerstörerische Kraft anprangert und Politik dagegen macht, der verliert. Also hakt man sich bei ihm unter und benutzt ihn, um um Stimmen zu werben, wie sämtliche politische Veranstaltungen am Aschermittwoch jedes Jahr aufs Neue zeigen. Oder, in weniger bierseliger Form, wie die stellvertretende CDU-Vorsitzende Julia Klöckner in einem Interview mit der *Bild am Sonntag* im Sommer 2015 auf die Frage antwortete, ob sie auf Alkohol verzichte: »Im Weinland Rheinland-Pfalz als Winzertochter – undenkbar. In meinem Büro steht ein kleiner Weinklimaschrank. Nach 17 Uhr einen Termin bei mir haben, ist gut. Dann gibt es auch gern ein Glas Wein.« Alkohol ist das Schmiermittel von Politik und Gesellschaft.

Für Suchtkranke wie meinen Vater ist dieses gesellschaftliche Klima Erfüllungsgehilfe und Henker zugleich. Sie können in den

Discounter gehen und sich, ohne großes Aufsehen zu erregen, die Tragetaschen mit Wodka zu fünf Euro die Flasche vollmachen. Kaum jemand wird sie dabei schief anschauen oder ihnen Fragen stellen, egal, ob es 10 Uhr morgens oder 19 Uhr abends ist. Aber genauso wird es kaum jemand bemerken, wenn diese Kunden irgendwann nicht mehr zum Einkaufen kommen. Dabei verursacht ihre Krankheit laut neuesten Schätzungen sogar einen hohen wirtschaftlichen Schaden. Fast 60 Milliarden Euro kosten Medikamente, Krankenhausaufenthalte und die Zahlungen für Arbeitslosengeld für Alkoholkranke – jedes Jahr. Und das gönnen wir uns, weil Alkohol angeblich ein Kulturgut ist?

Die größte Herausforderung während der Recherche für dieses Buch war, meine Vorurteile für mich zu behalten und niemandem Schuld zuzuweisen. Ich wollte, dass keiner, mit dem ich über meinen Vater sprach, durch meine Fragen das Gefühl bekam, etwas in seinem Leben übersehen zu haben oder gar eine Mitschuld dafür zu tragen, dass er Alkoholiker wurde. Ich fragte nur nach, um mich selbst irgendwann von diesem Gefühl befreien zu können. Denn Schuld trägt, wenn überhaupt, nur mein Vater selbst.

Es hat eine Weile gedauert, bis ich das verstanden habe. Bis ich akzeptieren konnte, dass jede Antwort auf meine Fragen richtig war. Sie musste nicht zu dem passen, was ich glaubte, über meinen Vater zu wissen oder über ihn recherchiert zu haben. Sie musste mich nicht bestätigen, sondern mich bestenfalls widerlegen. Denn jeder meiner Gesprächspartner hatte eine andere Seite, vielleicht sogar eine andere Version von ihm kennengelernt. Manche die Kennenlern-, andere die Vollversion, wieder andere hatten gar nicht mitbekommen, dass es zwischendrin auch mal Updates in seinem Leben gegeben hatte. Für Letztere war sein Tod oft am überraschendsten. Sie hatten in ihrer Erinnerung einen Menschen abgespeichert, zu dem die Erzählung aus der Gegenwart nicht so recht passen mochte.

Mich selbst hat die Recherche meinem Vater nähergebracht als je zuvor. Darauf hatte ich gehofft. Aber dass das wirklich eintreten würde, hätte ich nicht gedacht. Seit mein Papa tot ist, habe ich jeden Tag an ihn gedacht. Und an Alkohol. Das ist mehr Aufmerksamkeit, als ich beiden in den vergangenen 20 Jahren gewidmet habe.

Damit hat sich leider auch eine gewisse Freudlosigkeit und Unentspanntheit in mein Leben eingeschlichen. Ich kann es nicht leugnen: Ich bin zum *party pooper* geworden, zur Spaßbremse, zu dem, den manche Freunde gar nicht mehr fragen, ob er noch einen mit trinken geht. Entweder aus Sorge, mich mit der Frage zu verletzen. Oder weil sie befürchten, dass ich sowieso nur mürrisch an einer Cola nippe und mit Verachtung auf die Biergläser der anderen schiele.

Beidem kann ich kaum widersprechen, obwohl ich gerne würde. Doch wenn mich mein Arzt fragt, ob ich Alkohol trinke, neige ich mittlerweile dazu, »nein« statt »gelegentlich« zu antworten. Denn ich habe eine scheißgroße Angst, in die Fußstapfen meines Vaters zu treten. Ich will nicht abhängig werden. Deswegen habe ich auch dieses Buch geschrieben: als Erinnerung und Mahnung, auf mich und meine Liebsten aufzupassen. Alkohol ist gnadenlos.

HILFSANGEBOTE FÜR ALKOHOLKRANKE UND IHRE ANGEHÖRIGEN

Al-Anon/Alateen

Die Al-Anon-Familiengruppen entstanden im Umfeld der Anonymen Alkoholiker. Sie unterstützen Angehörige, deren Leben durch das Trinken eines anderen belastet wird oder worden ist. Teil von Al-Anon sind auch die Alateen-Gruppen, die sich an Kinder von Suchtkranken richten.

Deutschland
Al-Anon Familiengruppen Interessengemeinschaft e.V.
Emilienstr. 4
45128 Essen
Telefon: +49-0201-77 30 07
Website: http://al-anon.de/
E-Mail: ZDB@Al-Anon.de

Österreich
Al-Anon Familiengruppen
Innsbruckerstr. 37/2
6600 Reutte/Tirol
Telefon: +43-0664-73 21 72 40
Website: http://www.al-anon.at/
E-Mail: info@al-anon.at

Schweiz
Al-Anon Familiengruppen der deutschsprachigen Schweiz
Neuhardstrasse 22
Postfach 103
4601 Olten
Telefon +41-0848-84 88 43
Website: www.al-anon.ch
E-Mail: alanon@bluewin.ch, info(at)alateen.ch

Südtirol
AL-ANON
Europaallee 53/D
39100 Bozen
Telefon: +39-380-3066781
Website: http://www.al-anon.it/

Anonyme Alkoholiker (AA) im deutschsprachigen Raum
Die AA sind die wohl bekannteste Anlaufstelle für Alkoholabhän-
gige auf der ganzen Welt. Laut eigener Auskunft gibt es Gruppen
in mehr als 180 Ländern der Welt. Manche Ärzte sehen den
12-Schritte-Ansatz der AA wegen seiner vermeintlichen Spiritua-
lität allerdings kritisch.

Deutschland
Anonyme Alkoholiker Interessengemeinschaft
Postfach 1151
84122 Dingolfing
Telefon: +49-08731-3 25 73 12
Website: www.anonyme-alkoholiker.de
E-Mail: aa-kontakt@anonyme-alkoholiker.de

Österreich
Anonyme Alkoholiker Interessengemeinschaft
Barthgasse 5 – 7
1030 Wien
Telefon: +43-01-7 99 55 99
Website: http://www.anonyme-alkoholiker.at/
E-Mail: info@anonyme-alkoholiker.at

Schweiz
Anonyme Alkoholiker – Zentrale Dienststelle
der Deutschen Schweiz
Wehntalerstrasse 560
8046 Zürich
Telefon: +41-0848-84 88 85
Website: http://www.anonyme-alkoholiker.ch/
E-Mail: info@anonyme-alkoholiker.ch

Südtirol
Anonyme Alkoholiker – deutsche Sektion
Dorfzentrum 18
39040 Feldthurns
Telefon: +39-0348-2 45 99 29
Website: http://www.anonyme-alkoholiker.at/suedtirol
E-Mail: info@aa-suedtirol.com

Blaues Kreuz

Das Blaue Kreuz ist eine christliche Selbsthilfeorganisation in der Suchtkrankenhilfe. Sie will Abhängigen und Angehörigen helfen, eine gesunde und suchtmittelfreie Lebensweise zu erreichen.

Blaues Kreuz in Deutschland e.V.
Schubertstraße 41
42289 Wuppertal
Telefon: +49-0202-6 20 03-0
Website: http://www.blaues-kreuz.de/
E-Mail: bkd@blaues-kreuz.de

Blaues Kreuz der deutschsprachigen Schweiz
Lindenrain 5
3012 Bern
Telefon: +41-031-3 00 58 60
Website: http://blaueskreuz.ch/
E-Mail: info@blaueskreuz.ch

Deutscher Frauenbund für alkoholfreie Kultur

Der Frauenbund setzt sich vor allem in der Prävention ein. Er will Frauen, die selbst suchtkrank oder Angehörige eines Abhängigen sind, stärken und ihnen eine alkoholfreie Lebensweise näherbringen.

Deutscher Frauenbund für alkoholfreie Kultur
Bundesverband e.V.
Herderstr. 74
28203 Bremen
Telefon: +49-0421-7 33 33
Website: www.deutscher-frauenbund.de
E-Mail: info@deutscher-frauenbund.de

Guttempler

Die Guttempler in Deutschland sind Teil einer internationalen Organisation, die davon überzeugt ist, dass Alkohol und andere Drogen eine ernste Bedrohung für die Würde und Freiheit vieler Menschen bedeuten. Sie sind Teil der Suchtselbsthilfe, fördern aber auch Weiterbildung und Freizeitgestaltung.

Guttempler in Deutschland
Adenauerallee 45
20097 Hamburg
Telefon +49-040-24 58 80
Telefax +49-040-24 14 30
E-Mail info@guttempler.de

Kreuzbund

Als *katholischer Verein gegen den Missbrauch »geistiger Getränke«* 1896 gegründet, verlangt der Kreuzbund heute nur noch von suchtkranken Mitgliedern die totale Abstinenz. Ihren Angehörigen ist die Entscheidung darüber freigestellt. 20 000 Menschen nehmen wöchentlich die Selbsthilfeangebote des Kreuzbunds wahr.

Kreuzbund e.V. – Bundesgeschäftsstelle
Münsterstr. 25
59065 Hamm
Telefon: +49-02381-6 72 72-0
Website: www.kreuzbund.de
E-Mail: info@kreuzbund.de

NACOA

Ziel der 2004 gegründeten Interessenvertretung für Kinder aus Suchtfamilien e.V. ist die Verbesserung der Situation von Kindern aus Suchtfamilien in Deutschland. Der Berliner Verein ist offizielle Partnerorganisation der amerikanischen National Association for Children of Alcoholics (NACOA).

NACOA Deutschland – Interessenvertretung für Kinder aus Suchtfamilien e.V.
Gierkezeile 39
10585 Berlin
Telefon: +49-030-35 12 24 30
Website: www.nacoa.de
E-Mail: info@nacoa.de

QUELLEN

Dieses Buch basiert zum überwiegenden Teil auf meinen Erinnerungen und denen meiner Gesprächspartner, auf E-Mails, Briefen, Fotos und anderen Gegenständen aus dem Nachlass meines Vaters. Darüber hinaus beziehe ich mich in den einzelnen Kapiteln auf folgende Quellen.

Mein Vater

Die Zahl zu alkoholbezogenen Sterbefällen in Deutschland stammt aus:

Deutsche Hauptstelle für Suchtfragen (Hrsg.): *Jahrbuch Sucht*, Lengerich 2016.

Balkon

Das Zitat von Saskia Jungnikl ist zu finden in:

Jungnikl, Saskia: *Papa hat sich erschossen*, Frankfurt/Main 2014.

Kirnberg

Die vollständigen Titel der erwähnten Bücher sind:

Berke, Sylvia: *Familienproblem Alkohol*, Baltmannsweiler 2016 (6. Aufl.).

Ruthe, Reinhold/Glöckl, Peter: *Alkohol in Ehe und Familie. Was die Familie tun kann*, Lüdenscheid 2012.

Schmalz, Ulla: *Das Maß ist voll. Für Angehörige von Alkoholabhängigen*, Köln 2015 (4. Aufl.).

Bartoli y Eckert, Petra: *Meine Mutter säuft doch nicht*, Mühlheim/Ruhr 2010.

Lager

Die Details zur Geschichte von Rothenburg ob der Tauber kann man an folgenden Stellen nachlesen:

Website der Stadt Rothenburg: http://www.rothenburg.de

Website des Vereins Meistertrunk: http://www.meistertrunk.de

Rupp, Horst/Karl Borchardt: *Stadtgeschichte Rothenburg ob der Tauber*, Darmstadt 2015.

Straße

Die Zahlen zum Alkoholkonsum in der BRD und der DDR stammen aus:

Deutsche Hauptstelle für Suchtfragen (Hrsg.): *Jahrbuch Sucht*, Lengerich 2016.

Kochan, Thomas: *Blauer Würger. So trank die DDR*, Berlin 2011.

Die Angabe zum Geflügelkonsum leitet sich ab aus:

Statistisches Bundesamt: *Statistisches Jahrbuch*, Kapitel 6, Wiesbaden 2016.

Der vollständige Titel des zitierten Artikels aus dem *SPIEGEL* lautet:

»Schema 08«, in: *DER SPIEGEL* 53/1961.

Die Unfallstatistik im geschichtlichen Vergleich stammt aus:

Statistisches Bundesamt: *Verkehrsunfälle – Unter dem Einfluss von Alkohol oder anderen berauschenden Mitteln im Straßenverkehr*, Wiesbaden 2016.

Öffentlichkeit

Das Buch, das die Buchhändlerin fast vom Weintrinken abgehalten hätte:

Schreiber, Daniel: *NÜCHTERN. Über das Trinken und das Glück*, Berlin 2014.

Irschenberg

Alkoholismus als Krankheit wurde unter diesem Namen erstmals genannt in:

Huss, Magnus: *Chronische Alkoholskrankheit oder Alcoholismus Chronicus*, Stockholm/Leipzig 1852.

Fast 100 Jahre später erkennt man das auch hierzulande an:

»Endstation Sucht«, in: *DER SPIEGEL* 43/1960.

Weitere acht Jahre gingen ins Land, ehe das Bundessozialgericht sein wegweisendes Urteil zur Leistungspflicht der Krankenkassen fällte. Nachzulesen unter dem Aktenzeichen 3 RK 63/66, unter anderem hier:

https://www.jurion.de/urteile/bsg/1968-06-18/3-rk-63_66

Die Internationale statistische Klassifikation der Krankheiten und verwandter Gesundheitsprobleme, kurz ICD, findet sich auf Deutsch auf den Seiten des Deutschen Instituts für Medizinische Dokumentation und Information:

http://www.dimdi.de/static/de/klassi/icd-10-gm/index.htm

Heimstetten

In den Ausführungen über die vermeintliche Co-Abhängigkeit von Angehörigen habe ich zurückgegriffen auf:

Lambrou, Ursula: *Familienkrankheit Alkoholismus. Im Sog der Abhängigkeit*, Reinbek 2010.

Blaues Kreuz: *Ein Wort an Angehörige und Freunde von Suchtkranken*. Abgerufen unter: http://www.blaues-kreuz.de/bundeszentrale/uebersucht/info-angehoerige.html

Puhm, Alexandra/Uhl, Alfred: »Co-Abhängigkeit – Ein populärer Ausdruck, der mehr Verwirrung als Klarheit stiftet.« In: *Wege aus der Sucht – Grüner Kreis-Magazin*, Ausgabe 96, Wien 2015.

Die Darstellung der permissiv-funktionsgestörten Gesellschaft greift stellvertretend zurück auf:

Hurrelmann, Klaus/Settertobulte, Wolfgang: »Alkohol im Spannungsfeld von kultureller Prägung und Problemverhalten.« In: *Aus Politik und Zeitgeschichte* 28/2008.

Feuerlein, Wilhelm: *Alkoholismus. Warnsignale, Vorbeugung, Therapie*, München 2008.

Neue Wohnung

Die Statistik zu Ehescheidungen in Deutschland kann man hier nachlesen:

Statistisches Bundesamt: *Statistisches Jahrbuch*, Kapitel 2, Wiesbaden 2016.

Die Studie der Forscher der University at Buffalo kann man hier nachlesen:

Leonard, Kenneth/Smith,Philip/Homish,Gregory: »Concordant and Discordant Alcohol, Tobacco, and Marijuana Use as Predictors of Marital Dissolution.« In: *Psychology of Addictive Behaviors*, Vol. 28 (3).
http://psycnet.apa.org/journals/adb/28/3/780/

Die Ergebnisse der Wissenschaftler des norwegischen Gesundheitsministeriums wurden hier veröffentlicht:

Torvik, Fartein/Røysamb, Espen/Gustavson, Kristin/Idstadt, Mariann/Tambs, Kristian: »Discordant and Concordant Alcohol Use in Spouses as Predictors of Marital Dissolution in the General Population: Results from the Hunt Study.« In: *Alcoholism*, Vol 37, Issue 5, 2013. Abgerufen unter: http://onlinelibrary.wiley.com/wol1/doi/10.1111/acer.12029/citedby

Krankenhaus

Die Erkenntnisse von Janet Woitiz sind zu finden in:

Woititz, Janet G.: *Um die Kindheit betrogen. Hoffnung und Heilung für erwachsene Kinder von Suchtkranken,* München 2015 (14. Aufl.).

Die Zahlen zu alkoholkranken Menschen in Deutschland stammen aus:

Deutsche Hauptstelle für Suchtfragen (Hrsg.): *Jahrbuch Sucht,* Lengerich 2016.

NACOA Deutschland – Interessenvertretung für Kinder aus Suchtfamilien e.V.: *Zahlen: Kinder aus Suchtfamilien sind keine Randgruppe.* Abgerufen unter: https://www.nacoa.de/index.php/fakten/zahlen

Kinderzimmer

Die Erkenntnisse von Janet Woititz stehen in:

Woititz, Janet G.: *Um die Kindheit betrogen. Hoffnung und Heilung für erwachsene Kinder von Suchtkranken,* München 2015 (14. Aufl.).

Die Gedanken zum Wesen der Alkoholsucht hat sehr treffend formuliert:

Heckel, Jürgen: *Sich das Leben nehmen. Alkoholismus aus der Sicht eines Alkoholikers,* München 2010.

Brandenburg

Bei meiner Beschreibung der Rückfallprophylaxe zitiere ich:
Schneider, Ralf: *Die Suchtfibel. Wie Abhängigkeit entsteht und wie man sich daraus befreit. Informationen für Betroffene, Angehörige und Interessierte*, Baltmannsweiler 2015.

Im Tal

Die Beschreibung der Idee des kontrollierten Trinkens (kT) habe ich übernommen von:
Körkel, Joachim: *Kontrolliertes Trinken. So reduzieren Sie Ihren Alkoholkonsum*, Stuttgart 2013.

Kritik an kT wird unter anderem geäußert in:
Feuerlein, Wilhelm: *Alkoholismus. Warnsignale, Vorbeugung, Therapie*, München 2008.

Ganz unten

Die Gedanken zum Tiefpunkt im Leben eines Alkoholsüchtigen sind angelehnt an:
Heckel, Jürgen: *Sich das Leben nehmen. Alkoholismus aus der Sicht eines Alkoholikers*, München 2010.

Epilog

Das Interview mit Julia Klöckner ist erschienen in:
Bild am Sonntag: »Krisenzeiten sind Chancen für Frauen«, 5.7.2015.

Die Höhe der alkoholbedingten Folgekosten wurden errechnet von:
Effertz, Tobias: *Die volkswirtschaftlichen Kosten gefährlichen Konsums. Eine theoretische und empirische Analyse für Deutschland am Beispiel Alkohol, Tabak und Adipositas*, Frankfurt/Main 2015.

WEITERFÜHRENDE LITERATUR

Neben den aufgeführten Quellen sind eine Vielzahl weiterer Werke in dieses Buch eingeflossen, ohne konkret benannt zu werden. Hier eine Auswahl davon:

Borowiak, Simon: *Alk. Fast ein medizinisches Sachbuch,* Frankfurt/Main 2006.

Laing, Olivia: *The Trip to Echo Spring. Why Writers Drink,* London 2013.

Kisch, Egon Erwin: *Aus dem Café Größenwahn. Berliner Reportagen,* Berlin 2013.

Knausgård, Karl Ove: *Sterben,* München 2013.

Meckel, Christoph: *Suchbild. Über meinen Vater,* Frankfurt/Main 2005 (2. Aufl.).

Richter, Peter: *Über das Trinken,* München 2011.

Ripke, Marita: »*... ich war gut gelaunt, immer ein bißchen witzig*«.

Eine qualitative Studie über Töchter alkoholkranker Eltern, Gießen 2003.

Schulz, Roland: »Ganz am Ende.« In: *SZ Magazin* 24/2016.

Terzijski, Kalin/Dragoeva, Dejana: *Alkohol,* Zürich 2015.